| 法律法规新解读 | 第五版

民法典
侵权责任编
解读与应用

刘海龙 编著

中国法制出版社
CHINA LEGAL PUBLISHING HOUSE

图书在版编目（CIP）数据

民法典侵权责任编解读与应用／刘海龙编著．—北京：中国法制出版社，2023.4
（法律法规新解读丛书）
ISBN 978-7-5216-3351-1

Ⅰ．①民…　Ⅱ．①刘…　Ⅲ．①侵权法-法律解释-中国　Ⅳ．①D923.75

中国国家版本馆 CIP 数据核字（2023）第 043944 号

责任编辑：黄丹丹　　封面设计：李　宁

民法典侵权责任编解读与应用
MINFADIAN QINQUAN ZERENBIAN JIEDU YU YINGYONG

编著/刘海龙
经销/新华书店
印刷/三河市国英印务有限公司
开本/880 毫米×1230 毫米　32 开　　印张/ 8.5　字数/ 209 千
版次/2023 年 4 月第 1 版　　2023 年 4 月第 1 次印刷

中国法制出版社出版
书号 ISBN 978-7-5216-3351-1　　定价：28.00 元

北京市西城区西便门西里甲 16 号西便门办公区
邮政编码：100053　　传真：010-63141600
网址：http：//www.zgfzs.com　　编辑部电话：010-63141812
市场营销部电话：010-63141612　　印务部电话：010-63141606

（如有印装质量问题，请与本社印务部联系。）

【法融】数据库免费增值服务有效期截至本书出版之日起 2 年。

出版说明

“法律法规新解读”丛书作为一套实用型法律图书，历经四版，以其专业、实用、易懂的优点，赢得了广大读者的认可。自第四版后，相关法律规定已发生较大变化，司法实践中也出现了不少新的法律问题，第五版立足“实用”，以关注民生、服务大众为宗旨，切实提升内容实用性；致力“易懂”，使本丛书真正成为“遇事找法者”运用法律维护权利和利益的利器。本丛书选取与日常生活密切相关的法律领域，将各领域的核心法律作为“主体法”，并且将与主体法密切相关的法律规定汇编收录。

“法律法规新解读”丛书独家打造七重法律价值：

1. 出版专业

中国法制出版社是中华人民共和国司法部主管主办的中央级法律类专业出版社，是国家法律法规标准文本的权威出版机构。

2. 条文解读精炼到位

重难点法条以【条文解读】形式进行阐释，解读内容在吸取全国人大常委会法制工作委员会、最高人民法院等部门对条文的权威解读的基础上，结合实际编写，简单明了、通俗易懂。

3. 实务应用精准答疑

根据日常生活中经常遇到的纠纷与难题，以【实务应用】形式提炼归纳出问题点，对标热点难点，精准答疑解惑。

4. 案例指引权威实用

专设【案例指引】板块，选取最高人民法院公报案例、典型案例、各地区法院公布的经典案例以及中国裁判文书网的终审案例等，以案说法，生动地展示解决法律问题的实例。同时，原文收录一部分最高人民法院、最高人民检察院公布的指导性案例，指导实践更准确、更有力。

5. 关联参见检索便捷

除精选与主体法相关联的法律规定外，在主体法中以【关联参见】的方式链接相关重要条文，帮助读者全方位理解相关规定内容。

6. 附录内容实用丰富

书末收录经提炼的法律流程图、诉讼文书、纠纷处理常用数据、重要法律术语速查表等内容，帮助读者大大提高处理法律事务的效率。

7. 超值赠送增值服务

扫描图书后勒口二维码，免费使用中国法制出版社【法融】数据库。读者可查阅“国家法律法规”栏目和“案例解析”栏目中的“最高法指导案例”和“最高检指导案例”的内容。

中国法制出版社

2023 年 4 月

《中华人民共和国民法典》侵权责任编
法律适用提示

人一生，不可避免地要与产品、医疗、机动车交通、环境、动物……产生联系。不断发生的产品责任事故、医疗损害事故、机动车交通事故、环境污染事故、动物损害事故……既在我们每个人身边时常发生，有时候又有可能直接发生在我们身上。所以，实际上对于产品、医疗、机动车交通、环境、动物等侵权责任，每个人都是潜在的高危对象。有损害就要有法律救济，提供上述损害救济的法律《侵权责任法》[①]于2009年12月26日经第十一届全国人民代表大会常务委员会第十二次会议通过，自2010年7月1日起施行。2020年5月28日，《民法典》正式通过，《民法典》生效实施后，原有的民法单行法，包括《侵权责任法》即同时废止，相关规定囊括在《民法典》侵权责任编中。

《民法典》侵权责任编相校于之前的《侵权责任法》，具有以下特点：

一、确立“自甘风险”规则

“自甘风险”也叫危险的自愿承担，原《侵权责任法》没有规定这一免责事由，此次是我国第一次确认“自甘风险”为免责事由。

考虑到参加者自愿参与具有一定风险的活动，应当充分认识到其危险性，由此产生的正常风险原则上应当由参加者自己承担，《民法典》侵权责任编增加规定：自愿参加具有一定风险的文体活动，因其他参加者的行为受到损害的，受害人不得请求其他参加者承担侵权责任；但

① 为便于阅读，本书中相关法律文件名称中的“中华人民共和国”字样都予以省略。

是，其他参加者对损害的发生有故意或者重大过失的除外。（《民法典》侵权责任编第 1176 条第 1 款）

二、规定“自助行为”制度

欠钱不还的“老赖”躲着不还钱，能不能临时扣着他的车或者其他财产？如果扣了，承担责任吗？遇到吃霸王餐的顾客，店主能不能扣留对方的财产？会不会反过来还被对方起诉侵犯财产权？现实中，自然人在自己的合法权益受到侵害，来不及请求国家机关保护的情况下，自己采取措施保护权益反被他人起诉侵权的案例时有发生。鉴于此，《民法典》侵权责任编明确规定“自助行为”制度。

“自助行为”制度赋予了自然人在一定条件下的自我保护权利，是对国家机关保护的有益补充；明确规定“自助行为”制度，对保护自然人的人身、财产权益具有现实意义，也有利于对这种行为进行规范。

据此，《民法典》侵权责任编增加规定：合法权益受到侵害，情况紧迫且不能及时获得国家机关保护，不立即采取措施将使其合法权益受到难以弥补的损害的，受害人可以在保护自己合法权益的必要范围内采取扣留侵权人的财物等合理措施；但是，应当立即请求有关国家机关处理。受害人采取的措施不当造成他人损害的，应当承担侵权责任。（《民法典》侵权责任编第 1177 条）

三、完善精神损害赔偿制度

结婚照等具有人身意义的物品，却被另一个人故意损坏了，能要求对方承担精神赔偿吗？对于这个问题，《民法典》侵权责任编明确规定：因故意或者重大过失侵害自然人具有人身意义的特定物造成严重精神损害的，被侵权人有权请求精神损害赔偿。（《民法典》侵权责任编第 1183 条第 2 款）

四、提高侵犯知识产权违法成本

加强知识产权保护是完善产权保护制度最重要的内容。为了切实加强对知识产权的保护，必须显著提高侵犯知识产权的违法成本，把法律的威慑作用充分发挥出来。

据此，《民法典》侵权责任编增加规定：故意侵害他人知识产权，情节严重的，被侵权人有权请求相应的惩罚性赔偿。（《民法典》侵权责任编第1185条）

五、提供劳务方受损原则由对方担责

实践中，保姆等家政服务人员提供劳务的，接受劳务一方获得了利益。提供劳务一方在劳务过程中因此而受到损害的，为体现公平原则，原则上应当由接受劳务一方承担侵权责任；提供劳务一方对损害的发生有过错或重大过失的，接受劳务一方可以向其追偿。

据此，《民法典》侵权责任编增加规定：个人之间形成劳务关系，提供劳务一方因劳务造成他人损害的，由接受劳务一方承担侵权责任。接受劳务一方承担侵权责任后，可以向有故意或者重大过失的提供劳务一方追偿。提供劳务一方因劳务受到损害的，根据双方各自的过错承担相应的责任。提供劳务期间，因第三人的行为造成提供劳务一方损害的，提供劳务一方有权请求第三人承担侵权责任，也有权请求接受劳务一方给予补偿。接受劳务一方补偿后，可以向第三人追偿。（《民法典》侵权责任编第1192条）

六、保护网络服务提供者合法权益

对于网络侵权，现实中，滥用"通知—删除"程序进行不正当竞争的情形经常发生，不仅给网络用户造成损害，也造成网络服务提供者的流量损失和广告收入损失，因此应对网络服务提供者的合法权益也加以保护。

鉴于此，《民法典》侵权责任编规定：权利人因错误通知造成网络用户或者网络服务提供者损害的，应当承担侵权责任。法律另有规定的，依照其规定。（《民法典》侵权责任编第1195条第3款）

七、完善医疗损害责任

首先，关于医务人员的说明义务。《民法典》侵权责任编规定：医务人员在诊疗活动中应当向患者说明病情和医疗措施。需要实施手术、特殊检查、特殊治疗的，医务人员应当及时向患者具体说明医疗风险、替代医疗方案等情况，并取得其明确同意；不能或者不宜向患者说明

的，应当向患者的近亲属说明，并取得其明确同意。（《民法典》侵权责任编第1219条第1款）

其次，关于对患者隐私和个人信息的保护。《民法典》侵权责任编规定：医疗机构及其医务人员应当对患者的隐私和个人信息保密。泄露患者隐私和个人信息，或者未经患者同意公开其病历资料的，应当承担侵权责任。（《民法典》侵权责任编第1226条）医疗机构及其医务人员泄露患者隐私和个人信息，或者擅自公开患者病历资料，是一种较为严重的侵权行为，有可能对患者的生活、工作和学习造成重大影响。为遏制这种行为，无论该行为对患者是否造成损害，医疗机构及其医务人员都应当承担侵权责任。

八、区分不同损害生态环境责任

破坏生态环境一般会造成两类损害后果：一类是对生态环境本身的损害，另一类是对民事主体的人身、财产损害。这两类损害后果在责任构成要件、请求权主体、赔偿范围等方面有所不同。鉴于此，《民法典》侵权责任编对破坏生态环境造成的社会公共利益、国家利益损害责任和造成的民事主体人身、财产损害责任进行分别规定。

据此，《民法典》侵权责任编作出规定：

一是明确污染环境、破坏生态造成他人损害的，侵权人应当承担侵权责任。（《民法典》侵权责任编第1229条）

二是明确违反国家规定造成生态环境损害，生态环境能够修复的，国家规定的机关或者法律规定的组织有权请求侵权人在合理期限内承担修复责任。（《民法典》侵权责任编第1234条）

三是明确违反国家规定造成生态环境损害的，国家规定的机关或者法律规定的组织有权请求侵权人赔偿生态环境功能永久性损害造成的损失、生态环境损害调查和鉴定评估费等损失和费用。（《民法典》侵权责任编第1235条）

目　录

中华人民共和国民法典侵权责任编

关联法规

实用附录

实务应用速查表

案例指引速查表

法律法规
新解读系列

中华人民共和国
民法典侵权责任编

民法典侵权责任编
解读与应用

中华人民共和国民法典侵权责任编

· 2020年5月28日第十三届全国人民代表大会第三次会议通过
· 2020年5月28日中华人民共和国主席令第45号公布
· 自2021年1月1日起施行

第七编　侵权责任

第一章　一般规定

第一千一百六十四条　【侵权责任编的调整范围】[①] 本编调整因侵害民事权益产生的民事关系。

条文解读

民事权益 民事权益在理解上应当是民事权利加上民事利益的集合。也就是说，所谓民事权益，是指私法上的权利或利益，即民事权利+民事利益。这就说明《民法典》侵权责任编保护的范围，既包括权利，也包括利益。

所谓民事权利，是指法律为了满足民事主体的需要或者为了保护民事主体的某种利益而赋予他的法律上的力，典型的民事权利就是《民法典》总则编第五章所列举的那些权利类型，包括民事主体的人身权利和财产权利，如生命权、身体权、健康权、姓名权、名称权、肖像权、名誉权、荣誉权、隐私权、婚姻自主权、物权、债权、知识产权、继承权等。《民法典》物权编还具体规定了物权的权利类型，如所有权，包括国家所有权和集体所有权、私人所有权、业主的建筑物区分所有权、相

① 本书条文主旨为编者所加，为方便读者检索使用，仅供参考，下同。

邻权；用益物权，包括土地承包经营权、建设用地使用权、宅基地使用权、居住权、地役权；担保物权，包括抵押权、质权、留置权。可见权利具有法定性，必须要由法律明确规定。

所谓民事利益，是指虽然尚未形成权利，但应当受到法律保护的特定利益。单纯的利益并不是民法保护的对象，必须是法律所承认的利益才能构成民法上的权利。但是由于成文法具有固化和僵化的缺陷，所以当时代前进、生活发展而出现了一些权利之外、越发重要的利益时，法院如果认为确有保护的必要，也可以进行保护。这些利益就属于“民事权益”中权利之外的利益。目前司法中常见的权利之外的利益的保护，主要是对于死者的人格利益如姓名、肖像、名誉、隐私、遗体、遗骨等人身利益、某些尚未上升为民事权利的精神利益、某些纯经济损失的财产利益、某些财产性质的信赖利益、占有利益、虚拟财产利益等的保护，这些都是现代侵权责任法在发展过程中通过司法实践逐步予以承认并提供保护的民事利益。

实务应用

01. 当事人行政法上的知情权受到侵害，是否可以适用《民法典》侵权责任编？

本条明确规定《民法典》侵权责任编的保护对象为“民事权益”，这就把民事权益之外的其他权益排除在《民法典》的保护范围之外。因而，行政法上的知情权受到侵害，应当通过行政复议、行政诉讼等途径解决，而不能适用《民法典》侵权责任编。

02. 因接受委托人的委托发布律师声明而侵犯他人名誉权的，律师事务所或者律师应对此承担连带侵权责任吗？

律师事务所或者律师接受委托人的委托发布律师声明，应当对委托人要求发布的声明内容是否真实、合法进行必要的审查、核实。律师事务所或者律师未尽必要的审查义务，即按照委托人的要求发布署名律师声明，如果该律师声明违背事实，侵犯他人名誉权，律师事务所或者律师应对此承担连带侵权责任。

案例指引

01. 如何保障英雄烈士的名誉权?[①]

葛长生诉洪振快名誉权、荣誉权纠纷案

（最高人民法院审判委员会讨论通过 2018年12月19日发布）

关键词 民事/名誉权/荣誉权/英雄烈士/社会公共利益

裁判要点

1. 对侵害英雄烈士名誉、荣誉等行为，英雄烈士的近亲属依法向人民法院提起诉讼的，人民法院应予受理。

2. 英雄烈士事迹和精神是中华民族的共同历史记忆和社会主义核心价值观的重要体现，英雄烈士的名誉、荣誉等受法律保护。人民法院审理侵害英雄烈士名誉、荣誉等案件，不仅要依法保护相关个人权益，还应发挥司法彰显公共价值功能，维护社会公共利益。

3. 任何组织和个人以细节考据、观点争鸣等名义对英雄烈士的事迹和精神进行污蔑和贬损，属于歪曲、丑化、亵渎、否定英雄烈士事迹和精神的行为，应当依法承担法律责任。

相关法条

《中华人民共和国侵权责任法》第2条[②]、第15条[③]

基本案情

原告葛长生诉称：洪振快发表的《小学课本〈狼牙山五壮士〉有多处不实》一文以及《“狼牙山五壮士”的细节分歧》一文，以历史细节考据、学术研究为幌子，以细节否定英雄，企图达到抹黑“狼牙山五壮士”英雄形象和名誉的目的，请求判令洪振快停止侵权、公开道歉、

---

① 最高人民法院指导案例99号。

② 现为《民法典》第110条、第1164条。——编者注，下同。

③ 现为《民法典》第179条。

消除影响。

被告洪振快辩称：案涉文章是学术文章，没有侮辱性的言词，关于事实的表述有相应的根据，不是凭空捏造或者歪曲，不构成侮辱和诽谤，不构成名誉权的侵害，不同意葛长生的全部诉讼请求。

法院经审理查明：1941 年 9 月 25 日，在易县狼牙山发生了著名的狼牙山战斗。在这场战斗中，“狼牙山五壮士”英勇抗敌的基本事实和舍生取义的伟大精神，赢得了全中国人民的高度认同和广泛赞扬。新中国成立后，五壮士的事迹被编入义务教育教科书，五壮士被人民视为当代中华民族抗击外敌入侵的民族英雄。

2013 年 9 月 9 日，时任《炎黄春秋》杂志社执行主编的洪振快在财经网发表《小学课本〈狼牙山五壮士〉有多处不实》一文。文中写道：据《南方都市报》2013 年 8 月 31 日报道，广州越秀警方于 8 月 29 日晚间将一位在新浪微博上“污蔑狼牙山五壮士”的网民抓获，以虚构信息、散布谣言为由予以行政拘留 7 日。所谓“污蔑狼牙山五壮士”的“谣言”原本就有。据媒体报道，该网友实际上是传播了 2011 年 12 月 14 日百度贴吧里一篇名为《狼牙山五壮士真相原来是这样!》的帖子的内容，该帖子说五壮士“5 个人中有 3 个是当场被打死的，后来清理战场把尸体丢下悬崖。另两个当场被活捉，只是后来不知道什么原因又从日本人手上逃了出来。”2013 年第 11 期《炎黄春秋》杂志刊发洪振快撰写的《“狼牙山五壮士”的细节分歧》一文，亦发表于《炎黄春秋》杂志网站。该文分为“在何处跳崖”“跳崖是怎么跳的”“敌我双方战斗伤亡”“‘五壮士’是否拔了群众的萝卜”等部分。文章通过援引不同来源、不同内容、不同时期的报刊资料等，对“狼牙山五壮士”事迹中的细节提出质疑。

裁判结果

北京市西城区人民法院于 2016 年 6 月 27 日作出（2015）西民初字第 27841 号民事判决：一、被告洪振快立即停止侵害葛振林名誉、荣誉的行为；二、本判决生效后三日内，被告洪振快公开发布赔礼道歉公告，向原告葛长生赔礼道歉，消除影响。该公告须连续刊登五日，公告刊登媒体及内容需经本院审核，逾期不执行，本院将在相关媒体上刊登判决书的主要内容，所需费用由被告洪振快承担。一审宣判后，洪振快向北京市第二中级人民法院提起上诉，北京市第二中级人民法院于2016年8月15日作出（2016）京02民终6272号民事判决：驳回上诉，维持原判。

裁判理由

法院生效裁判认为：1941年9月25日，在易县狼牙山发生的狼牙山战斗，是被大量事实证明的著名战斗。在这场战斗中，“狼牙山五壮士”英勇抗敌的基本事实和舍生取义的伟大精神，赢得了全国人民高度认同和广泛赞扬，是五壮士获得“狼牙山五壮士”崇高名誉和荣誉的基础。“狼牙山五壮士”这一称号在全军、全国人民中已经赢得了普遍的公众认同，既是国家及公众对他们作为中华民族的优秀儿女在反抗侵略、保家卫国中作出巨大牺牲的褒奖，也是他们应当获得的个人名誉和个人荣誉。“狼牙山五壮士”是中国共产党领导的八路军在抵抗日本帝国主义侵略伟大斗争中涌现出来的英雄群体，是中国共产党领导的全民抗战并取得最终胜利的重要事件载体。“狼牙山五壮士”的事迹经由广泛传播，已成为激励无数中华儿女反抗侵略、英勇抗敌的精神动力之一；成为人民军队誓死捍卫国家利益、保障国家安全的军魂来源之一。在和平年代，“狼牙山五壮士”的精神，仍然是我国公众树立不畏艰辛、不怕困难、为国为民奋斗终身的精神指引。这些英雄烈士及其精神，已经获得全民族的广泛认同，是中华民族共同记忆的一部分，是中华民族精神的内核之一，也是社会主义核心价值观的重要内容。而民族的共同记忆、民族精神乃至社会主义核心价值观，无论是从我国的历史看，还是从现行法上看，都已经是社会公共利益的一部分。

案涉文章对于“狼牙山五壮士”在战斗中所表现出的英勇抗敌的事迹和舍生取义的精神这一基本事实，自始至终未作出正面评价。而是以考证“在何处跳崖”“跳崖是怎么跳的”“敌我双方战斗伤亡”以及“‘五壮士’是否拔了群众的萝卜”等细节为主要线索，通过援引不同时期的材料、相关当事者不同时期的言论，全然不考虑历史的变迁，各个材料所形成的时代背景以及各个材料的语境等因素。在无充分证据的情况下，案涉文章多处作出似是而非的推测、质疑乃至评价。因此，尽管案涉文章无明显侮辱性的语言，但通过强调与基本事实无关或者关联不大的细节，引导读者对“狼牙山五壮士”这一英雄烈士群体英勇抗敌事迹和舍生取义精神产生质疑，从而否定基本事实的真实性，进而降低他们的英勇形象和精神价值。洪振快的行为方式符合以贬损、丑化的方式损害他人名誉和荣誉权益的特征。

案涉文章通过刊物发行和网络传播，在全国范围内产生了较大影响，不仅损害了葛振林的个人名誉和荣誉，损害了葛长生的个人感情，也在一定范围和程度上伤害了社会公众的民族和历史情感。在我国，由于“狼牙山五壮士”的精神价值已经内化为民族精神和社会公共利益的一部分，因此，也损害了社会公共利益。洪振快作为具有一定研究能力和熟练使用互联网工具的人，应当认识到案涉文章的发表及其传播将会损害到“狼牙山五壮士”的名誉及荣誉，也会对其近亲属造成感情和精神上的伤害，更会损害到社会公共利益。在此情形下，洪振快有能力控制文章所可能产生的损害后果而未控制，仍以既有的状态发表，在主观上显然具有过错。

关联参见

《民法典》第2条；《国家赔偿法》第2条；《消费者权益保护法》第2条；《产品质量法》第2条；《最高人民法院关于适用〈中华人民共和国民法典〉时间效力的若干规定》第24条

第一千一百六十五条　【过错责任原则与过错推定责任】行为人因过错侵害他人民事权益造成损害的，应当承担侵权责任。

依照法律规定推定行为人有过错，其不能证明自己没有过错的，应当承担侵权责任。

条文解读

过错责任原则 ➔ 本条第1款是关于过错责任原则的规定。

过错责任是指造成损害并不必然承担赔偿责任，必须要看行为人是否有过错，有过错有责任，无过错无责任。根据本条的规定，在过错责任原则制度下，只要同时满足以下条件，行为人就应承担侵权责任：(1) 行为人实施了某一行为。若无行为人的行为，就不会产生侵权责任。但是，在一些情况下，行为人不作为也有可能产生侵权责任，这是现代侵权责任法的一种发展趋势，即在特定情形下行为人还负有积极保护他人的义务。例如，根据《民法典》第1198条第1款的规定，宾馆、商场、银行、车站、机场、体育场馆、娱乐场所等经营场所、公共场所的经营者、管理者或者群众性活动的组织者，未尽到安全保障义务，造成他人损害的，应当承担侵权责任。(2) 行为人行为时有过错。在过错责任原则中，过错是确定行为人是否承担侵权责任的核心要件，也是人民法院审理侵权案件的主要考虑因素。行为人的行为造成损害并不必然承担侵权责任，还必须要看其是否有过错，无过错即无责任。过错分为故意和过失。故意是指行为人预见到自己的行为会导致某一损害后果而希望或者放任该后果发生的一种主观心理状态。过失是指行为人因疏忽或者轻信而使自己未履行应有注意义务的一种心理状态，其是《民法典》中最常见的过错形态。故意与过失的主要区别是，故意表现为行为人对损害后果的追求、放任心态，而过失表现为行为人不希望、不追求、不放任损害后果的心态。(3) 受害人的民事权益受到损害。损害是指行为人的行为对受害人的民事权益造成的不利后果。(4) 行为人的行为与受害人的损害之间有因果关系。因果关系是指行为人的行为作为原因，损害事实作为结果，在二者之间存在的前者导致后者发生的客观联系。

实务应用

03. 经律师见证的遗嘱因形式要件不符合法律规定而被确认无效的，律师是否要承担责任？

根据《律师法》第54条的规定，经律师见证的遗嘱因不符合法律规定的形式要件而被确认无效，致使遗嘱受益人蒙受经济损失的，律师所在的律师事务所应当承担过错赔偿责任。律师事务所赔偿后，可以向有故意或者重大过失行为的律师追偿。

04. 学生基于学校的安排到校外企业实习过程中受到伤害，相关各方如何承担责任？

学生基于学校的安排到校外企业实习是学校教学内容的延伸和扩展，学校和企业都负有一定的安全教育和管理义务。学生在校外企业实习期间进行与其所学知识内容相关的实际操作，不应认定学生与企业之间存在劳动关系。学生在实习过程中受到的伤害，应按一般民事侵权纠纷处理，根据有关侵权的法律规定，由学生、学校、企业按过错程度承担相应的责任。

案例指引

02. 阻止不法侵害者逃逸的行为应否认定为侵权？①

张庆福、张殿凯诉朱振彪生命权纠纷案

（最高人民法院审判委员会讨论通过　2018年12月19日发布）

关键词　民事/生命权/见义勇为

裁判要点

行为人非因法定职责、法定义务或约定义务，为保护国家、社会公共利益或者他人的人身、财产安全，实施阻止不法侵害者逃逸的行为，

---

① 最高人民法院指导案例98号。

人民法院可以认定为见义勇为。

相关法条

《中华人民共和国侵权责任法》第6条[①]

《中华人民共和国道路交通安全法》第70条

基本案情

原告张庆福、张殿凯诉称：2017年1月9日，被告朱振彪驾驶奥迪小轿车追赶骑摩托车的张永焕。后张永焕弃车在前面跑，被告朱振彪也下车在后面继续追赶，最终导致张永焕在迁曹线90公里495米处（滦南路段）撞上火车身亡。朱振彪在追赶过程中散布和传递了张永焕撞死人的失实信息；在张永焕用语言表示自杀并撞车实施自杀行为后，朱振彪仍然追赶，超过了必要限度；追赶过程中，朱振彪手持木凳、木棍，对张永焕的生命造成了威胁，并数次漫骂张永焕，对张永焕的死亡存在主观故意和明显过错，对张永焕死亡应承担赔偿责任。

被告朱振彪辩称：被告追赶交通肇事逃逸者张永焕的行为属于见义勇为行为，主观上无过错，客观上不具有违法性，该行为与张永焕死亡结果之间不存在因果关系，对张永焕的意外死亡不承担侵权责任。

法院经审理查明：2017年1月9日上午11时许，张永焕由南向北驾驶两轮摩托车行驶至古柳线青坨鹏盛水产门口，与张雨来无证驾驶同方向行驶的无牌照两轮摩托车追尾相撞，张永焕跌倒、张雨来倒地受伤、摩托车受损，后张永焕起身驾驶摩托车驶离现场。此事故经曹妃甸交警部门认定：张永焕负主要责任，张雨来负次要责任。

事发当时，被告朱振彪驾车经过肇事现场，发现肇事逃逸行为即驾车追赶。追赶过程中，朱振彪多次向柳赞边防派出所、曹妃甸公安局110指挥中心等公安部门电话报警。报警内容主要是：柳赞镇一道档北两辆摩托车相撞，有人受伤，另一方骑摩托车逃逸，报警人正在跟随逃逸人，请出警。朱振彪驾车追赶张永焕过程中不时喊“这个人把人怼了

---

① 现为《民法典》第1165条，下同。

逃跑呢”等内容。张永焕驾驶摩托车行至滦南县胡各庄镇西梁各庄村内时，弃车从南门进入该村村民郑如深家，并从郑如深家过道屋拿走菜刀一把，从北门走出。朱振彪见张永焕拿刀，即从郑如深家中拿起一个木凳，继续追赶。后郑如深赶上朱振彪，将木凳讨回，朱振彪则拿一木棍继续追赶。追赶过程中，有朱振彪喊“你怼死人了往哪跑！警察马上就来了”，张永焕称“一会儿我就把自己砍了”，朱振彪说“你把刀扔了我就不追你了”之类的对话。

走出西梁各庄村后，张永焕跑上滦海公路，有向过往车辆冲撞的行为。在被李江波驾驶的面包车撞倒后，张永焕随即又站起来，在路上行走一段后，转向铁路方向的开阔地跑去。在此过程中，曹妃甸区交通局路政执法大队副大队长郑作亮等人加入，与朱振彪一起继续追赶，并警告路上车辆，小心慢行，这个人想往车上撞。

张永焕走到迁曹铁路时，翻过护栏，沿路堑而行，朱振彪亦翻过护栏继续跟随。朱振彪边追赶边劝阻张永焕说：被撞到的那个人没事儿，你也有家人，知道了会惦记你的，你自首就中了。2017 年 1 月 9 日 11 时 56 分，张永焕自行走向两铁轨中间，51618 次火车机车上的视频显示，朱振彪挥动上衣，向驶来的列车示警。2017 年 1 月 9 日 12 时 02 分，张永焕被由北向南行驶的 51618 次火车撞倒，后经检查被确认死亡。

在朱振彪跟随张永焕的整个过程中，两人始终保持一定的距离，未曾有过身体接触。朱振彪有劝张永焕投案的语言，也有责骂张永焕的言辞。

另查明，张雨来在与张永焕发生交通事故受伤后，当日先后被送到曹妃甸区医院、唐山市工人医院救治，于当日回家休养，至今未进行伤情鉴定。张永焕死亡后其第一顺序法定继承人有二人，即其父张庆福、其子张殿凯。

2017 年 10 月 11 日，大秦铁路股份有限公司大秦车务段滦南站作为甲方，与原告张殿凯作为乙方，双方签订《铁路交通事故处理协议》，协议内容“2017 年 1 月 9 日 12 时 02 分，51618 次列车运行在曹北站至滦南站之间 90 公里 495 处，将擅自进入铁路线路的张永焕撞死，构成一般 B 类事故；死者张永焕负事故全部责任；铁路方在无过错情况下，赔偿原告张殿凯 4 万元。”

裁判结果

河北省滦南县人民法院于 2018 年 2 月 12 日作出（2017）冀 0224 民初 3480 号民事判决：驳回原告张庆福、张殿凯的诉讼请求。一审宣判后，原告张庆福、张殿凯不服，提出上诉。审理过程中，上诉人张庆福、张殿凯撤回上诉。河北省唐山市中级人民法院于 2018 年 2 月 28 日作出（2018）冀 02 民终 2730 号民事裁定：准许上诉人张庆福、张殿凯撤回上诉。一审判决已发生法律效力。

裁判理由

法院生效裁判认为：张庆福、张殿凯在本案二审审理期间提出撤回上诉的请求，不违反法律规定，准许撤回上诉。

本案焦点问题是被告朱振彪行为是否具有违法性；被告朱振彪对张永焕的死亡是否具有过错；被告朱振彪的行为与张永焕的死亡结果之间是否具备法律上的因果关系。

首先，案涉道路交通事故发生后张雨来受伤倒地昏迷，张永焕驾驶摩托车逃离。被告朱振彪作为现场目击人，及时向公安机关电话报警，并驱车、徒步追赶张永焕，敦促其投案，其行为本身不具有违法性。同时，根据《中华人民共和国道路交通安全法》第七十条规定，交通肇事发生后，车辆驾驶人应当立即停车、保护现场、抢救伤者，张永焕肇事逃逸的行为违法。被告朱振彪作为普通公民，挺身而出，制止正在发生的违法犯罪行为，属于见义勇为，应予以支持和鼓励。

其次，从被告朱振彪的行为过程看，其并没有侵害张永焕生命权的故意和过失。根据被告朱振彪的手机视频和机车行驶影像记录，双方始终未发生身体接触。在张永焕持刀声称自杀意图阻止他人追赶的情况下，朱振彪拿起木凳、木棍属于自我保护的行为。在张永焕声称撞车自杀，意图阻止他人追赶的情况下，朱振彪和路政人员进行了劝阻并提醒来往车辆。考虑到交通事故事发突然，当时张雨来处于倒地昏迷状态，在此情况下被告朱振彪未能准确判断张雨来伤情，在追赶过程中有时喊话传递的信息不准确或语言不文明，但不构成民事侵权责任过错，也不影响追赶行为的性质。在张永焕为逃避追赶，跨越铁路围栏、进入火车运行区间之后，被告朱振彪及时予以高声劝阻提醒，同时挥衣向火车司机示警，仍未能阻止张永焕死亡结果的发生。故该结果与朱振彪的追赶行为之间不具有法律上的因果关系。

综上，原告张庆福、张殿凯一审中提出的诉讼请求理据不足，不予支持。

03. 被劝阻人因自身疾病猝死，劝阻人是否构成过错侵权？[①]

刘明莲、郭丽丽、郭双双诉孙伟、河南兰庭物业管理有限公司信阳分公司生命权纠纷案

（最高人民法院审判委员会讨论通过　2020 年 10 月 9 日发布）

关键词　民事/生命权/劝阻/合理限度/自身疾病

裁判要点

行为人为了维护因碰撞而受伤害一方的合法权益，劝阻另一方不要离开碰撞现场且没有超过合理限度的，属于合法行为。被劝阻人因自身疾病发生猝死，其近亲属请求行为人承担侵权责任的，人民法院不予支持。

相关法条

《中华人民共和国侵权责任法》第 6 条

基本案情

2019 年 9 月 23 日 19 时 40 分左右，郭某骑着一辆折叠自行车从博士名城小区南门广场东侧道路出来，向博士名城南门出口骑行，在南门广场与 5 岁儿童罗某相撞，造成罗某右颌受伤出血，倒在地上。带自己

---

① 最高人民法院指导案例 142 号。

孩子在此玩耍的孙伟见此情况后，将罗某扶起，并通过微信语音通话功能与罗某母亲李某1联系，但无人接听。孙伟便让身旁的邻居去通知李某1，并让郭某等待罗某家长前来处理。郭某称是罗某撞了郭某，自己还有事，需要离开。因此，郭某与孙伟发生言语争执。孙伟站在自行车前面阻拦郭某，不让郭某离开。

事发时的第一段视频显示：郭某往前挪动自行车，孙伟站在自行车前方，左手拿手机，右手抓住自行车车把，持续时间约8秒后孙伟用右手推车把两下。郭某与孙伟之间争执的主要内容为：郭某对孙伟说，你讲理不？孙伟说，我咋不讲理，我叫你等一会儿。郭某说，你没事我还有事呢。孙伟说，我说的对不，你撞小孩。郭某说，我还有事呢。孙伟说，你撞小孩，我说你半天。郭某说，是我撞小孩还是小孩撞我？第二段视频显示，孙伟、郭某、博士名城小区保安李某2、吴某四人均在博士名城小区南门东侧出口从南往北数第二个石墩附近。孙伟左手拿手机，右手放在郭某自行车车把上持续时间约5秒左右。李某2、吴某劝郭某不要骂人，郭某称要拨打110，此时郭某情绪激动并有骂人的行为。

2019年9月23日19时46分，孙伟拨打110报警电话。郭某将自行车停好，坐在博士名城小区南门东侧出口从南往北数第一个石墩上。郭某坐在石墩上不到两分钟即倒在地上。孙伟提交的一段时长14秒事发状况视频显示，郭某倒在地上，试图起身；孙伟在操作手机，报告位置。

2019年9月23日19时48分，孙伟拨打120急救电话。随后，孙伟将自己孩子送回家，然后返回现场。医护人员赶到现场即对郭某实施抢救。郭某经抢救无效，因心脏骤停死亡。

另，郭某曾于2019年9月4日因“意识不清伴肢体抽搐1小时”为主诉入住河南省信阳市中心医院，后被诊断为“右侧脑梗死，继发性癫痫，高血压病3级（极高危），2型糖尿病，脑血管畸形，阵发性心房颤动”。信阳市中心医院就郭某该病症下达病重通知书，显示“虽经医护人员积极救治，但目前患者病情危重，并且病情有可能进一步恶化，随时会危及患者生命”。信阳市中心医院在对郭某治疗期间，在沟通记录单中记载了郭某可能出现的风险及并发症，其中包含：脑梗塞进展，症状加重；脑疝形成呼吸心跳骤停；恶心心律失常猝死等等。郭某2019年9月16日的病程记录记载：郭某及其家属要求出院，请示上级医师后予以办理。

郭某之妻刘明莲及其女郭丽丽、郭双双提起诉讼，要求孙伟承担侵权的赔偿责任，河南兰庭物业管理有限公司信阳分公司承担管理不善的赔偿责任。

裁判结果

河南省信阳市平桥区人民法院于2019年12月30日作出（2019）豫1503民初8878号民事判决：驳回原告刘明莲、郭丽丽、郭双双的诉讼请求。宣判后，各方当事人均未提出上诉。一审判决已发生法律效力。

裁判理由

法院生效裁判认为：本案争议的焦点问题是被告孙伟是否实施了侵权行为；孙伟阻拦郭某离开的行为与郭某死亡的结果之间是否有因果关系；孙伟是否有过错。

第一，郭某骑自行车与年幼的罗某相撞之后，罗某右颌受伤出血并倒在地上。郭某作为事故一方，没有积极理性处理此事，执意离开。对不利于儿童健康、侵犯儿童合法权益的行为，任何组织和个人有权予以阻止或者向有关部门控告。罗某作为未成年人，自我保护能力相对较弱，需要成年人对其予以特别保护。孙伟见到郭某与罗某相撞后，为保护罗某的利益，让郭某等待罗某的母亲前来处理相撞事宜，其行为符合常理。根据案发当晚博士名城业主群聊天记录中视频的发送时间及孙伟拨打110、120的电话记录等证据证实，可以确认孙伟阻拦郭某的时间为8分钟左右。在阻拦过程中，虽然孙伟与郭某发生言语争执，但孙伟的言语并不过激。孙伟将手放在郭某的自行车车把上，双方没有发生肢体冲突。孙伟的阻拦方式和内容均在正常限度之内。因此，孙伟的劝阻行为是合法行为，且没有超过合理限度，不具有违法性，应予以肯定与支持。

第二，郭某自身患脑梗、高血压、心脏病、糖尿病、继发性癫痫等多种疾病，事发当月曾在医院就医，事发前一周应其本人及家属要求出院。孙伟阻拦郭某离开，郭某坐在石墩上，倒地后因心脏骤停不幸死亡。郭某死亡，令人惋惜。刘明莲、郭丽丽、郭双双作为死者郭某的近亲属，心情悲痛，提起本案诉讼，可以理解。孙伟的阻拦行为本身不会造成郭某死亡的结果，郭某实际死亡原因为心脏骤停。因此，孙伟的阻拦行为与郭某死亡的后果之间并不存在法律上的因果关系。

第三，虽然孙伟阻拦郭某离开，诱发郭某情绪激动，但是，事发前孙伟与郭某并不认识，不知道郭某身患多种危险疾病。孙伟阻拦郭某的行为目的是为了保护儿童利益，并不存在侵害郭某的故意或过失。在郭某倒地后，孙伟拨打 120 急救电话予以救助。由此可见，孙伟对郭某的死亡无法预见，其对郭某的死亡后果发生没有过错。

关联参见

《民法典》第 3 条；《最高人民法院关于审理人身损害赔偿案件适用法律若干问题的解释》第 1 条

第一千一百六十六条　【无过错责任】 行为人造成他人民事权益损害，不论行为人有无过错，法律规定应当承担侵权责任的，依照其规定。

条文解读

无过错责任 ➲ 本条是关于无过错责任的规定。

无过错责任原则是指不以行为人的过错为要件，只要其活动或者所管理的人或者物损害了他人的民事权益，除非有法定的免责事由，行为人就要承担侵权责任。适用无过错责任原则的意义在于加重行为人的责任，及时救济受害人，使其损害赔偿请求权更容易实现。

适用无过错责任原则的侵权责任构成要件是：（1）违法行为；（2）损害事实；（3）因果关系。行为人如果能够证明损害是受害人自己故意造成的，则免除侵权责任。

由于无过错责任原则对行为人极为不利，对其利益影响极大，因此必须是在有法律明文规定的情况下才能适用，没有法律的特别规定不得仅以损害事实作为侵权责任归责的标准，更不能将无过错责任原则进行类推适用。从《民法典》侵权责任编的规定来看，无过错责任原则的适用范围主要集中在如下几种情形：被监护人造成他人损害的监护人责任；用人者的雇主责任；产品缺陷致人损害的责任；机动车交通事故责任中机动车一方对非机动车或行人致害的责任；环境污染和生态破坏致人损害的责任；高度危险活动或设施致人损害的责任；非动物园饲养的动物致人损害的责任。

关联参见

《道路交通安全法》第76条；《保险法》第65条

第一千一百六十七条　【危及他人人身、财产安全的责任承担方式】侵权行为危及他人人身、财产安全的，被侵权人有权请求侵权人承担停止侵害、排除妨碍、消除危险等侵权责任。

条文解读

危及他人人身、财产安全的责任承担方式 本条是关于危及他人人身、财产安全责任承担方式的规定。

侵权责任法律制度的作用可从多个角度阐述，有保护被侵权人的作用，有减少侵权和纠纷的作用，还有预防侵权行为及侵权后果发生的作用。从保护被侵权人的角度看，《民法典》第120条规定，民事权益受到侵害的，被侵权人有权请求侵权人承担侵权责任。这是关于侵权损害后果实际发生的救济，赋予被侵权人在其权利受到侵害时享有请求权，规定民事主体在权益受到侵害时应该怎么办，如承担赔偿损失、消除影响、恢复名誉、赔礼道歉等具体的民事责任。在侵权行为的后果还没有出现时，赋予被侵权人一定的请求权以发挥预防性的功能，防止损害后果的扩大，维护被侵权人的合法权益，能够更加及时地、充分地发挥法律的功能，获得更好的社会和法律效果。

正确适用本条，需要理解本条规定的“危及”。第一，侵权行为正在实施和持续而非已经结束。第二，侵权行为已经危及被侵权人的人身、财产安全而非不可能危及。第三，侵权行为系侵权人所为，而非自然原因造成，对正在危及他人人身、财产安全的侵权行为发生的情况下，赋予被侵权人请求停止侵害、排除妨碍、消除危险等责任方式。

案例指引

04. 在承包土地内非法开采，导致生态环境被破坏，侵害了不特定多数人的合法权益的，侵权人应当承担哪种侵权责任？①

北京市人民检察院第四分院诉朱清良、朱清涛环境污染民事公益诉讼案

（最高人民法院审判委员会讨论通过 2022 年 12 月 30 日发布）

关键词 民事/环境污染民事公益诉讼/土壤污染/生态环境功能损失赔偿/生态环境修复/修复效果评估

裁判要点

1. 两个以上侵权人分别实施污染环境、破坏生态行为造成同一损害，每一个侵权人的污染环境、破坏生态行为都不足以造成全部损害，部分侵权人根据修复方案确定的整体修复要求履行全部修复义务后，请求以代其他侵权人支出的修复费用折抵其应当承担的生态环境服务功能损失赔偿金的，人民法院应予支持。

---

① 最高人民法院指导性案例 206 号。

2. 对于侵权人实施的生态环境修复工程，应当进行修复效果评估。经评估，受损生态环境服务功能已经恢复的，可以认定侵权人已经履行生态环境修复责任。

相关法条

《中华人民共和国民法典》第1167条、第1229条（本案适用的是自2010年7月1日起实施的《中华人民共和国侵权责任法》第21条①、第65条②）

基本案情

2015年10月至12月，朱清良、朱清涛在承包土地内非法开采建筑用砂89370.8立方米，价值人民币4468540元。经鉴定，朱清良二人非法开采的土地覆被类型为果园，地块内原生土壤丧失，原生态系统被完全破坏，生态系统服务能力严重受损，确认存在生态环境损害。鉴定机构确定生态环境损害恢复方案为将损害地块恢复为园林地，将地块内缺失土壤进行客土回填，下层回填普通土，表层覆盖60厘米种植土，使地块重新具备果树种植条件。恢复工程费用评估核算为2254578.58元。北京市人民检察院第四分院以朱清良、朱清涛非法开采造成土壤受损，破坏生态环境，损害社会公共利益为由提起环境民事公益诉讼（本案刑事部分另案审理）。

2020年6月24日，朱清良、朱清涛的代理人朱某某签署生态环境修复承诺书，承诺按照生态环境修复方案开展修复工作。修复工程自2020年6月25日开始，至2020年10月15日完成。2020年10月15日，北京市房山区有关单位对该修复工程施工质量进行现场勘验，均认为修复工程依法合规、施工安全有序开展、施工过程中未出现安全性问题、环境污染问题，施工程序、工程质量均符合修复方案要求。施工过程严格按照生态环境修复方案各项具体要求进行，回填土壤质量符合标

① 现为《民法典》第1167条。

② 现为《民法典》第1229条，下同。

准，地块修复平整，表层覆盖超过 60 厘米的种植土，已重新具备果树种植条件。

上述涉案土地内存在无法查明的他人倾倒的 21392.1 立方米渣土，朱清良、朱清涛在履行修复过程中对该部分渣土进行环境清理支付工程费用 75.4 万元。

裁判结果

北京市第四中级人民法院于 2020 年 12 月 21 日作出（2020）京 04 民初 277 号民事判决：一、朱清良、朱清涛对其造成的北京市房山区长阳镇朱岗子村西的 14650.95 平方米土地生态环境损害承担恢复原状的民事责任，确认朱清良、朱清涛已根据《房山区朱清良等人盗采砂石矿案生态环境损害鉴定评估报告书》确定的修复方案将上述受损生态环境修复到损害发生之前的状态和功能（已履行完毕）。二、朱清良、朱清涛赔偿生态环境受到损害至恢复原状期间的服务功能损失 652896.75 元；朱清良、朱清涛在履行本判决第一项修复义务时处理涉案地块上建筑垃圾所支付费用 754000 元折抵其应赔偿的生态环境受到损害至恢复原状期间的服务功能损失 652896.75 元。三、朱清良、朱清涛于本判决生效之日起七日内给付北京市人民检察院第四分院鉴定费 115000 元。四、朱清良、朱清涛在一家全国公开发行的媒体上向社会公开赔礼道歉，赔礼道歉的内容及媒体、版面、字体需经本院审核，朱清良、朱清涛应于本判决生效之日起十五日内向本院提交，并于审核通过之日起三十日内刊登，如未履行上述义务，则由本院选择媒体刊登判决主要内容，所需费用由朱清良、朱清涛负担。判决后，双方当事人均未提出上诉。

裁判理由

法院生效裁判认为：朱清良、朱清涛非法开采的行为，造成了生态环境破坏，侵害了不特定多数人的合法权益，损害了社会公共利益，构成环境民事侵权。朱清良、朱清涛作为非法开采行为人，违反了保护环境的法定义务，应对造成的生态环境损害承担民事责任。

一、关于被告对他人倾倒渣土的处理费用能否折抵生态功能损失赔偿费用的问题。从环境法的角度而言，生态环境具有供给服务、调节服务、文化服务以及支持服务等功能。生态环境受损将导致其向公众或其他生态系统提供上述服务的功能减少或丧失。朱清良、朱清涛在其租赁的林果地上非法开采，造成地块土壤受损，属于破坏生态环境、损害社会公共利益的行为，还应赔偿生态环境受到损害至恢复原状期间的服务功能损失。根据鉴定评估报告对生态服务价值损失的评估意见，确定朱清良、朱清涛应承担的服务功能损失赔偿金额为652896.75元。《最高人民法院关于审理环境民事公益诉讼案件适用法律若干问题的解释》第二十四条第一款规定，人民法院判决被告承担的生态环境修复费用、生态环境受到损害至恢复原状期间服务功能损失等款项，应当用于修复被损害的生态环境。故被告人承担的生态环境受到损害至恢复原状期间服务功能损失的款项应当专项用于该案环境修复、治理或异地公共生态环境修复、治理。朱清良、朱清涛对案涉土地进行生态修复时，土地上还存在无法查明的他人倾倒渣土。朱清涛、朱清良非法开采的行为造成受损地块原生土壤丧失、土壤的物理结构变化，而他人倾倒渣土的行为则会造成土壤养分的改变，两个侵权行为叠加造成现在的土壤生态环境损害。为全面及时恢复生态环境，朱清良、朱清涛根据修复方案对涉案地块整体修复的要求，对该环境内所倾倒渣土进行清理并为此实际支出75.4万元，系属于对案涉环境积极的修复、治理，这与法律、司法解释规定的被告承担生态功能损失赔偿责任的目的和效果是一致的。同时，侵权人在承担修复责任的同时，积极采取措施，对他人破坏环境造成的后果予以修复治理，有益于生态环境保护，在修复效果和综合治理上亦更能体现及时优化生态环境的特点。因此，综合两项费用的功能目的以及赔偿费用专项执行的实际效果考虑，朱清良、朱清涛对倾倒渣土环境进行清理的费用可以折抵朱清良、朱清涛需要承担的生态功能损失赔偿费用。

二、关于被告诉讼过程中自行进行生态修复的效果评估问题。朱清良、朱清涛在诉讼过程中主动履行环境修复义务，并于2020年6月25日至10月15日期间按照承诺书载明的生态环境修复方案对案涉地块进行了回填修复。根据《最高人民法院关于审理生态环境损害赔偿案件的若干规定（试行）》第九条规定，负有相关环境资源保护监督管理职责的部门或者其委托的机构在行政执法过程中形成的事件调查报告、检验报告、监测报告、评估报告、监测数据等，经当事人质证并符合证据标准的，可以作为认定案件事实的根据。本案中，北京市房山区有关单位积极履行环境监督管理职责，对于被告人自行实施的生态修复工程进行过程监督并出具相应的验收意见，符合其职责范围，且具备相应的专业判断能力，有关单位联合出具的验收意见，可以作为认定当事人自行实施的生态修复工程质量符合标准的重要依据。同时，评估机构在此基础上，对修复工程进行了效果评估，确认案涉受损地块内土壤已恢复至基线水平，据此可以认定侵权人已经履行生态环境修复责任。

关联参见

《民法典》第179条；《最高人民法院关于生态环境侵权案件适用禁止令保全措施的若干规定》

第一千一百六十八条　【共同侵权】二人以上共同实施侵权行为，造成他人损害的，应当承担连带责任。

条文解读

共同侵权➲共同侵权，是指数人共同不法侵害他人权益造成损害的行为。构成共同侵权行为需要满足以下几个要件：一是主体的复数性。共同侵权行为的主体必须是二人或者二人以上。行为人可以是自然人，也可以是法人。二是共同实施侵权行为。这一要件中的“共同”主要包括三层含义：其一，共同故意。数个行为人基于共同故意侵害他人合法权益的，应当成立共同侵权行为。其二，共同过失。数个行为人共同从事某种行为，基于共同的疏忽大意，造成他人损害。其三，故意行为与过失行为相结合。三是侵权行为与损害后果之间具有因果关系。在共同侵权行为中，有时各个侵权行为对造成损害后果的比例有所不同，但必须存在法律上的因果关系，如果某个行为人的行为与损害后果之间没有因果关系，不应与其他行为人构成共同侵权。四是受害人具有损害。无损害，则无救济，如果没有损害，根本不可能成立侵权责任。

根据本条规定，一旦满足上述构成要件，成立共同侵权行为，那么，数个行为人就必须对外承担连带责任，被侵权人有权请求部分或者全部行为人承担全部责任。

需要说明的是，在我国，共同侵权与连带责任的适用范围并不完全重合。数人承担连带责任的原因，除了共同侵权行为外，还有其他一些适用连带责任的情形。例如，《民法典》第 1214 条规定的拼装或者报废机动车的转让人和受让人承担连带责任；第 1241 条规定的高度危险物的所有人与管理人承担连带责任等。

案例指引

05. 放任他人使用自己的机动车号牌，是否均需承担连带责任？[①]

赵春明等诉烟台市福山区汽车运输公司、卫德平等机动车交通事故责任纠纷案

（最高人民法院审判委员会讨论通过　2013 年 11 月 8 日发布）

关键词　民事　机动车交通事故　责任　套牌　连带责任

裁判要点

机动车所有人或者管理人将机动车号牌出借他人套牌使用，或者明知他人套牌使用其机动车号牌不予制止，套牌机动车发生交通事故造成他人损害的，机动车所有人或者管理人应当与套牌机动车所有人或者管理人承担连带责任。

① 最高人民法院指导案例 19 号。

相关法条

《中华人民共和国侵权责任法》第八条①

《中华人民共和国道路交通安全法》第十六条

基本案情

2008年11月25日5时30分许，被告林则东驾驶套牌的鲁F41703货车在同三高速公路某段行驶时，与同向行驶的被告周亚平驾驶的客车相撞，两车冲下路基，客车翻滚致车内乘客冯永菊当场死亡。经交警部门认定，货车司机林则东负主要责任，客车司机周亚平负次要责任，冯永菊不负事故责任。原告赵春明、赵某某、冯某某、侯某某分别系死者冯永菊的丈夫、儿子、父亲和母亲。

鲁F41703号牌在车辆管理部门登记的货车并非肇事货车，该号牌登记货车的所有人系被告烟台市福山区汽车运输公司（以下简称福山公司），实际所有人系被告卫德平，该货车在被告永安财产保险股份有限公司烟台中心支公司（以下简称永安保险公司）投保机动车第三者责任强制保险。

套牌使用鲁F41703号牌的货车（肇事货车）实际所有人为被告卫广辉，林则东系卫广辉雇佣的司机。据车辆管理部门登记信息反映，鲁F41703号牌登记货车自2004年4月26日至2008年7月2日，先后15次被以损坏或灭失为由申请补领号牌和行驶证。2007年8月23日卫广辉申请补领行驶证的申请表上有福山公司的签章。事发后，福山公司曾派人到交警部门处理相关事宜。审理中，卫广辉表示，卫德平对套牌事宜知情并收取套牌费，事发后卫广辉还向卫德平借用鲁F41703号牌登记货车的保单去处理事故，保单仍在卫广辉处。

发生事故的客车的登记所有人系被告朱荣明，但该车辆几经转手，现实际所有人系周亚平，朱荣明对该客车既不支配也未从该车运营中获益。被告上海腾飞建设工程有限公司（以下简称腾飞公司）系周亚平

① 现为《民法典》第1168条，下同。

的雇主，但事发时周亚平并非履行职务。该客车在中国人民财产保险股份有限公司上海市分公司（以下简称人保公司）投保了机动车第三者责任强制保险。

裁判结果

上海市宝山区人民法院于2010年5月18日作出（2009）宝民一（民）初字第1128号民事判决：一、被告卫广辉、林则东赔偿四原告丧葬费、精神损害抚慰金、死亡赔偿金、交通费、误工费、住宿费、被扶养人生活费和律师费共计396863元；二、被告周亚平赔偿四原告丧葬费、精神损害抚慰金、死亡赔偿金、交通费、误工费、住宿费、被扶养人生活费和律师费共计170084元；三、被告福山公司、卫德平对上述判决主文第一项的赔偿义务承担连带责任；被告卫广辉、林则东、周亚平对上述判决主文第一、二项的赔偿义务互负连带责任；四、驳回四原告的其余诉讼请求。宣判后，卫德平提起上诉。上海市第二中级人民法院于2010年8月5日作出（2010）沪二中民一（民）终字第1353号民事判决：驳回上诉，维持原判。

裁判理由

法院生效裁判认为：根据本案交通事故责任认定，肇事货车司机林则东负事故主要责任，而卫广辉是肇事货车的实际所有人，也是林则东的雇主，故卫广辉和林则东应就本案事故损失连带承担主要赔偿责任。永安保险公司承保的鲁F41703货车并非实际肇事货车，其也不知道鲁F41703机动车号牌被肇事货车套牌，故永安保险公司对本案事故不承担赔偿责任。根据交通事故责任认定，本案客车司机周亚平对事故负次要责任，周亚平也是该客车的实际所有人，故周亚平应对本案事故损失承担次要赔偿责任。朱荣明虽系该客车的登记所有人，但该客车已几经转手，朱荣明既不支配该车，也未从该车运营中获益，故其对本案事故不承担责任。周亚平虽受雇于腾飞公司，但本案事发时周亚平并非在为腾飞公司履行职务，故腾飞公司对本案亦不承担责任。至于承保该客车的人保公司，因死者冯永菊系车内人员，依法不适用机动车交通事故责任强制保险，故人保公司对本案不承担责任。另，卫广辉和林则东一方、周亚平一方虽各自应承担的责任比例有所不同，但车祸的发生系两方的共同侵权行为所致，故卫广辉、林则东对于周亚平的应负责任份额、周亚平对于卫广辉、林则东的应负责任份额，均应互负连带责任。

鲁 F41703 货车的登记所有人福山公司和实际所有人卫德平，明知卫广辉等人套用自己的机动车号牌而不予阻止，且提供方便，纵容套牌货车在公路上行驶，福山公司与卫德平的行为已属于出借机动车号牌给他人使用的情形，该行为违反了《中华人民共和国道路交通安全法》等有关机动车管理的法律规定。将机动车号牌出借他人套牌使用，将会纵容不符合安全技术标准的机动车通过套牌在道路上行驶，增加道路交通的危险性，危及公共安全。套牌机动车发生交通事故造成损害，号牌出借人同样存在过错，对于肇事的套牌车一方应负的赔偿责任，号牌出借人应当承担连带责任。故福山公司和卫德平应对卫广辉与林则东一方的赔偿责任份额承担连带责任。

06. 如何认定委托排污中共同侵权行为的成立？①

重庆市人民政府、重庆两江志愿服务发展中心诉重庆藏金阁物业管理有限公司、重庆首旭环保科技有限公司生态环境损害赔偿、环境民事公益诉讼案

（最高人民法院审判委员会讨论通过　2019 年 12 月 26 日发布）

关键词　民事/生态环境损害赔偿诉讼/环境民事公益诉讼/委托排污/共同侵权/生态环境修复费用/虚拟治理成本法

裁判要点

1. 取得排污许可证的企业，负有确保其排污处理设备正常运行且排放物达到国家和地方排放标准的法定义务，委托其他单位处理的，应当对受托单位履行监管义务；明知受托单位违法排污不予制止甚或提供

① 最高人民法院指导案例 130 号。

便利的，应当对环境污染损害承担连带责任。

2. 污染者向水域排污造成生态环境损害，生态环境修复费用难以计算的，可以根据环境保护部门关于生态环境损害鉴定评估有关规定，采用虚拟治理成本法对损害后果进行量化，根据违法排污的污染物种类、排污量及污染源排他性等因素计算生态环境损害量化数额。

相关法条

《中华人民共和国侵权责任法》第8条

基本案情

重庆藏金阁电镀工业园（又称藏金阁电镀工业中心）位于重庆市江北区港城工业园区内，是该工业园区内唯一的电镀工业园，园区内有若干电镀企业入驻。重庆藏金阁物业管理有限公司（以下简称藏金阁公司）为园区入驻企业提供物业管理服务，并负责处理企业产生的废水。藏金阁公司领取了排放污染物许可证，并拥有废水处理的设施设备。2013年12月5日，藏金阁公司与重庆首旭环保科技有限公司（以下简称首旭公司）签订为期4年的《电镀废水处理委托运行承包管理运行协议》（以下简称《委托运行协议》），首旭公司承接藏金阁电镀工业中心废水处理项目，该电镀工业中心的废水由藏金阁公司交给首旭公司使用藏金阁公司所有的废水处理设备进行处理。2016年4月21日，重庆市环境监察总队执法人员在对藏金阁公司的废水处理站进行现场检查时，发现废水处理站中两个总铬反应器和一个综合反应器设施均未运行，生产废水未经处理便排入外环境。2016年4月22日至26日期间，经执法人员采样监测分析发现外排废水重金属超标，违法排放废水总铬浓度为55.5mg/L，总锌浓度为2.85×102mg/L，总铜浓度为27.2mg/L，总镍浓度为41mg/L，分别超过《电镀污染物排放标准》（GB 21900-2008）的规定标准54.5倍、189倍、53.4倍、81倍，对生态环境造成严重影响和损害。2016年5月4日，执法人员再次进行现场检查，发现藏金阁废水处理站1号综合废水调节池的含重金属废水通过池壁上的120mm口径管网未经正常处理直接排放至外环境并流入港城园区市政管网再进入长江。经监测，1号池内渗漏的废水中六价铬浓度为6.10mg/L，总铬浓度为10.9mg/L，分别超过国家标准29.5倍、9.9倍。从2014年9月1日至2016年5月5日违法排放废水量共计145624吨。还查明，2014年8月，藏金阁公司将原废酸收集池改造为1号综合废水调节池，传送废水也由地下管网改为高空管网作业。该池池壁上原有110mm和120mm口径管网各一根，改造时只封闭了110mm口径管网，而未封闭120mm口径管网，该未封闭管网系埋于地下的暗管。首旭公司自2014年9月起，在明知池中有一根120mm管网可以连通外环境的情况下，仍然一直利用该管网将未经处理的含重金属废水直接排放至外环境。

受重庆市人民政府委托，重庆市环境科学研究院对藏金阁公司和首旭公司违法排放超标废水造成生态环境损害进行鉴定评估，并于2017年4月出具《鉴定评估报告书》。该评估报告载明：本事件污染行为明确，污染物迁移路径合理，污染源与违法排放至外环境的废水中污染物具有同源性，且污染源具有排他性。污染行为发生持续时间为2014年9月1日至2016年5月5日，违法排放废水共计145624吨，其主要污染因子为六价铬、总铬、总锌、总镍等，对长江水体造成严重损害。《鉴定评估报告书》采用《生态环境损害鉴定评估技术指南总纲》《环境损害鉴定评估推荐方法（第Ⅱ版）》推荐的虚拟治理成本法对生态环境损害进行量化，按22元/吨的实际治理费用作为单位虚拟治理成本，再乘以违法排放废水数量，计算出虚拟治理成本为320.3728万元。违法排放废水点为长江干流主城区段水域，适用功能类别属Ⅲ类水体，根据虚拟治理成本法的“污染修复费用的确定原则”Ⅲ类水体的倍数范围为虚拟治理成本的4.5—6倍，本次评估选取最低倍数4.5倍，最终评估出二被告违法排放废水造成的生态环境污染损害量化数额为1441.6776万元（即320.3728万元×4.5=1441.6776万元）。重庆市环境科学研究院是环境保护部《关于印发〈环境损害鉴定评估推荐机构名录（第一批）〉的通知》中确认的鉴定评估机构。

2016年6月30日，重庆市环境监察总队以藏金阁公司从2014年9

月1日至2016年5月5日通过1号综合调节池内的120mm口径管网将含重金属废水未经废水处理站总排口便直接排入港城园区市政废水管网进入长江为由，作出行政处罚决定，对藏金阁公司罚款580.72万元。藏金阁公司不服申请行政复议，重庆市环境保护局作出维持行政处罚决定的复议决定。后藏金阁公司诉至重庆市渝北区人民法院，要求撤销行政处罚决定和行政复议决定。重庆市渝北区人民法院于2017年2月28日作出（2016）渝0112行初324号行政判决，驳回藏金阁公司的诉讼请求。判决后，藏金阁公司未提起上诉，该判决发生法律效力。

2016年11月28日，重庆市渝北区人民检察院向重庆市渝北区人民法院提起公诉，指控首旭公司、程龙（首旭公司法定代表人）等构成污染环境罪，应依法追究刑事责任。重庆市渝北区人民法院于2016年12月29日作出（2016）渝0112刑初1615号刑事判决，判决首旭公司、程龙等人构成污染环境罪。判决后，未提起抗诉和上诉，该判决发生法律效力。

裁判结果

重庆市第一中级人民法院于2017年12月22日作出（2017）渝01民初773号民事判决：一、被告重庆藏金阁物业管理有限公司和被告重庆首旭环保科技有限公司连带赔偿生态环境修复费用1441.6776万元，于本判决生效后十日内交付至重庆市财政局专用账户，由原告重庆市人民政府及其指定的部门和原告重庆两江志愿服务发展中心结合本区域生态环境损害情况用于开展替代修复；二、被告重庆藏金阁物业管理有限公司和被告重庆首旭环保科技有限公司于本判决生效后十日内，在省级或以上媒体向社会公开赔礼道歉；三、被告重庆藏金阁物业管理有限公司和被告重庆首旭环保科技有限公司在本判决生效后十日内给付原告重庆市人民政府鉴定费5万元，律师费19.8万元；四、被告重庆藏金阁物业管理有限公司和被告重庆首旭环保科技有限公司在本判决生效后十日内给付原告重庆两江志愿服务发展中心律师费8万元；五、驳回原告重庆市人民政府和原告重庆两江志愿服务发展中心其他诉讼请求。判决后，各方当事人在法定期限内均未提出上诉，判决发生法律效力。

裁判理由

法院生效裁判认为，重庆市人民政府依据《生态环境损害赔偿制度改革试点方案》规定，有权提起生态环境损害赔偿诉讼，重庆两江志愿服务发展中心具备合法的环境公益诉讼主体资格，二原告基于不同的规定而享有各自的诉权，均应依法予以保护。鉴于两案原告基于同一污染事实与相同被告提起诉讼，诉讼请求基本相同，故将两案合并审理。

本案的争议焦点为：

一、关于《鉴定评估报告书》认定的污染物种类、污染源排他性、违法排放废水计量以及损害量化数额是否准确

首先，关于《鉴定评估报告书》认定的污染物种类、污染源排他性和违法排放废水计量是否准确的问题。污染物种类、污染源排他性及违法排放废水计量均已被（2016）渝 0112 行初 324 号行政判决直接或者间接确认，本案中二被告并未提供相反证据来推翻原判决，故对《鉴定评估报告书》依据的上述环境污染事实予以确认。具体而言，一是关于污染物种类的问题。除了生效刑事判决所认定的总铬和六价铬之外，二被告违法排放的废水中还含有重金属物质如总锌、总镍等，该事实得到了江北区环境监测站、重庆市环境监测中心出具的环境监测报告以及（2016）渝 0112 行初 324 号生效行政判决的确认，也得到了首旭公司法定代表人程龙在调查询问中的确认。二是关于污染源排他性的问题。二被告辩称，江北区环境监测站出具的江环（监）字〔2016〕第 JD009 号分析报告单确定的取样点 W4、W6 位置高于藏金阁废水处理站，因而该两处检出污染物超标不可能由二被告的行为所致。由于被污染水域具有流动性的特征和自净功能，水质得到一定程度的恢复，鉴定机构在鉴定时客观上已无法再在废水处理站周围提取到违法排放废水行为持续时所流出的废水样本，故只能依据环境行政执法部门在查处二被告违法行为时通过取样所固定的违法排放废水样本进行鉴定。在对藏金阁废水处理情况进行环保执法的过程中，先后在多个取样点进行过数次监测取

样，除江环（监）字〔2016〕第 JD009 号分析报告单以外，江北区环境监测站与重庆市环境监测中心还出具了数份监测报告，重庆市环境监察总队的行政处罚决定和重庆市环境保护局的复议决定是在对上述监测报告进行综合评定的基础上作出的，并非单独依据其中一份分析报告书或者监测报告作出。环保部门在整个行政执法包括取样等前期执法过程中，其行为的合法性和合理性已经得到了生效行政判决的确认。同时，上述监测分析结果显示废水中的污染物系电镀行业排放的重金属废水，在案证据证实涉案区域唯有藏金阁一家电镀工业园，而且环境监测结果与藏金阁废水处理站违法排放废水种类一致，以上事实证明上述取水点排出的废水来源仅可能来自于藏金阁废水处理站，故可以认定污染物来源具有排他性。三是关于违法排污计量的问题。根据生效刑事判决和行政判决的确认，并结合行政执法过程中的调查询问笔录，可以认定铬调节池的废水进入 1 号综合废水调节池，利用 1 号池安装的 120mm 口径管网将含重金属的废水直接排入外环境并进入市政管网这一基本事实。经庭审查明，《鉴定评估报告书》综合证据，采用用水总量减去消耗量、污泥含水量、在线排水量、节假日排水量的方式计算出违法排放废水量，其所依据的证据和事实或者已得到被告方认可或生效判决确认，或者相关行政行为已通过行政诉讼程序的合法性审查，其所采用的计量方法具有科学性和合理性。综上，藏金阁公司和首旭公司提出的污染物种类、违法排放废水量和污染源排他性认定有误的异议不能成立。

其次，关于《鉴定评估报告书》认定的损害量化数额是否准确的问题。原告方委托重庆市环境科学研究院就本案的生态环境损害进行鉴定评估并出具了《鉴定评估报告书》，该报告确定二被告违法排污造成的生态环境损害量化数额为 1441.6776 万元。经查，重庆市环境科学研究院是环境保护部《关于印发〈环境损害鉴定评估推荐机构名录（第一批）〉的通知》中确立的鉴定评估机构，委托其进行本案的生态环境损害鉴定评估符合司法解释之规定，其具备相应鉴定资格。根据环境保护部组织制定的《生态环境损害鉴定评估技术指南总纲》《环境损害鉴定评估推荐方法（第Ⅱ版）》，鉴定评估可以采用虚拟治理成本法对事件造成的生态环境损害进行量化，量化结果可以作为生态环境损害赔偿的依据。鉴于本案违法排污行为持续时间长、违法排放数量大，且长江水体处于流动状态，难以直接计算生态环境修复费用，故《鉴定评估报告书》采用虚拟治理成本法对损害结果进行量化并无不当。《鉴定评估报告书》将22元/吨确定为单位实际治理费用，系根据重庆市环境监察总队现场核查藏金阁公司财务凭证，并结合对藏金阁公司法定代表人孙启良的调查询问笔录而确定。《鉴定评估报告书》根据《环境损害鉴定评估推荐方法（第Ⅱ版）》，Ⅲ类地表水污染修复费用的确定原则为虚拟治理成本的4.5—6倍，结合本案污染事实，取最小倍数即4.5倍计算得出损害量化数额为320.3728万元×4.5＝1441.6776万元，亦无不当。

综上所述，《鉴定评估报告书》的鉴定机构和鉴定评估人资质合格，鉴定评估委托程序合法，鉴定评估项目负责人亦应法庭要求出庭接受质询，鉴定评估所依据的事实有生效法律文书支撑，采用的计算方法和结论科学有据，故对《鉴定评估报告书》及所依据的相关证据予以采信。

二、关于藏金阁公司与首旭公司是否构成共同侵权

首旭公司是明知1号废水调节池池壁上存在120mm口径管网并故意利用其违法排污的直接实施主体，其理应对损害后果承担赔偿责任，对此应无疑义。本争议焦点的核心问题在于如何评价藏金阁公司的行为，其与首旭公司是否构成共同侵权。法院认为，藏金阁公司与首旭公司构成共同侵权，应当承担连带责任。

第一，我国实行排污许可制，该制度是国家对排污者进行有效管理的手段，取得排污许可证的企业即是排污单位，负有依法排污的义务，否则将承担相应法律责任。藏金阁公司持有排污许可证，必须确保按照许可证的规定和要求排放。藏金阁公司以委托运行协议的形式将废水处理交由专门从事环境治理业务（含工业废水运营）的首旭公司作业，

该行为并不为法律所禁止。但是，无论是自行排放还是委托他人排放，藏金阁公司都必须确保其废水处理站正常运行，并确保排放物达到国家和地方排放标准，这是取得排污许可证企业的法定责任，该责任不能通过民事约定来解除。申言之，藏金阁公司作为排污主体，具有监督首旭公司合法排污的法定责任，依照《委托运行协议》其也具有监督首旭公司日常排污情况的义务，本案违法排污行为持续了 1 年 8 个月的时间，藏金阁公司显然未尽监管义务。

第二，无论是作为排污设备产权人和排污主体的法定责任，还是按照双方协议约定，藏金阁公司均应确保废水处理设施设备正常、完好。2014 年 8 月藏金阁公司将废酸池改造为 1 号废水调节池并将地下管网改为高空管网作业时，未按照正常处理方式对池中的 120mm 口径暗管进行封闭，藏金阁公司亦未举证证明不封闭暗管的合理合法性，而首旭公司正是通过该暗管实施违法排放，也就是说，藏金阁公司明知为首旭公司提供的废水处理设备留有可以实施违法排放的管网，据此可以认定其具有违法故意，且客观上为违法排放行为的完成提供了条件。

第三，待处理的废水是由藏金阁公司提供给首旭公司的，那么藏金阁公司知道需处理的废水数量，同时藏金阁公司作为排污主体，负责向环保部门缴纳排污费，其也知道合法排放的废水数量，加之作为物业管理部门，其对于园区企业产生的实际用水量亦是清楚的，而这几个数据结合起来，即可确知违法排放行为的存在，因此可以认定藏金阁公司知道首旭公司在实施违法排污行为，但其却放任首旭公司违法排放废水，同时还继续将废水交由首旭公司处理，可以视为其与首旭公司形成了默契，具有共同侵权的故意，并共同造成了污染后果。

第四，环境侵权案件具有侵害方式的复合性、侵害过程的复杂性、侵害后果的隐蔽性和长期性，其证明难度尤其是对于排污企业违法排污主观故意的证明难度较高，且本案又涉及到对环境公益的侵害，故应充分考虑到此类案件的特殊性，通过准确把握举证证明责任和归责原则来避免责任逃避和公益受损。综上，根据本案事实和证据，藏金阁公司与首旭公司构成环境污染共同侵权的证据已达到高度盖然性的民事证明标准，应当认定藏金阁公司和首旭公司对于违法排污存在主观上的共同故意和客观上的共同行为，二被告构成共同侵权，应承担连带责任。

第一千一百六十九条　【教唆侵权、帮助侵权】 教唆、帮助他人实施侵权行为的，应当与行为人承担连带责任。

教唆、帮助无民事行为能力人、限制民事行为能力人实施侵权行为的，应当承担侵权责任；该无民事行为能力人、限制民事行为能力人的监护人未尽到监护职责的，应当承担相应的责任。

条文解读

教唆侵权、帮助侵权 ➲ 本条是关于教唆侵权和帮助侵权的规定。

根据该条规定，有以下两种情形：

第一种情形是教唆、帮助完全民事行为能力人实施侵权行为。本条第1款中的“他人”指的是完全民事行为能力人。根据本款规定，教唆、帮助完全民事行为能力人实施侵权行为需要满足以下构成要件：(1) 教唆人、帮助人实施了教唆、帮助行为。教唆行为，是指对他人进行开导、说服，或者通过刺激、利诱、怂恿等方法使该他人从事侵权行为。教唆行为只能以积极的作为方式作出，消极的不作为不能成立教唆行为，教唆行为可以通过口头、书面或其他形式加以表达，可以公开进行也可以秘密进行，可以当面教唆也可以通过别人传信的方式间接教唆。帮助行为，是指给予他人帮助，如提供工具或者指导方法，以便使该他人易于实施侵权行为。帮助行为通常是以积极的作为方式作出，但具有作为义务的人故意不作为时也可能构成帮助行为。帮助的内容可以是物质上的，也可以是精神上的，可以在行为人实施侵权行为前，也可以在实施过程中。(2) 教唆人、帮助人具有教唆、帮助的主观意图。一般来说，教唆行为与帮助行为都是教唆人、帮助人故意作出的，教唆人、帮助人能够意识到其作出的教唆、帮助行为所可能造成的损害后果。在帮助侵权中，如果被帮助人不知道存在帮助行为，也并不影响帮助行为的成立。（3）被教唆人、被帮助人实施了相应的侵权行为。这一要件要求教唆行为、帮助行为与被教唆人、被帮助人实施的侵权行为之间具有内在的联系。如果被教唆人、被帮助人实施的侵权行为与教唆行为、帮助行为没有任何联系，而是行为人另外实施的，那么，就该行为所造成的损害不应要求教唆人、帮助人承担侵权责任。这一点与刑法中的教唆犯罪存在明显区别，在刑法中，即便被教唆人没有按照教唆人的意图实施犯罪行为，教唆人的教唆行为仍然可能构成教唆未遂的犯罪。

根据本款规定，教唆人、帮助人实施教唆、帮助行为的法律后果是，教唆人、帮助人与行为人承担连带责任。受害人可以请求教唆人、帮助人或者行为人中的一人或者数人赔偿全部损失。

第二种情形是教唆、帮助无民事行为能力人或者限制民事行为能力人实施侵权行为。本条第 2 款是针对被教唆、被帮助对象是无民事行为能力人或者限制民事行为能力人所作出的特别规定。相比第 1 款的规定，本款规定的法律后果有所不同。（1）教唆人、帮助人明知被教唆人、被帮助人为无民事行为能力人或者限制民事行为能力人时，仍然实施教唆、帮助行为的，应当承担侵权责任。即便教唆人、帮助人主观上不知道被教唆人、被帮助人是无民事行为能力人或者限制民事行为能力人的，为了体现法律对教唆、帮助行为的否定性评价，也应当适用本款规定，由教唆人、帮助人承担侵权责任。（2）如果被教唆、被帮助的无民事行为能力人或者限制民事行为能力人的监护人未尽到监护责任的，应当承担相应的责任。监护，是为保护无民事行为能力人和限制民事行为能力人的人身和财产权利而由特定公民或组织对其予以监督、管理和保护的制度。如果监护人未尽到教育和照顾被监护人的职责，疏于履行监护责任，应当对被监护人给他人造成的损害承担侵权责任。所谓“相应的责任”，是指依据监护人的过错程度来确定的责任。

实务应用

05. 教唆行为与帮助行为的区别是什么？

一般认为，教唆行为与帮助行为的区别在于：教唆行为的特点是教唆人本人不亲自实施侵权行为，而是唆使他人产生侵权意图并实施侵权行为或危险行为；而帮助行为可能并不对加害行为起决定性作用，只是对加害行为起促进作用。

第一千一百七十条　【共同危险行为】二人以上实施危及他人人身、财产安全的行为，其中一人或者数人的行为造成他人损害，能够确定具体侵权人的，由侵权人承担责任；不能确定具体侵权人的，行为人承担连带责任。

条文解读

共同危险行为 ➜ 本条是关于共同危险行为的规定。

构成共同危险行为应当满足下列几个要件：

一是二人以上实施危及他人人身、财产安全的行为，行为主体是复数。

二是其中一人或者数人的行为造成他人损害。虽然实施危及他人人身、财产安全行为的是数人，但真正导致受害人损害后果发生的只是其中一人或者几人的行为。

三是不能确定具体侵权人。一般而言，受害人只能请求侵权人就其侵权行为所造成的损失予以赔偿，侵权人也仅对其侵权行为所造成的损失进行赔偿。但在共同危险行为制度中，数个行为人实施的危及他人人身、财产安全的行为在时间、空间上存在偶合性，事实上只有部分行为人的行为造成了损害后果，但是，由于受害人无法掌握各个行为人的行为动机、行为方式等证据，无法准确判断哪个行为才是真正的侵权行为，为了保护受害人的合法权益，降低受害人的举证难度，避免其因不能指认真正侵权人而无法行使请求权，同时由于每个行为人都实施了危及他人人身、财产安全的行为，在道德上具有可责难性，所以规定由所有实施危及他人人身、财产安全行为的人承担连带责任是合理的。如果受害人能够指认或者法院能够查明具体侵权人，就不能适用本条规定，只能要求具体侵权人承担侵权责任。

根据本条规定，适用共同危险行为制度的法律后果是数个行为对受害人承担连带责任。

第一千一百七十一条　【分别侵权的连带责任】二人以上分别实施侵权行为造成同一损害，每个人的侵权行为都足以造成全部损害的，行为人承担连带责任。

条文解读

分别侵权的连带责任 ➲ 本条是关于分别侵权的连带责任。

根据《民法典》第1172条的规定，二人以上分别实施侵权行为造成同一损害，行为人对所造成的损害承担按份责任。但如果每个行为人的侵权行为都足以造成全部损害，行为人则应当根据本条规定承担连带责任。适用本条规定需要符合以下构成要件：

一是二人以上分别实施侵权行为。相比《民法典》第1168条有关共同侵权的规定，本条要求数个侵权行为之间相互独立。本条中的“分别”是指实施侵权行为的数个行为人之间不具有主观上的关联性，各个侵权行为都是相互独立的。每个行为人在实施侵权行为之前以及实施侵权行为过程中，没有与其他行为人有意思联络，也没有认识到还有其他人也在实施类似的侵权行为。如果行为人主观具有关联性，存在共同故意或者共同过失，则应当适用《民法典》第1168条的规定，而不能适用本条。

二是造成同一损害后果。“同一损害”指数个侵权行为所造成的损害的性质是相同的，都是身体伤害或者财产损失，并且损害内容具有关联性。相较《民法典》第 1168 条而言，本条强调损害的同一性，而在共同侵权制度中，即便每个侵权行为所造成的损害后果不同，只要数个行为人主观上具有关联性，同样构成共同侵权，由数个行为人对受害人的全部损失承担连带责任。此外，如果各个行为人对受害人所造成的损害是不同的，即便因偶然原因而同时发生在一个人身上，行为人也应当就各自所致的损害承担赔偿责任。

三是每个人的侵权行为都足以造成全部损害。本条中的“足以”并不是指每个侵权行为都实际上造成了全部损害，而是指即便没有其他侵权行为的共同作用，独立的单个侵权行为也有可能造成全部损害。

根据本条规定，一旦满足规定的构成要件，数个行为人必须对造成的损害承担连带责任。

第一千一百七十二条　【分别侵权的按份责任】二人以上分别实施侵权行为造成同一损害，能够确定责任大小的，各自承担相应的责任；难以确定责任大小的，平均承担责任。

条文解读

分别侵权的按份责任 ➲ 本条是关于分别实施侵权行为承担按份责任的规定。

适用本条规定应当符合下列构成要件：

一是数人无意思联络。该要件与共同危险行为、并发侵权行为相同，即主体为二人以上，没有共同故意，也没有共同认识意义上的共同过失。

二是二人以上分别实施侵权行为。这一要件与《民法典》第 1171 条中“二人以上分别实施侵权行为”的含义相同，要求数个侵权行为相互之间是独立的，不存在应当适用《民法典》第 1168 条共同侵权制度的情形。

三是造成同一损害后果。这一要件与《民法典》第 1171 条中“造成同一损害”的含义相同，如果数个侵权行为造成的损害后果不同，可以明显区分，应当适用《民法典》第1165条或者第1166条的规定。

四是数个侵权行为是损害结果发生的共同原因或者竞合原因。从因果关系角度观察，前者构成累积的因果关系，后者属于竞合的因果关系。包括两种形式：(1)行为竞合致人损害。即数人没有意思联络，其侵权行为相互结合发生同一损害后果，数行为构成损害结果的共同原因或者同一原因，其原因力不可分。各行为人的行为与损害后果间均为直接因果关系，即构成累积的因果关系。(2)原因竞合致人损害。数个行为人的违法行为偶然结合互相发生媒介作用导致同一损害后果，分别构成损害后果发生的直接原因或者间接原因，其原因力可分，即构成竞合的因果关系。又叫作“多因一果”致人损害。

本条与《民法典》第1171条同属分别侵权制度，但在构成要件上有所不同，《民法典》第1171条的构成要件更加严格，要求“每个人的侵权行为都足以造成全部损害”。

根据本条规定，数个行为人应当承担按份责任。这与《民法典》第1171条在法律后果上有本质区别，第1171条在构成要件上更加严格，要求各个行为人承担连带责任。

需要注意的是，本条规范的不是承担连带责任的数个加害人之间的内部关系，而是受害人与数个加害人之间的外部关系。对在数个加害人承担连带责任时其内部责任份额如何确定的问题，适用《民法典》第177条、第178条的规定。

关联参见

《民法典》第177条、第178条

第一千一百七十三条　【与有过错】被侵权人对同一损害的发生或者扩大有过错的，可以减轻侵权人的责任。

条文解读

与有过错 ➔ 本条是关于与有过错的规定。

被侵权人自身对于损害后果的发生也存在过错的，侵权行为人有权据此主张减轻其责任，这种抗辩被称为与有过错，也称过失相抵。过失相抵是侵权法上免责事由的一种。根据该条规定，过失相抵的法律后果仅得以减轻侵权人的责任，而不能免除其责任；关于免除侵权人责任的规定，则应当通过《民法典》侵权责任编第 1174 条有关受害人故意的规定来实现。

过失相抵的构成要件包括：

第一，侵权人的行为与被侵权人的行为是导致损害发生或扩大的共同原因。过失相抵是侵权法上的免责事由，因此，发生侵权行为仍然是这一制度适用的前提条件，也就是说，存在侵权人对被侵权人的侵害行为，并造成了被侵权人民事权益的损害后果。但与一般的侵权行为不同的是，在适用过失相抵的情形下，侵权人的行为并非造成损害的唯一原因，而被侵权人自身的行为也是导致损害发生或扩大的原因之一，加害人与被害人、侵权人与被侵权人双方行为的结合，共同造成了同一损害后果的发生或扩大。

第二，被侵权人具有过错。如前所述，过失相抵意味着首先存在一个侵权行为，侵权行为人实施了侵害他人权益的行为本身就存在过错，即便是在无过错责任中，侵权行为人也违反了其应负的高度注意义务，在一定程度上也可以说存在过错。而被侵权人对于同一损害后果具有过错，这种过错往往是疏于对自己的人身财产权益进行保护的过错，也就是说，受害人未能采取合理的措施来保护自身权益，或者未能尽到合理的注意义务来保护自身的人身财产权益，结果在出现侵权人的侵害行为时，两者结合发生了损害，或者导致损害的扩大。

第三，被侵权人的过错与损害之间具有同一性。同一性强调的是被侵权人的过错行为所导致的损害与侵权行为人所导致的损害是同一损害。如果被侵权人的过错导致的损害与侵权行为人的侵权行为导致的损害无关，则表明两者的行为未能紧密结合，导致了因果关系的中断，就不属于过失相抵的情形。

第四，被侵权人的过错包括造成损害的发生和造成损害的扩大两种情形。被侵权人的过错造成损害的发生，是指被侵权人的行为参与到了损害的产生过程中。被侵权人的过错造成损害的扩大，是指侵权人的侵权行为造成被侵权人的损害之后，被侵权人本来应该及时采取措施防止损害的扩大，但未能采取合理措施，最后导致其遭受的损害扩大，那么侵权行为人对于该扩大的损失就可以主张减轻其责任。

根据过失相抵的比较结果，承担责任的后果是：（1）过失程度和原因力相同者，承担同等责任（50%）。（2）侵权人的过失程度和行为原因力大于被侵权人的，侵权人承担主要责任（51%以上）。（3）侵权人的过失程度和行为原因力小于被侵权人的，承担次要责任（49%以下）。

案例指引

07. 交通事故的受害人没有过错，其体质状况对损害后果的影响是否属于可以减轻侵权人责任的法定情形？①

荣宝英诉王阳、永诚财产保险股份有限公司
江阴支公司机动车交通事故责任纠纷案

（最高人民法院审判委员会讨论通过　2014年1月26日发布）

关键词　民事　交通事故　过错责任

裁判要点

交通事故的受害人没有过错，其体质状况对损害后果的影响不属于可以减轻侵权人责任的法定情形。

① 最高人民法院指导案例24号。

相关法条

《中华人民共和国侵权责任法》第二十六条①

《中华人民共和国道路交通安全法》第七十六条第一款第（二）项

基本案情

原告荣宝英诉称：被告王阳驾驶轿车与其发生刮擦，致其受伤。该事故经江苏省无锡市公安局交通巡逻警察支队滨湖大队（简称滨湖交警大队）认定：王阳负事故的全部责任，荣宝英无责。原告要求下述两被告赔偿医疗费用30006元、住院伙食补助费414元、营养费1620元、残疾赔偿金27658.05元、护理费6000元、交通费800元、精神损害抚慰金10500元，并承担本案诉讼费用及鉴定费用。

被告永诚财产保险股份有限公司江阴支公司（简称永诚保险公司）辩称：对于事故经过及责任认定没有异议，其愿意在交强险限额范围内予以赔偿；对于医疗费用30006元、住院伙食补助费414元没有异议；因鉴定意见结论中载明"损伤参与度评定为75%，其个人体质的因素占25%"，故确定残疾赔偿金应当乘以损伤参与度系数0.75，认可20743.54元；对于营养费认可1350元，护理费认可3300元，交通费认可400元，鉴定费用不予承担。

被告王阳辩称：对于事故经过及责任认定没有异议，原告的损失应当由永诚保险公司在交强险限额范围内优先予以赔偿；鉴定费用请求法院依法判决，其余各项费用同意保险公司意见；其已向原告赔偿20000元。

法院经审理查明：2012年2月10日14时45分许，王阳驾驶号牌为苏MT1888的轿车，沿江苏省无锡市滨湖区蠡湖大道由北往南行驶至蠡湖大道大通路口人行横道线时，碰擦行人荣宝英致其受伤。2月11日，滨湖交警大队作出《道路交通事故认定书》，认定王阳负事故的全部责任，荣宝英无责。事故发生当天，荣宝英即被送往医院治疗，发生

---

① 现为《民法典》第1173条，下同。

医疗费用30006元，王阳垫付20000元。荣宝英治疗恢复期间，以每月2200元聘请一名家政服务人员。号牌苏MT1888轿车在永诚保险公司投保了机动车交通事故责任强制保险，保险期间为2011年8月17日0时起至2012年8月16日24时止。原、被告一致确认荣宝英的医疗费用为30006元、住院伙食补助费为414元、精神损害抚慰金为10500元。

荣宝英申请并经无锡市中西医结合医院司法鉴定所鉴定，结论为：1. 荣宝英左桡骨远端骨折的伤残等级评定为十级；左下肢损伤的伤残等级评定为九级。损伤参与度评定为75%，其个人体质的因素占25%。2. 荣宝英的误工期评定为150日，护理期评定为60日，营养期评定为90日。一审法院据此确认残疾赔偿金27658.05元扣减25%为20743.54元。

裁判结果

江苏省无锡市滨湖区人民法院于2013年2月8日作出（2012）锡滨民初字第1138号判决：一、被告永诚保险公司于本判决生效后十日内赔偿荣宝英医疗费用、住院伙食补助费、营养费、残疾赔偿金、护理费、交通费、精神损害抚慰金共计45343.54元。二、被告王阳于本判决生效后十日内赔偿荣宝英医疗费用、住院伙食补助费、营养费、鉴定费共计4040元。三、驳回原告荣宝英的其他诉讼请求。宣判后，荣宝英向江苏省无锡市中级人民法院提出上诉。无锡市中级人民法院经审理于2013年6月21日以原审适用法律错误为由作出（2013）锡民终字第497号民事判决：一、撤销无锡市滨湖区人民法院（2012）锡滨民初字第1138号民事判决；二、被告永诚保险公司于本判决生效后十日内赔偿荣宝英52258.05元。三、被告王阳于本判决生效后十日内赔偿荣宝英4040元。四、驳回原告荣宝英的其他诉讼请求。

裁判理由

法院生效裁判认为：《中华人民共和国侵权责任法》第二十六条规定："被侵权人对损害的发生也有过错的，可以减轻侵权人的责任。"《中华人民共和国道路交通安全法》第七十六条第一款第（二）项规定，机动车与非机动车驾驶人、行人之间发生交通事故，非机动车驾驶人、行人没有过错的，由机动车一方承担赔偿责任；有证据证明非机动车驾驶人、行人有过错的，根据过错程度适当减轻机动车一方的赔偿责任。因此，交通事故中在计算残疾赔偿金是否应当扣减时应当根据受害人对损失的发生或扩大是否存在过错进行分析。本案中，虽然原告荣宝英的个人体质状况对损害后果的发生具有一定的影响，但这不是侵权责任法等法律规定的过错，荣宝英不应因个人体质状况对交通事故导致的伤残存在一定影响而自负相应责任，原审判决以伤残等级鉴定结论中将荣宝英个人体质状况"损伤参与度评定为75%"为由，在计算残疾赔偿金时作相应扣减属适用法律错误，应予纠正。

从交通事故受害人发生损伤及造成损害后果的因果关系看，本起交通事故的引发系肇事者王阳驾驶机动车穿越人行横道线时，未尽到安全注意义务碰擦行人荣宝英所致；本起交通事故造成的损害后果系受害人荣宝英被机动车碰撞、跌倒发生骨折所致，事故责任认定荣宝英对本起事故不负责任，其对事故的发生及损害后果的造成均无过错。虽然荣宝英年事已高，但其年老骨质疏松仅是事故造成后果的客观因素，并无法律上的因果关系。因此，受害人荣宝英对于损害的发生或者扩大没有过错，不存在减轻或者免除加害人赔偿责任的法定情形。同时，机动车应当遵守文明行车、礼让行人的一般交通规则和社会公德。本案所涉事故发生在人行横道线上，正常行走的荣宝英对将被机动车碰撞这一事件无法预见，而王阳驾驶机动车在路经人行横道线时未依法减速慢行、避让行人，导致事故发生。因此，依法应当由机动车一方承担事故引发的全部赔偿责任。

根据我国道路交通安全法的相关规定，机动车发生交通事故造成人身伤亡、财产损失的，由保险公司在机动车第三者责任强制保险责任限额范围内予以赔偿。而我国交强险立法并未规定在确定交强险责任时应依据受害人体质状况对损害后果的影响作相应扣减，保险公司的免责事由也仅限于受害人故意造成交通事故的情形，即便是投保机动车无责，保险公司也应在交强险无责限额内予以赔偿。因此，对于受害人符合法律规定的赔偿项目和标准的损失，均属交强险的赔偿范围，参照“损伤参与度”确定损害赔偿责任和交强险责任均没有法律依据。

关联参见

《水污染防治法》第96条第3款；《道路交通安全法》第76条第1款第2项

第一千一百七十四条　【受害人故意】损害是因受害人故意造成的，行为人不承担责任。

条文解读

受害人故意 本条是关于受害人故意造成损害，行为人免责的规定。

受害人故意造成损害，是指受害人明知自己的行为会发生损害自己的后果，而希望或者放任此种结果的发生。受害人故意可以分为直接故意和间接故意。直接故意，是指受害人从主观上追求损害自己的结果发生；间接故意，是指受害人已经预见到自己的行为可能发生损害自己的结果，但也不停止该行为，而是放任损害结果的发生。

本条规定对行为人免责，是指损害完全是因为受害人的故意造成的，即受害人故意的行为是其损害发生的唯一原因。如果有证据证明损害是由于受害人的故意造成，但也有证据证明行为人对损害的发生也有故意或者重大过失的，应适用《民法典》第1173条关于与有过失的规定。

关联参见

《水污染防治法》第96条第3款；《道路交通安全法》第76条第2款

第一千一百七十五条 【第三人过错】 损害是因第三人造成的，第三人应当承担侵权责任。

条文解读

第三人过错 ➜ 本条是关于第三人过错的规定。

第三人过错的概念往往在诉讼中体现，是指受害人起诉被告以后，被告提出该损害完全或者部分不是由自己造成，而是由第三人的过错造成，从而提出免除或者减轻自己责任的抗辩事由。第三人的过错包括故意和过失。第三人应当与被告不存在任何隶属关系，比如用人单位的工作人员在工作过程中造成他人损害的，用人单位不能以其工作人员作为第三人，提出“第三人过错”的抗辩。用人单位应当对工作人员造成的损害，承担替代责任。

本条在适用上要把握以下两点：

第一，在过错责任和过错推定责任范围内，被告能够证明损害完全是由于第三人的过错行为造成的，应免除被告的责任，由第三人对原告承担侵权责任。

第二，在无过错责任范围内，情况比较复杂。在某些无过错责任情形之下，即使完全由第三人过错造成的损害，也应首先由被告承担责任，即被告不能以第三人造成损害为由，对原告受害人进行抗辩。在某些无过错责任情形之下，第三人的过错造成损害，被侵权人可以选择行为人或者第三人之一承担责任。侵权人赔偿后，有权向第三人追偿。在某些无过错责任情形之下，完全由第三人造成的损害，由第三人承担责任，即被告可以“第三人过错”造成损害为由，对原告进行抗辩。

关联参见

《水污染防治法》第 96 条第 4 款

第一千一百七十六条　【自甘风险】 自愿参加具有一定风险的文体活动，因其他参加者的行为受到损害的，受害人不得请求其他参加者承担侵权责任；但是，其他参加者对损害的发生有故意或者重大过失的除外。

活动组织者的责任适用本法第一千一百九十八条至第一千二百零一条的规定。

条文解读

自甘风险 ➲ 本条是关于自甘风险的规定。

自甘风险又称自愿承受危险，是指受害人自愿承担可能性的损害而将自己置于危险环境或场合下，造成损害行为人不承担责任。其构成要件是：第一，受害人作出了自愿承受危险的意思表示，通常是将自己置于可能性的危险状况之下；第二，这种潜在的危险不是法律、法规所禁止的，也不是社会公序良俗所反对的，且此种危险通常是被社会所认可存在或者难以避免的。例如，参加拳击比赛而自愿承受可能受到的人身伤害的危险。

本条适用时应把握以下四点：

一是受害人必须意识到所参加的文体活动的风险。这种风险必然存在，但是否会产生损害结果不确定。例如，参加篮球运动一定会存在冲撞，参加足球运动必然有铲球，这些行为都有可能会造成倒地的风险，有可能会造成骨折的风险，风险必然有，但是否必然出现这样的后果是不一定的，运动的剧烈程度、冲撞的角度、双方是否遵守规则、参加者运动技能和身体素质等因素的不同，会产生很大的变数。本质上讲，参加任何文体活动都有可能存在风险、造成损害。《民法典》侵权责任编本着谨慎的精神，仅规定了“自愿参加具有一定风险的文体活动”中才能适用自甘风险制度。“具有一定风险”，应当理解为风险性较高、对自身条件有一定要求、对抗性较强等的文体活动。

二是在正常情况下，因为其他参加者的行为受到损害的，其他参加者不承担侵权责任。具有一定风险的文体活动的参加者在了解风险的前提下，仍自愿参加，在文体活动中受到损害的，其他参加者不承担侵权责任，也就是说法律规定这种情况下直接免责。但是，其他参加者对损害的发生有故意或者重大过失的，这种情形下损害是由于行为人的侵权行为造成的，已经超过其自甘风险的范围，法律规定了除外条款，对此应当根据双方的过错程度，确定损害的承担。为了防止侵权人不当地援用"自甘风险"条款免责，应限定其适用范围，这也是本条将侵权人承担责任的主观要件限定于故意或者重大过失的重要原因。

三是对于活动组织者的责任承担，法律规定适用安全保障义务的规定。但是应当明确，有些活动需要组织者详细明确告知参加者各种风险；有些活动是按照经验不需要组织者告知参加者风险的，因为这些活动的固有危险已经为社会一般人所知晓，更为参加者所熟知。这在确定文体活动组织者责任时，应当予以考虑。但是，固有风险之外的意外损害，应当由组织者承担。例如，参加马拉松活动，正常跑步过程中的晒伤、膝关节损伤、碰撞等运动伤害，是不需要组织者特别告知的。此外，在整个活动过程中，组织者是否尽到了必要的安全保障义务、采用了足够安全的措施、设计了突发情况的预案、损害发生后是否及时采取了合理措施等，是考虑活动组织者是否尽到了责任的因素。当然，还要考虑受害人是否有过错以及过错程度。

四是适用本条规定需要结合具体的案件，从案件的具体情况出发，审慎确定文体活动是否具有一定的风险性，是否属于自甘风险的情况，当事人双方、活动组织者是否有过错以及过错程度，从各方面从严认定和把握。

08. 参加羽毛球比赛造成损伤的，应由谁承担侵权责任？[①]

宋某祯、周某均为羽毛球业余爱好者，自2015年起自发参加羽毛球比赛。2020年4月28日上午，宋某祯、周某与案外4人在北京市朝阳区某公园内露天场地进行羽毛球3对3比赛。运动中，宋某祯站在发球线位置接对方网前球后，将球回挑到周某方中场，周某迅速杀球进攻，宋某祯直立举拍防守未果，被羽毛球击中右眼。事发后，宋某祯至北京大学人民医院就诊治疗，术后5周余验光提示右眼最佳矫正视力为0.05。宋某祯遂诉至法院，要求周某赔偿医疗费、护理费、住院伙食补助费、营养费等各项费用。

生效裁判认为，竞技体育运动不同于一般的生活领域，主要目的即为争胜，此类运动具有对抗性、人身危险性的特点，参与者均处于潜在危险中，既是危险的潜在制造者，也是危险的潜在承担者。羽毛球运动系典型的对抗性体育竞赛，除扭伤、拉伤等常规风险外，更为突出的风险即在于羽毛球自身体积小、密度大、移动速度快，运动员如未及时作出判断即会被击中，甚至击伤。宋某祯作为多年参与羽毛球运动的爱好者，对于自身和其他参赛者的能力以及此项运动的危险和可能造成的损害，应当有所认知和预见，而宋某祯仍自愿参加比赛，将自身置于潜在危险之中，属于自甘冒险的行为。依照《民法典》第1176条第1款，在此情形下，只有周某对宋某祯受伤的损害后果存在故意或重大过失时，才需承担侵权损害赔偿责任。本案中，周某杀球进攻的行为系该类运动的正常技术动作，周某并不存在明显违反比赛规则的情形，不应认定其存在重大过失，且现行法律未就本案所涉情形适用公平责任予以规定，故宋某祯无权主张周某承担赔偿责任或分担损失。2021年1月4日，一审法院判决

---

① 参见《人民法院贯彻实施民法典典型案例（第一批）》（2022年2月25日发布），宋某祯诉周某身体权纠纷案，载最高人民法院网 https://www.court.gov.cn/zixun-xiangqing-347181.html，最后访问日期：2023年3月15日。

驳回宋某祯的全部诉讼请求。二审法院判决驳回上诉，维持原判。

本案是《民法典》施行后，首例适用《民法典》第 1176 条“自甘冒险”规定作出判决的案件。《民法典》施行前，由于法律规定不明确，人民法院在处理文体活动中身体受伤引发的民事纠纷时，容易出现认识分歧，进而引发争议。《民法典》确立“自甘冒险”规则，既统一了思想认识，也统一了裁判尺度。本案审理法院结合具体案情，适用“自甘冒险”规则，明确判决对损害发生无故意、无重大过失的文体活动参加者，不承担赔偿责任，亮明了拒绝“和稀泥”的司法态度，宣示了冒险者须对自己行为负责的规则，不仅弘扬了社会主义核心价值观，促进了文体活动的健康有序发展，也为《民法典》新规则的实施提供了有益的司法经验。

第一千一百七十七条　【自力救济】合法权益受到侵害，情况紧迫且不能及时获得国家机关保护，不立即采取措施将使其合法权益受到难以弥补的损害的，受害人可以在保护自己合法权益的必要范围内采取扣留侵权人的财物等合理措施；但是，应当立即请求有关国家机关处理。

受害人采取的措施不当造成他人损害的，应当承担侵权责任。

条文解读

自力救济 ➲ 本条是关于自力救济的规定。

自力救济，是指权利人为了保护自己的合法权益，在情况紧迫而又不能获得国家机关及时救助的情况下，对他人的财产或者自由在保护自己合法权益的必要范围内采取扣押、拘束或者其他相应的措施，为法律或社会公德所认可的行为。

本条没有明文规定可以对他人人身自由施加拘束的内容，但是在“等”字中包含了这个意思。例如，去饭店吃饭未带钱而不能付费，店主不让其离开，等待他人送钱来结账的拘束自由的行为，就是自力救济。

自力救济的要件是：（1）行为人的合法权益受到侵害；（2）情况紧迫且不能及时获得国家机关保护；（3）不立即采取措施将使其权益受到难以弥补的损害；（4）在保护自己合法权益的必要范围内对侵权人实施扣留财产或者限制人身自由的行为。

行为人实施了自力救济，在权益得到保障后，即应解除相应的措施；如果仍需继续采取上述措施，应当立即请求有关国家机关依法处理。

行为人如果对受害人采取自力救济的措施不适当，造成受害人损害的，应当承担侵权责任，赔偿损失。

这一条文在文字上没有提到对侵犯人的人身自由的拘束，而是概括在“等”字当中。在学习和适用有关自力救济的规定时，应当注意这一点。

第一千一百七十八条　【特别规定优先适用】本法和其他法律对不承担责任或者减轻责任的情形另有规定的，依照其规定。

条文解读

本条规定是“特别法优于一般法”的法律适用规则的具体体现，因为《民法典》是民事领域的一般法，侵权责任编的第一章又是侵权责任编中的一般法，那么“另有规定的，依照其规定”便体现了优先适用特别法的原则。具体而言，本条包含两方面的含义：

一是在《民法典》内部，《民法典》侵权责任编之外的其他各编，如人格权编、物权编等，如果对侵权责任的免责事由作出了不同规定或具体规定的，则优先适用其规定。例如，《民法典》总则编规定了在不可抗力、正当防卫、紧急避险、自愿实施紧急救助行为的情形下，行为人不承担责任，这一免责事由就应当优先适用。此外，在《民法典》侵权责任编除了第一章之外的其他各章，尤其是关于具体侵权类型的章节中，如果对侵权责任的免责事由作出了不同规定或者具体规定的，则优先适用其他各章的规定。例如，《民法典》侵权责任编第六章“医疗损害责任”第 1224 条第 1 款规定：“患者在诊疗活动中受到损害，有下列情形之一的，医疗机构不承担赔偿责任：（一）患者或者其近亲属不配合医疗机构进行符合诊疗规范的诊疗；（二）医务人员在抢救生命垂危的患者等紧急情况下已经尽到合理诊疗义务；（三）限于当时的医疗水平难以诊疗。”那么这些免责事由就不同于侵权责任编第一章免责事由的规定，因此也应当在医疗损害责任中优先适用。

二是《民法典》之外的其他法律，如果针对侵权责任的免责事由作出了不同规定或具体规定的，则优先适用其他单行法中的规定。例如，《民法典》侵权责任编第四章专门规定了产品责任，但《产品质量法》第 41 条第 2 款更为具体地规定：“生产者能够证明有下列情形之一的，不承担赔偿责任：（一）未将产品投入流通的；（二）产品投入流通时，引起损害的缺陷尚不存在的；（三）将产品投入流通时的科学技术水平尚不能发现缺陷的存在的。”那么关于生产者的这些免责事由，则应当优先适用，即凡是生产者存在这些情形的，就可以作为抗辩事由而主张免除自己的侵权责任。

第二章　损害赔偿

第一千一百七十九条　【人身损害赔偿范围】 侵害他人造成人身损害的，应当赔偿医疗费、护理费、交通费、营养费、住院伙食补助费等为治疗和康复支出的合理费用，以及因误工减少的收入。造成残疾的，还应当赔偿辅助器具费和残疾赔偿金；造成死亡的，还应当赔偿丧葬费和死亡赔偿金。

条文解读

人身损害赔偿范围 ➔ 本条是关于人身损害赔偿范围的规定。

人身损害赔偿是侵害生命权、身体权、健康权造成的损害，分为一般伤害、造成残疾和造成死亡三种类型的损害。

侵权行为造成他人人身的一般伤害，应当赔偿医疗费、护理费、交通费、营养费、住院伙食补助费等为治疗和康复支出的合理费用以及因误工减少的收入。医疗费是治疗人身伤害的治疗费、医药费、检查费等费用；护理费是对受到伤害的受害人进行护理的费用；交通费是对受害人就医、转院等治疗的本人及护理人员的交通费；营养费是对受到伤害的人在治疗和康复期间需要补充营养的费用；误工损失是因伤残等耽误工作所减少的收入。对于其他因治疗和康复支出的合理费用，也在赔偿范围之内。

对受害人因伤害造成残疾的，除赔偿上述费用外，还应当赔偿辅助器具费和残疾赔偿金。辅助器具费是伤残者身体功能丧失应予配置的辅助器具的购置费和维护费，应当予以赔偿。根据《最高人民法院关于审理人身损害赔偿案件适用法律若干问题的解释》第 12 条的规定，残疾赔偿金根据受害人丧失劳动能力程度或者伤残等级，按照受诉法院所在地上一年度城镇居民人均可支配收入标准，自定残之日起按 20 年计算。但 60 周岁以上的，年龄每增加一岁减少一年；75 周岁以上的，按 5 年计算。受害人因伤致残但实际收入没有减少，或者伤残等级较轻但造成职业妨害严重影响其劳动就业的，可以对残疾赔偿金作相应调整。

受害人因伤害造成死亡的，还应当赔偿丧葬费和死亡赔偿金。丧葬费是对死者丧葬所应支付的财产损失，应当按照最高人民法院的司法解释规定予以赔偿。对死亡赔偿金也是采取一次性赔偿 20 年的固定标准计算。上述人身损害赔偿项目的实际计算方法，《最高人民法院关于审理人身损害赔偿案件适用法律若干问题的解释》都有具体规定，应当按照司法解释的规定确定具体的赔偿数额。

关联参见

《产品质量法》第 44 条；《消费者权益保护法》第 49 条；《工伤保险条例》第 30—45 条；《最高人民法院关于审理人身损害赔偿案件适用法律若干问题的解释》第 12—20 条

第一千一百八十条　【以相同数额确定死亡赔偿金】因同一侵权行为造成多人死亡的，可以以相同数额确定死亡赔偿金。

条文解读

以相同数额确定死亡赔偿金 ➲ 本条是关于以相同数额确定死亡赔偿金的规定。

这里需要注意以下几点：一是以相同数额确定死亡赔偿金并非确定死亡赔偿金的一般方式，若分别计算死亡赔偿金较为容易，可以不采用这种方式；二是根据《民法典》的规定，以相同数额确定死亡赔偿金原则上仅适用于因同一侵权行为造成多人死亡的案件；三是本条特别强调，对因同一侵权行为造成多人死亡的，只是“可以”以相同数额确定死亡赔偿金，而不是任何因同一侵权行为造成多人死亡的案件都“必须”或者“应当”以相同数额确定死亡赔偿金；四是以相同数额确定死亡赔偿金的，原则上不考虑受害人的年龄、收入状况等个人因素。

关联参见

《最高人民法院关于审理人身损害赔偿案件适用法律若干问题的解释》第 17 条、第 18 条

第一千一百八十一条　【被侵权人死亡时请求权主体的确定】 被侵权人死亡的，其近亲属有权请求侵权人承担侵权责任。被侵权人为组织，该组织分立、合并的，承继权利的组织有权请求侵权人承担侵权责任。

被侵权人死亡的，支付被侵权人医疗费、丧葬费等合理费用的人有权请求侵权人赔偿费用，但是侵权人已经支付该费用的除外。

条文解读

本条是对被侵权人死亡后，谁可以成为请求权主体的规定。

本条区分情况作了规定：

一是被侵权人死亡的，其近亲属有权请求侵权人承担侵权责任。本

法并没有规定“近亲属”的范围，原则上，请求权人应是与受害人共同生活的家庭成员或者与受害人有紧密联系的近亲属，或者依靠受害人生活的其他近亲属。

二是被侵权人为组织，该组织分立、合并的，承继权利的组织有权请求侵权人承担侵权责任。

三是根据本条第 2 款的规定，被侵权人死亡的，支付被侵权人医疗费、丧葬费等合理费用的人有权请求侵权人赔偿费用，但是侵权人已经支付该费用的除外。赋予实际支付医疗费、丧葬费等费用的主体独立请求权，有利于弘扬帮扶帮衬的社会美德，保护善良的社会风俗，也可以防止侵权人获得不当利益。

实务应用

06. 被侵权人死亡后，其近亲属是否有权请求侵权赔偿？

根据《民法典》第 1181 条的规定，被侵权人死亡的，其近亲属有权请求侵权人承担侵权责任。被侵权人为组织，该组织分立、合并的，承继权利的组织有权请求侵权人承担侵权责任。被侵权人死亡的，支付被侵权人医疗费、丧葬费等合理费用的人有权请求侵权人赔偿费用，但是侵权人已支付该费用的除外。被侵权人指的是在侵权法律关系中，侵权行为损害后果的直接承受者，是因侵权行为而使民事权益受到侵害的人。被侵权人包括自然人、法人和非法人组织。被侵权人的资格不在于其是否具有民事行为能力，但是有无民事行为能力，关系到其是否可以自己行使请求侵权人承担侵权责任的权利。有完全民事行为能力的被侵权人，可以自己行使请求权，请求侵权人承担侵权责任；无民事行为能力（如不满 8 周岁的未成年人）或者限制民事行为能力（如 8 周岁以上的未成年人）的被侵权人，自己不能行使请求权，应当由其法定代理人代其行使请求权。

07. 若被侵权人为组织，该组织分立、合并的，应由谁请求侵权人承担侵权责任？

根据本条的规定，被侵权人为组织，该组织分立、合并的，承继权利的组织有权请求侵权人承担侵权责任。组织在分立、合并过程中一般都会通过合同对权利的承继者作出安排，没有作出安排的，则依据《民法典》《公司法》等法律的相关规定决定谁有权承继这种权利。一旦确定了承继权利者，其就有权请求侵权人承担侵权责任。

关联参见

《国家赔偿法》第 6 条

第一千一百八十二条　【侵害他人人身权益造成财产损失的赔偿计算方式】侵害他人人身权益造成财产损失的，按照被侵权人因此受到的损失或者侵权人因此获得的利益赔偿；被侵权人因此受到的损失以及侵权人因此获得的利益难以确定，被侵权人和侵权人就赔偿数额协商不一致，向人民法院提起诉讼的，由人民法院根据实际情况确定赔偿数额。

条文解读

《民法典》第 993 条规定了公开权，即民事主体可以许可他人使用姓名、名称、肖像等，但是依照法律规定或者根据其性质不得许可的除外。本条与此相对应，规定了侵害公开权造成财产损失的赔偿规则。这些被侵害的人格利益都是精神性人格利益，应用在商品社会中，会产生财产利益，应当归属于权利人本人。他人未经权利人同意而将权利人的姓名、名称、肖像、隐私、个人信息等人格利益予以公开，就侵害了权利人的人格权，使权利人本人的人格利益包括财产利益受到损害，应当承担赔偿责任，赔偿权利人受到的损害。

侵害公开权造成财产利益损失的赔偿方法是：（1）被侵权人因此受到实际财产损失的，按照被侵权人实际受到的损失或者侵权人因此获得的利益，承担赔偿责任，选择权在被侵权人。（2）被侵权人因此受到的损失以及侵权人因此获得的利益难以确定的，被侵权人和侵权人就赔偿数额进行协商，按照协商一致的方法确定赔偿责任。（3）被侵权人和侵权人就赔偿数额协商不一致，向人民法院提起诉讼的，由人民法院根据实际情况确定赔偿数额。

关联参见

《最高人民法院关于审理使用人脸识别技术处理个人信息相关民事案件适用法律若干问题的规定》第 8 条

第一千一百八十三条　【精神损害赔偿】侵害自然人人身权益造成严重精神损害的，被侵权人有权请求精神损害赔偿。

因故意或者重大过失侵害自然人具有人身意义的特定物造成严重精神损害的，被侵权人有权请求精神损害赔偿。

条文解读

精神损害赔偿 ➲ 本条是关于精神损害赔偿的规定。

侵害自然人人身权益造成严重精神损害的，被侵权人有权请求精神损害赔偿。第一，精神损害赔偿的范围是人身权益，侵害财产权益不在精神损害赔偿的范围之内。第二，需要造成严重精神损害。并非只要侵害他人人身权益被侵权人就可以获得精神损害赔偿，偶尔的痛苦和不高兴不能认为是严重精神损害。之所以强调“严重”的精神损害，是为了防止精神损害赔偿被滥用。对“严重”的解释，应当采容忍限度理论，即超出了社会一般人的容忍限度，就认为是“严重”。第三，被侵权人有权请求精神损害赔偿。一般来说，请求精神损害赔偿的主体应当是直接遭受人身权侵害的本人。

1. 侵害物质性人格权，即生命权、身体权、健康权的，应当赔偿精神损害抚慰金。

2. 侵害姓名权、肖像权、声音权、名誉权、隐私权、个人信息权造成精神损害的，应当赔偿精神损害赔偿金。

3. 侵害身份权，即配偶权、亲权、亲属权造成精神损害的，应当承担精神损害赔偿责任。

4. 侵害自然人的人身利益，包括一般人格利益、胎儿的人格利益、死者的人格利益以及亲属之间的身份利益，侵权人应当承担精神损害赔偿责任，补偿其精神损害。

具有人身意义的特定物 ➔ 本条中的“具有人身意义的特定物”的范围，在实践中主要涉及的物品类型为：（1）与近亲属死者相关的特定纪念物品（如遗像、墓碑、骨灰盒、遗物等）；（2）与结婚礼仪相关的特定纪念物品（如录像、照片等）；（3）与家族祖先相关的特定纪念物品（如祖坟、族谱、祠堂等）。这些物品对被侵权人具有人身意义。

实务应用

08. 哪些权益遭受侵害时可以请求精神损害赔偿？

依据《民法典》第1183条的规定，侵害他人人身权益时，发生精神损害赔偿责任。因此，精神损害赔偿适用于侵害以下人身权益的情形：第一，自然人的人格权和人格利益。这些人格权包括生命权、健康权、身体权、姓名权、肖像权、名誉权、荣誉权、隐私权、人格尊严权、人身自由权。第二，自然人的身份权，包括监护权、荣誉权、婚姻自主权等。第三，死者的人格利益，包括姓名、肖像、名誉、荣誉、隐私和遗体、遗骨。第四，具有人格象征意义的特定纪念物品的所有权。在其因侵权行为而永久性灭失或者毁损的情况下，所有权人可以通过侵权责任请求精神损害赔偿。第五，含有人格利益在内的其他权利，如著作权、专利权等。

09. 未成年人隐私受到侵害可否提起精神损害赔偿?

所谓精神损害赔偿，是指公民因其人身权利受到不法侵害而遭受精神痛苦或精神利益受到损害，要求侵权人进行金钱赔偿的一种法律制度。根据《最高人民法院关于确定民事侵权精神损害赔偿责任若干问题的解释》的规定，违反社会公共利益、社会公德侵害他人隐私或者其他人格利益，受害人以侵权为由向人民法院起诉请求赔偿精神损害的，人民法院应当依法予以受理。由此可见，未成年人隐私受到侵害可以提起精神损害赔偿。

案例指引

09. 微信群中的言论是否构成侵犯他人名誉权，是否有权请求精神损害赔偿?[①]

北京兰世达光电科技有限公司、黄晓兰诉赵敏名誉权纠纷案

（最高人民法院审判委员会讨论通过　2020 年 10 月 9 日发布）

关键词　民事/名誉权/网络侵权/微信群/公共空间

裁判要点

1. 认定微信群中的言论构成侵犯他人名誉权，应当符合名誉权侵权的全部构成要件，还应当考虑信息网络传播的特点并结合侵权主体、传播范围、损害程度等具体因素进行综合判断。

2. 不特定关系人组成的微信群具有公共空间属性，公民在此类微信群中发布侮辱、诽谤、污蔑或者贬损他人的言论构成名誉权侵权，应当依法承担法律责任。

相关法条

1.《中华人民共和国民法通则》第 101 条[②]、第 120 条[③]

---

① 最高人民法院指导案例 143 号。

② 现为《民法典》第 1024 条。

③ 现为《民法典》第 110 条、第 179 条。

2.《中华人民共和国侵权责任法》第6条、第20条[①]、第22条[②]

基本案情

原告北京兰世达光电科技有限公司（以下简称兰世达公司）、黄晓兰诉称：黄晓兰系兰世达公司员工，从事机器美容美甲业务。自2017年1月17日以来，被告赵敏一直对二原告进行造谣、诽谤、诬陷，多次污蔑、谩骂，称黄晓兰有精神分裂，污蔑兰世达公司的仪器不正规、讹诈客户，并通过微信群等方式进行散布，造成原告名誉受到严重损害，生意受损，请求人民法院判令：一、被告对二原告赔礼道歉，并以在北京市顺义区X号张贴公告、北京当地报纸刊登公告的方式为原告消除影响、恢复名誉；二、赔偿原告兰世达公司损失2万元；三、赔偿二原告精神损害抚慰金各5千元。

被告赵敏辩称：被告没有在小区微信群里发过损害原告名誉的信息，只与邻居、好朋友说过与二原告发生纠纷的事情，且此事对被告影响亦较大。兰世达公司仪器不正规、讹诈客户非被告一人认为，其他人也有同感。原告的美容店经常不开，其损失与被告无关。故请求驳回原告的诉讼请求。

法院经审理查明：兰世达公司在北京市顺义区某小区一层开有一家美容店，黄晓兰系该公司股东兼任美容师。2017年1月17日下午16时许，赵敏陪同住小区的另一业主到该美容店做美容。黄晓兰为顾客做美容，赵敏询问之前其在该美容店祛斑的事情，后二人因美容服务问题发生口角。后公安部门对赵敏作出行政处罚决定书，给予赵敏行政拘留三日的处罚。

原告主张赵敏的微信昵称为X郡主（微信号X---calm），且系小区业主微信群群主，双方发生纠纷后赵敏多次在业主微信群中对二原告进行造谣、诽谤、污蔑、谩骂，并将黄晓兰从业主群中移出，兰世达公

---

① 现为《民法典》第1182条。

② 现为《民法典》第1183条。

司因赵敏的行为生意严重受损。原告提供微信聊天记录及张某某的证人证言予以证明。微信聊天记录来自两个微信群，人数分别为345人和123人，记载有昵称X郡主发送的有关黄晓兰、兰世达公司的言论，以及其他群成员询问情况等的回复信息；证人张某某是兰世达公司顾客，也是小区业主，其到庭陈述看到的微信群内容并当庭出示手机微信，群主微信号为X---calm。

赵敏对原告陈述及证据均不予认可，并表示其2016年在涉诉美容店做激光祛斑，黄晓兰承诺保证全部祛除掉，但做过两次后，斑越发严重，多次沟通，对方不同意退钱，事发当日其再次咨询此事，黄晓兰却否认赵敏在此做过祛斑，双方发生口角；赵敏只有一个微信号，且经常换名字，现在业主群里叫X果，自己不是群主，不清楚群主情况，没有加过黄晓兰为好友，也没有在微信群里发过损害原告名誉的信息，只与邻居、朋友说过与原告的纠纷，兰世达公司仪器不正规、讹诈客户，其他人也有同感，公民有言论自由。

经原告申请，法院自深圳市腾讯计算机系统有限公司调取了微信号X---calm的实名认证信息，确认为赵敏，同时确认该微信号与黄晓兰微信号X-HL互为好友时间为2016年3月4日13:16:18。赵敏对此予以认可，但表示对于微信群中发送的有关黄晓兰、兰世达公司的信息其并不清楚，现已经不用该微信号了，也退出了其中一个业主群。

裁判结果

北京市顺义区人民法院于2017年9月19日作出（2017）京0113民初5491号民事判决：一、被告赵敏于本判决生效之日起七日内在顺义区X房屋门口张贴致歉声明，向原告黄晓兰、北京兰世达光电科技有限公司赔礼道歉，张贴时间为七日，致歉内容须经本院审核；如逾期不执行上述内容，则由本院在上述地址门口全文张贴本判决书内容；二、被告赵敏于本判决生效之日起七日内赔偿原告北京兰世达光电科技有限公司经济损失三千元；三、被告赵敏于本判决生效之日起七日内赔偿原告黄晓兰精神损害抚慰金二千元；四、驳回原告黄晓兰、北京兰世达光电科技有限公司的其他诉讼请求。宣判后，赵敏提出上诉。北京市第三中级人民法院于2018年1月31日作出（2018）京03民终725号民事判决：驳回上诉，维持原判。

裁判理由

法院生效裁判认为：名誉权是民事主体依法享有的维护自己名誉并排除他人侵害的权利。民事主体不仅包括自然人，也包括法人及其他组织。《中华人民共和国民法通则》第一百零一条规定，公民、法人享有名誉权，公民的人格尊严受法律保护，禁止用侮辱、诽谤等方式损害公民、法人的名誉。

本案的争议焦点为，被告赵敏在微信群中针对原告黄晓兰、兰世达公司的言论是否构成名誉权侵权。传统名誉权侵权有四个构成要件，即受害人确有名誉被损害的事实、行为人行为违法、违法行为与损害后果之间有因果关系、行为人主观上有过错。对于微信群中的言论是否侵犯他人名誉权的认定，要符合传统名誉权侵权的全部构成要件，还应当考虑信息网络传播的特点并结合侵权主体、传播范围、损害程度等具体因素进行综合判断。

本案中，赵敏否认其微信号X---calm所发的有关涉案信息是其本人所为，但就此未提供证据证明，且与已查明事实不符，故就该抗辩意见，法院无法采纳。根据庭审查明情况，结合微信聊天记录内容、证人证言、法院自深圳市腾讯计算机系统有限公司调取的材料，可以认定赵敏在与黄晓兰发生纠纷后，通过微信号在双方共同居住的小区两个业主微信群发布的信息中使用了"傻X""臭傻X""精神分裂""装疯卖傻"等明显带有侮辱性的言论，并使用了黄晓兰的照片作为配图，而对于兰世达公司的"美容师不正规""讹诈客户""破仪器""技术和产品都不灵"等贬损性言辞，赵敏未提交证据证明其所发表言论的客观真实性；退一步讲，即使有相关事实发生，其亦应通过合法途径解决。赵敏将上述不当言论发至有众多该小区住户的两个微信群，其主观过错明显，从微信群的成员组成、对其他成员的询问情况以及网络信息传播的便利、广泛、快捷等特点来看，涉案言论确易引发对黄晓兰、兰世达公司经营的美容店的猜测和误解，损害小区公众对兰世达公司的信赖，对二者产生负面认识并造成黄晓兰个人及兰世达公司产品或者服务的社会评价降低，赵敏的损害行为与黄晓兰、兰世达公司名誉受损之间存在因果关系，故赵敏的行为符合侵犯名誉权的要件，已构成侵权。

行为人因过错侵害他人民事权益，应当承担侵权责任。不特定关系人组成的微信群具有公共空间属性，公民在此类微信群中发布侮辱、诽谤、污蔑或者贬损他人的言论构成名誉权侵权，应当依法承担法律责任。公民、法人的名誉权受到侵害，有权要求停止侵害，恢复名誉，消除影响，赔礼道歉，并可以要求赔偿损失。现黄晓兰、兰世达公司要求赵敏基于侵犯名誉权之行为赔礼道歉，符合法律规定，应予以支持，赔礼道歉的具体方式由法院酌情确定。关于兰世达公司名誉权被侵犯产生的经济损失，兰世达公司提供的证据不能证明实际经济损失数额，但兰世达公司在涉诉小区经营美容店，赵敏在有众多该小区住户的微信群中发表不当言论势必会给兰世达公司的经营造成不良影响，故对兰世达公司的该项请求，综合考虑赵敏的过错程度、侵权行为内容与造成的影响、侵权持续时间、兰世达公司实际营业情况等因素酌情确定。关于黄晓兰主张的精神损害抚慰金，亦根据上述因素酌情确定具体数额。关于兰世达公司主张的精神损害抚慰金，缺乏法律依据，故不予支持。

10. 侵犯他人肖像权，被侵权人是否可以请求精神损害赔偿？①

2021 年 7 月 7 日，杜某峰通过其名为“西格隆咚锵的隆”的新浪微博账号发布一条微博（某网络技术有限公司系该平台经营者），内容为“日本地铁上的小乘客，一个人上学，那眼神里充满自信和勇气，太可爱了”，并附有楼某熙乘坐杭州地铁时的照片，引起网友热议。次日，楼某熙的母亲在新浪微博发布辟谣帖：“我是地铁小女孩的妈妈，网传

① 参见《人民法院贯彻实施民法典典型案例（第一批）》（2022 年 2 月 25 日发布），楼某熙诉杜某峰、某网络技术有限公司肖像权纠纷案，载最高人民法院网 https：//www. court. gov. cn/zixun-xiangqing-347181. html，最后访问日期：2023 年 3 月 15 日。

我家孩子是日本小孩！在此特此申明：我家孩子是我大中华儿女，并深深热爱着我们的祖国！……”广大网友也纷纷指出其错误。杜某峰对此仍不删除案涉微博，还在该微博下留言，继续发表贬低祖国和祖国文化的言论。后该微博账号“西格隆咚锵的隆”由于存在其他不当言论被新浪微博官方关闭，所有发布的内容从新浪微博平台清除。楼某熙以杜某峰、某网络科技有限公司侵害其肖像权为由，提起诉讼。

生效裁判认为，自然人享有肖像权，有权依法制作、使用、公开或者许可他人使用自己的肖像；任何组织或者个人不得以丑化、污损，或者利用信息技术手段伪造等方式侵害他人的肖像权；未经肖像权人同意，不得制作、使用、公开肖像权人的肖像，但是法律另有规定的除外。本案中，杜某峰发布的案涉微博中使用的图片含有小女孩的清晰面部、体貌状态等外部身体形象，通过比对楼某熙本人的肖像，以社会一般人的认知标准，能够清楚确认案涉微博中的肖像为楼某熙的形象，故楼某熙对该图片再现的肖像享有肖像权。杜某峰在“七七事变”纪念日这一特殊时刻，罔顾客观事实，在众多网友留言指出其错误、楼某熙母亲发文辟谣的情况下，仍拒不删除案涉微博，还不断留言，此种行为严重损害了包括楼某熙在内的社会公众的国家认同感和民族自豪感，应认定为以造谣传播等方式歪曲使用楼某熙的肖像，严重侵害了楼某熙的肖像权。楼某熙诉请杜某峰赔礼道歉，有利于恢复其人格状态的圆满，有利于其未来的健康成长，依法应获得支持。遂判决杜某峰向楼某熙赔礼道歉，并赔偿楼某熙精神损害抚慰金、合理维权费用等损失。

本案是人民法院依法打击网络侵权行为，保护自然人人格权益的典型案件。本案中，行为人于“七七事变”纪念日在微博上发表不当言论，并附有他人清晰脸部和身体特征的图片，意图达到贬低、丑化祖国和中国人的效果。该行为不仅侵犯了他人的肖像权，而且冲击了社会公共利益和良好的道德风尚。审理法院在本案判决中依法适用民法典的规定保护他人的肖像权，同时结合案情，将“爱国”这一社会主义核心价值观要求融入裁判说理，既依法维护了当事人的合法权益，也充分发挥了司法裁判的引领示范作用，突出弘扬了爱国主义精神的鲜明价值导向，有利于净化网络环境，维护网络秩序。

11. 交通事故造成孕妇流产，是否可以请求精神损害赔偿？①

2021 年 1 月 18 日，吴某驾车与王某（孕妇）、田某所驾驶车辆发生三车相撞，造成王某受伤及车辆损坏的交通事故。公安交管部门出具事故认定书认定，吴某负事故全部责任，王某、田某无责任。事故发生后，王某被送至医院就医，诊断为“先兆流产”，并进行了人流手术。后王某将吴某、田某及二人车辆投保的保险公司诉至天津市红桥区人民法院，要求赔偿其因交通事故产生的各项损失，其中包括精神损害抚慰金 5 万元。

天津市红桥区人民法院认为，公民合法的民事权益应受法律保护。王某因交通事故导致流产，不仅遭受了身体上的损害，也承受了精神上的痛苦，故对其主张的精神损害抚慰金应予适当支持。在判决支持王某其他各项合理损失的基础上，人民法院结合王某孕期、各方责任等因素，判决支持其精神损害抚慰金 1 万元，并由为吴某和田某车辆承保的两保险公司分别在交强险责任限额和交强险无责赔偿限额内予以赔偿。一审宣判后，吴某车辆投保的保险公司不服提起上诉，天津市第一中级人民法院依法判决驳回上诉，维持原判。

本案是人民法院依法保障因交通事故流产妇女获得精神损害赔偿的典型案例。《民法典》第 1183 条第 1 款规定，侵害自然人人身权益造成严重精神损害的，被侵权人有权请求精神损害赔偿。本案中，事故不仅造成王某身体上的损伤，同时也导致其终止妊娠，使其精神遭受损害。人民法院对王某主张的精神损害抚慰金酌情予以支持，充分体现了对妇女群体特殊权益的特殊保护，对类似案件审理具有积极示范意义。

---

① 参见《天津高院发布保护妇女合法权益典型案例》（2022 年 3 月 8 日发布），王某与吴某等机动车交通事故责任纠纷案，载天津法院网 https：//tjfy. tjcourt. gov. cn/article/detail/2022/03/id/6563114. shtml，最后访问日期：2023 年 3 月 15 日。

关联参见

《国家赔偿法》第3条、第17条、第35条；《最高人民法院关于确定民事侵权精神损害赔偿责任若干问题的解释》

第一千一百八十四条　【财产损失的计算】 侵害他人财产的，财产损失按照损失发生时的市场价格或者其他合理方式计算。

条文解读

财产损失的计算 ➜ 本条是关于财产损失的计算的规定。

财产权益是民事权益中的重要组成部分，包括物权、知识产权、股权以及虚拟经济中的财产权利等具有财产性质的权益。

1. 侵害他人物权的财产损失计算。因侵权行为导致财产损失的，要按照财产损失发生时的市场价格计算。如果该财产没有在市场上流通，没有市场的对应价格，可以其他合理方式计算，包括评估等方式。本条明确了对财产损失的计算标准，规定以财产损失发生的时间点计算赔偿价格，这个确定的时间点通常也就是侵权行为发生的时间。

2. 侵害他人知识产权的财产损失计算。由于我国有关知识产权的法律都有相应的承担民事责任方面的规定，依据相关规定，其他法律对侵权责任另有特别规定的，依照其规定，知识产权侵权行为应当首先适用这些单行法的规定。

3. 侵害他人股权等财产的损失计算。侵害股权造成财产损失的，应当依照《公司法》等相关法律规定承担民事赔偿责任。

实务应用

10. 知识产权被侵害时，如何评估受害人的损失？

对于某些财产损害赔偿问题，法律法规作了特别规定，此时应根据这些特别规定计算财产损失。其中以作为无体物的知识产权的损害赔偿问题较为特殊。由于知识产权被侵害时，损失的计算常常比较困难，为此，知识产权法针对知识产权损害赔偿问题作了特别规定。根据我国《专利法》《著作权法》《商标法》的相关规定，知识产权侵权损害赔偿数额的计算方法通常包括以下几种：（1）根据权利人因被侵权所受到的损失计算；（2）根据侵权人因侵权所获得的利益计算；（3）参照可以同比计算的许可使用费的合理倍数计算；（4）法定赔偿，即根据知识产权的类型、侵权行为的性质和情节等因素，由人民法院酌定赔偿数额。

关联参见

《著作权法》第54条；《专利法》第71条；《商标法》第63条

第一千一百八十五条　【故意侵害知识产权的惩罚性赔偿责任】故意侵害他人知识产权，情节严重的，被侵权人有权请求相应的惩罚性赔偿。

条文解读

故意侵害知识产权的惩罚性赔偿责任 ➲ 本条是关于故意侵害知识产权的惩罚性赔偿责任的规定。

知识产权属于智力成果，具有无形性，被侵害后很难确定实际损失。而且知识产权一旦遭受侵害，将难以恢复原状，因此有必要通过惩罚性赔偿救济受害人，并惩罚侵权人。为了切实加强对知识产权的保护，显著提高知识产权侵权的违法成本，充分发挥法律的威慑作用，《民法典》规定了侵犯知识产权的惩罚性赔偿制度。这有利于激励当事人通过许可使用的方式行使知识产权，鼓励创新；也有助于强化企业对知识产权保护的信心，大大提升我国的创新环境和营造良好的营商环境。

侵害知识产权惩罚性赔偿责任的构成要件是：（1）故意侵害知识产权，过失侵害知识产权不适用惩罚性赔偿责任；（2）侵害知识产权的情节严重，而不是一般情节。符合这两个要件要求的，被侵权人有权请求相应的惩罚性赔偿。《著作权法》《专利法》《商标法》《反不正当竞争法》这些知识产权单行法经过修订，都规定了惩罚性赔偿责任规范，基本的方法是构成故意侵害知识产权情节严重的，可以确定实际损失 1 倍至 5 倍的惩罚性赔偿，惩罚性的力度相当大，具有相当的震慑、阻吓作用。《电子商务法》规定的电商侵害知识产权的惩罚性赔偿的倍数是 1 倍。

关联参见

《最高人民法院关于审理侵害知识产权民事案件适用惩罚性赔偿的解释》

第一千一百八十六条　【公平分担损失】受害人和行为人对损害的发生都没有过错的，依照法律的规定由双方分担损失。

条文解读

公平分担损失 本条是关于公平分担损失的规定。

公平分担适用于行为人和受害人对损害的发生均无过错的情况。如果损害由受害人过错造成，应当由其自己负责；如果由行为人或者第三人过错造成，应当由行为人或者第三人负责；如果行为人和受害人对损害的发生都有过错，应当根据他们的过错程度和原因力分配责任。也就是说，只要有过错责任人，都不适用本条规定。

公平分担不是说加害人与受害人各打五十大板，平均分担损失。确定损失分担，应当考虑行为的手段、情节、损失大小、影响程度、双方当事人的经济状况等实际情况，达到公平合理、及时化解矛盾、妥善解决纠纷、促进社会和谐的目的。

第一千一百八十七条　【赔偿费用的支付方式】损害发生后，当事人可以协商赔偿费用的支付方式。协商不一致的，赔偿费用应

当一次性支付；一次性支付确有困难的，可以分期支付，但是被侵权人有权请求提供相应的担保。

条文解读

赔偿费用的支付方式 ➜ 本条是关于赔偿费用的支付方式的规定。

本条规定的赔偿费用的支付方式分三个层面，层层递进。

1. 由当事人协商确定赔偿费用的支付方式。当事人对赔偿费用支付方式的协商可以包括：是一次性支付还是分期支付；如果是分期支付，分几期，每次付多少，要不要考虑物价变化因素；要不要支付利息，利息如何计算；等等。当事人可以根据赔偿数额的多少，受害人对赔偿费用的需求程度，侵权人的支付能力等实际情况对赔偿费用的支付进行协商。由当事人协商确定赔偿费用的支付方式，一是有利于赔偿费用的按时支付；二是有利于合理确定赔偿费用的数额；三是有利于预防纠纷。当事人协商确定支付方式后，侵权行为人应当严格按照约定的方式支付赔偿费用，不能将协商作为拖延给付赔偿费用的手段。如果以合法形式掩盖非法目的，违反约定到期不履行支付赔偿费用的义务，受害人有权请求人民法院宣告该约定无效，强制侵权人履行付款义务。

2. 协商不一致的一次性支付。侵权行为发生后，受害人的损失应当得到全面和及时的弥补，因此，如果当事人就赔偿费用的支付方式协商后，受害人不同意分期支付，侵权人就应当一次性支付全部赔偿费用。

3. 一次性支付确有困难的，可以分期支付，但是被侵权人有权请求提供相应的担保。分期支付应当具备两个条件：一是一次性支付确有困难。确有困难应当由侵权人举证证明，由人民法院作出判断。二是被侵权人有权请求提供相应的担保。

关联参见

《医疗事故处理条例》第52条

第三章　责任主体的特殊规定

第一千一百八十八条　【监护人责任】无民事行为能力人、限制民事行为能力人造成他人损害的，由监护人承担侵权责任。监护人尽到监护职责的，可以减轻其侵权责任。

有财产的无民事行为能力人、限制民事行为能力人造成他人损害的，从本人财产中支付赔偿费用；不足部分，由监护人赔偿。

条文解读

监护人责任 ➔ 本条是关于监护人责任的规定。

本条第 1 款主要规定责任能力和监护人承担监护责任的问题。监护责任是无过错责任还是过错责任，一直以来都有争议。本条第 1 款规定，无民事行为能力人、限制民事行为能力人造成他人损害的，由监护人承担侵权责任，是由监护人的职责所决定的。由于大多数监护人与被监护人有血缘等密切关系，监护人有责任通过教育、管理等方式来减少或者避免被监护人侵权行为的发生。无民事行为能力人或者限制民事行为能力人造成他人损害的，应当由监护人承担侵权责任。

依照本条第 2 款的规定，在具体承担赔偿责任时，如果被监护人有财产的，比如未成年人接受了亲友赠与的财产或者拥有其他价值较大的财产等，那么应当首先从被监护人的财产中支付赔偿费用，不足的部分再由监护人承担赔偿责任。虽然从我国的情况来看，无民事行为能力人或者限制民事行为能力人有自己独立财产的情况不多，但是随着经济和社会的多元化发展，无民事行为能力人或者限制民事行为能力人通过创作、接受赠与或者继承等方式取得独立财产的情况越来越多，因此，以自己的财产对自己造成他人的损害承担赔偿责任，也是公平的。本款的一个重要意义在于解决父母等亲属之外的人员或者单位承担监护人的情况下，被监护人造成他人损害的，如果要求监护人承担责任，那么实践中很多个人或者单位可能不愿意担任监护人，这对被监护人的成长、生活会造成负面影响。为了打消这种顾虑，考虑到父母等亲属之外的人员或者单位承担监护人的情况下，可能会给被监护人留有独立财产。在这种情况下，先从被监护人的财产中支付赔偿费用更有制度安排上的意义。当然，从被监护人的财产中支付赔偿费用的，应当保留被监护人基本的生活费用，保障其正常的生活和学习不受影响。被监护人的财产不足以支付赔偿费用的，其余部分由监护人承担。

第一千一百八十九条　【委托监护时监护人的责任】无民事行为能力人、限制民事行为能力人造成他人损害，监护人将监护职责委托给他人的，监护人应当承担侵权责任；受托人有过错的，承担相应的责任。

条文解读

委托监护时监护人的责任 ➲ 本条是关于委托监护时监护人的责任的规定。

委托监护是指监护人委托他人代行监护的职责，是一种双方的民事法律行为，是被监护人的监护人与受托人之间关于受托人为委托人履行监护职责、处理监护事务的协议，须有监护人委托与受委托人接受委托的意思表示一致才能成立。因此，很多学者将委托监护认定为一种合同关系。

委托监护当事人之间的委托协议一旦成立，受托人即负有依约定为委托人履行监护职责的义务；委托人负有依约定支付必要费用的义务，如果合同中约定了支付报酬的内容，则还应当向受托人支付办理受托事务的报酬。委托人和受托人任何一方违反义务，都应当向对方负违约责任。但实践中，我国委托监护一般发生在亲朋好友之间，所以这种合同往往是口头的，也基本上是无偿的。

根据本条规定，无民事行为能力人、限制民事行为能力人造成他人损害，监护人将监护职责委托给他人的，监护人应当承担侵权责任。这意味着，实行监护人责任首负原则。除了监护人外，如果受托人有过错的，也要承担相应的责任。具体承担责任的范围，由司法机关结合具体案件情况依法裁量。

第一千一百九十条　【暂时丧失意识后的侵权责任】 完全民事行为能力人对自己的行为暂时没有意识或者失去控制造成他人损害有过错的，应当承担侵权责任；没有过错的，根据行为人的经济状况对受害人适当补偿。

完全民事行为能力人因醉酒、滥用麻醉药品或者精神药品对自己的行为暂时没有意识或者失去控制造成他人损害的，应当承担侵权责任。

条文解读

暂时丧失意识后的侵权责任 ➲ 本条是关于完全民事行为能力人暂时丧失意识后的侵权责任的规定。

导致完全民事行为能力人丧失意识的情况比较复杂，本条根据不同的情形，规定了完全民事行为能力人的责任。

第一种情况是，完全民事行为能力人对于自己丧失意识存在过错。因为自己的过错，丧失意识后造成了他人的损害，行为人应当根据其过错承担赔偿责任。其实，本条第1款中的过错，是指“过错”导致其丧失意识，因为失去意识之后确实没有过错可言。完全民事行为能力人是由于其过错导致意识丧失，那么对于丧失意识后的行为造成他人损害的，则要承担相应的侵权责任。

第二种情况是，完全民事行为能力人对于自己的行为暂时没有意识或者失去控制没有过错。如果行为人暂时没有意识或者失去控制不是由于自己的过错造成，而是由于其他原因导致发生，在这种情况下，行为人可以不承担侵权责任，不过需要根据公平分担的规定，适当分担被侵权人的损失。根据《民法典》第1186条的规定：“受害人和行为人对损害的发生都没有过错的，依照法律的规定由双方分担损失。”需要说明的是，这里对受害人是“补偿”而不是“赔偿”。因为赔偿原则上采取“填平”原则，受害人损失多少赔多少，而补偿通常行为人没有过错，是根据行为人的经济能力，适当弥补受害人的损失。其实，《民法典》第1186条是对公平分担原则总的规定，本条第1款的规定可以说是公平分担原则在具体制度中的体现。

第三种情况是，完全民事行为能力人因醉酒、滥用麻醉药品或者精神药品导致自己暂时没有意识或者失去控制造成他人损害的。虽然侵权行为发生时，行为人已经丧失意识似乎没有“过错”可言，但是，其行为本身具有违法性，应当对此发生的侵权行为承担责任。本条第1款规定“完全民事行为能力人对自己的行为暂时没有意识或者失去控制造成他人损害有过错的，应当承担侵权责任”，而第2款规定“醉酒、滥用麻醉药品或者精神药品对自己的行为暂时没有意识或者失去控制造成他人损害”，其实也属于第1款“有过错”的一种情形。

关联参见

《道路交通安全法》第91条；《道路交通安全法实施条例》第104条

第一千一百九十一条 【用人单位责任和劳务派遣单位、劳务用工单位责任】 用人单位的工作人员因执行工作任务造成他人损害的，由用人单位承担侵权责任。用人单位承担侵权责任后，可以向有故意或者重大过失的工作人员追偿。

劳务派遣期间，被派遣的工作人员因执行工作任务造成他人损害的，由接受劳务派遣的用工单位承担侵权责任；劳务派遣单位有过错的，承担相应的责任。

条文解读

我国对用人单位采取的是无过错责任，只要工作人员实施侵权行为造成他人损害，用人单位就要首先承担赔偿责任。用人单位不能通过证明自己在选任或者监督方面尽到了相应的义务来免除自己的责任。当然，用人单位承担侵权责任后，可以向有故意或者重大过失的工作人员追偿。

用人单位 ➲ 本条中的"用人单位"，包括企业、事业单位、国家机关、社会团体等，也包括个体经济组织等。"工作人员"既包括用人单位的正式员工，也应当包括临时在单位工作的员工。

执行工作任务 ➲ 用人单位承担侵权责任的前提是工作人员的行为与"执行工作任务"有关。工作人员应当按照用人单位的授权或者指示进行工作。与工作无关的行为，即使发生在工作时间内，用人单位也不承担侵权责任，该责任由工作人员自己承担。比如，一职工在上班时间因私事将一朋友打伤，受害人就应当直接找该职工要求赔偿。为了更准确地界定工作人员的行为与职务之间的关系，本条明确用人单位承担侵权责任的前提是工作人员"因执行工作任务"造成他人损害。

需要指出的是，国家机关以及工作人员因工作造成他人损害的，一类属于履行公职权的行为；另一类不属于履行公职权的行为，是国家机关为了维持国家机关正常运转所进行的民事行为。对于第一类属于履行公职权的行为，依据《国家赔偿法》的规定，有的需要国家机关承担国家赔偿责任。对于第二类国家机关在民事活动中侵害他人合法权益的，国家机关需要承担民事侵权责任。比如，国家机关的司机外出办理公务，发生了交通事故，应当由国家机关承担侵权责任。《民法典》调整国家机关及其工作人员在民事活动中发生的侵权行为，对属于《国家赔偿法》调整范围的，适用《国家赔偿法》的规定。

劳务派遣 ➲ 劳务派遣是指劳动派遣机构与员工签订劳务派遣合同后，将工作人员派遣到用工单位工作。劳务派遣的主要特点就是员工的雇佣和使用分离。劳务派遣的用人形式不同于一般的用人单位，劳务派遣单位虽然与被派遣的员工签订了劳动合同，但不对被派遣员工进行使用和具体的管理。在劳务派遣期间，被派遣的工作人员是为接受劳务派遣的用工单位工作，接受用工单位的指示和管理，同时由用工单位为被派遣的工作人员提供相应的劳动条件和劳动保护，所以，被派遣的工作人员因工作造成他人损害的，其责任应当由用工单位承担。劳务派遣单位在派遣工作人员方面存在过错，应当承担相应的责任。例如，某商场要求派来的员工具有电工操作证和高级电工资质，以负责检测和维修商场的照明设备，但劳务派遣单位派来的员工不仅没有合格的资质，也没有任何的实践经验，结果该员工在工作时发生了火灾，造成店内租户的商品受损。在这种情况下，虽然用工单位作为直接使用员工的单位，需要赔偿租户的损失，但是劳务派遣单位在选派员工方面有一定的过错，也应当承担相应的责任。

实务应用

11. 义务帮工与雇佣关系有哪些区别?①

雇佣关系是指在确定或者不确定的期限内，雇员必须听从雇主的意思安排，在雇主的要求工作指令范围内劳作，同时接受雇主监督，即只要一人对另一人享有管理、监督、支配的权力，就可以认定其存在雇佣关系。这种支配和从属关系，并不影响雇员在完成工作时具有一定的自主支配权，如送货员在运送货物时自主选择送货路线。

第一，在我国，雇佣关系的成立必须以支付劳动报酬为要件，劳动者提供劳务的目的也是追求劳务报酬，要求劳务对价。而义务帮工关系的首要特征就是无偿。帮工人无偿帮工并不是为了追求劳务对价和薪资，往往是出于社会朴素的道德上的、情感上的好意，是社会价

① 参见韩思思：《义务帮工与雇佣关系的区别》，载北京法院网 https://bjgy.bjcourt.gov.cn/article/detail/2020/06/id/5307752.shtml，最后访问日期：2023 年 3 月 15 日。

值的体现，也是社会中人们之间相互帮助、互相关心的良好道德风尚的表现。

第二，雇员和雇主之间有很强的服从和被服从的关系，雇主对雇员享有的监督管理的权力是雇佣关系的本质。雇主和雇员之间受到劳动法和劳动合同的约束，在劳动合同终止之前并不能擅自终止合同，否则将承担违约责任。就义务帮工而言，帮工人在帮工活动中有可能按照被帮工人要求指挥工作，但二者之间并无支配管理关系，帮工人除了提供劳务之外，不受被帮工人的约束。帮工人和被帮工人在帮工过程可随时向对方做出拒绝帮工之表示，并无需承担违约责任。

第三，用人者对劳动者管理和选任时注意义务不同。在雇主责任方面，雇主在管理和选任时应注意受雇人的技术能力、道德品行等足以胜任委办业务，不致侵害他人权利；而在义务帮工中，对被帮工人是否有类似雇主的选任义务并未规定，但基本的提供安全的劳动环境等还是必要的。

第一千一百九十二条　【个人劳务关系中的侵权责任】个人之间形成劳务关系，提供劳务一方因劳务造成他人损害的，由接受劳务一方承担侵权责任。接受劳务一方承担侵权责任后，可以向有故意或者重大过失的提供劳务一方追偿。提供劳务一方因劳务受到损害的，根据双方各自的过错承担相应的责任。

提供劳务期间，因第三人的行为造成提供劳务一方损害的，提供劳务一方有权请求第三人承担侵权责任，也有权请求接受劳务一方给予补偿。接受劳务一方补偿后，可以向第三人追偿。

条文解读

本条规定的个人劳务损害责任包括三种类型：（1）个人劳务损害责任；（2）个人劳务工伤事故责任；（3）第三人造成个人劳务者损害责任。

个人劳务损害责任规则是：

1. 提供劳务一方与接受劳务一方之间存在劳务关系，一方提供劳务，另一方接受劳务。

2. 提供劳务一方在提供劳务过程中，因自己的行为造成他人损害。

3. 适用过错推定原则，推定接受劳务一方有监督选任不当的过失。

4. 实行替代责任，接受劳务一方对受害人的损害承担赔偿责任。

5. 如果提供劳务一方在造成他人损害中有故意或者重大过失的，接受劳务一方在承担了赔偿责任之后，有权向提供劳务一方进行追偿。

个人劳务工伤事故责任中的提供劳务一方因自己的行为造成自己损害的责任规则是：实行过错责任原则，根据双方各自的过错，承担相应的责任。

提供劳务一方因第三人的行为造成自己损害的责任规则是：

1. 提供劳务一方在提供劳务期间，因第三人的行为造成自己损害的，构成个人劳务工伤事故责任。

2. 受到损害的提供劳务一方究竟是向第三人请求赔偿，还是向接受劳务一方请求赔偿，有选择权，可以选择对自己有利的一方行使。前者的请求权是基于第三人的侵权行为而发生，后者的请求权是基于个人劳务关系而发生。

3. 提供劳务一方向第三人请求赔偿，赔偿请求权实现之后，对接受劳务一方的请求权消灭；选择向接受劳务一方行使补偿请求权，接受劳务一方应当承担补偿责任，在承担了补偿责任之后，有权向造成损害的第三人进行追偿。

第一千一百九十三条　【承揽关系中的侵权责任】承揽人在完成工作过程中造成第三人损害或者自己损害的，定作人不承担侵权责任。但是，定作人对定作、指示或者选任有过错的，应当承担相应的责任。

条文解读

定作人指示过失责任 ➲ 本条规定了定作人指示过失责任。

定作过失，是指定作人确定的定作任务本身就存在过失，这种定作有可能造成他人损害或者定作人的损害，如加工易燃、易爆物品。指示过失，是指定作人下达的定作任务没有问题，是指示承揽人的定作方法存在过失，如不应该采用危险方法进行加工，却作出这样的错误指示。这两种过失都构成定作人指示过失责任中所要求的过失。选任过失，则是指定作人选任承揽人有过失，如没有符合承担特种加工活动的资质而予以选任。

本条规定了两种责任：（1）定作人指示过失责任中造成他人损害的责任，这是典型的定作人指示过失责任，是典型的替代责任。（2）造成承揽人自己损害的责任，这其实是承揽人的工伤事故责任，适用工伤事故责任的规则。

第一千一百九十四条　【网络侵权责任】 网络用户、网络服务提供者利用网络侵害他人民事权益的，应当承担侵权责任。法律另有规定的，依照其规定。

条文解读

网络侵权责任 ➲ 本条是关于网络侵权责任的规定。

网络侵权是指发生在互联网上的各种侵害他人民事权益的行为，它不是指侵害某种特定权利（利益）的具体侵权行为，也不属于在构成要件方面具有某种特殊性的特殊侵权行为，而是指一切发生于互联网空间的侵权行为。

根据本条规定，网络用户、网络服务提供者利用网络侵害他人民事权益的，应当承担侵权责任。

网络用户利用网络侵害他人民事权益，大体可以分为以下几种类型：一是侵害人格权。主要表现为：（1）盗用或者假冒他人姓名，侵害姓名权；（2）未经许可使用他人肖像，侵害肖像权；（3）发表攻击、诽谤他人的文章，侵害名誉权；（4）非法侵入他人电脑、非法截取他人传输的信息、擅自披露他人个人信息、大量发送垃圾邮件，侵害隐私权。二是侵害财产利益。基于网络活动的便捷性和商务性，通过网络侵害财产利益的情形较为常见，如窃取他人网络银行账户中的资金，而最典型的是侵害网络虚拟财产，如窃取他人网络游戏装备、虚拟货币等。三是侵害知识产权。主要表现为侵犯他人著作权与商标权：（1）侵犯著作权。如擅自将他人作品进行数字化传输，规避技术措施，侵犯数据库等。（2）侵犯商标权。如在网站上使用他人商标，故意使消费者误以为该网站为商标权人的网站，恶意抢注与他人商标相同或相类似的域名等。

"网络服务提供者"一词内涵较广，不仅应当包括技术服务提供者，还应当包括内容服务提供者。所谓技术服务提供者，主要指提供接入、缓存、信息存储空间、搜索以及链接等服务类型的网络主体。其不直接向网络用户提供信息，一般而言，除符合《民法典》第1195条的规定，技术服务提供者无须对网络用户提供的信息侵犯他人民事权益承担责任。但技术服务提供者如果主动实施侵权行为，如破坏他人技术保护措施、利用技术手段攻击他人网络、窃取他人个人信息等，也要承担侵权责任。所谓内容服务提供者，是指主动向网络用户提供内容的网络主体。其法律地位与出版者相同，应当对所上传内容的真实性与合法性负责，如果提供了侵权信息，如捏造虚假事实诽谤他人、发布侵犯著作权的影视作品等，应当承担侵权责任。

本条规定的"法律另有规定的"，应当是指其他法律对网络用户、网络服务提供者利用网络侵害他人民事权益承担民事责任的情形。例如，《电子商务法》《消费者权益保护法》《食品安全法》等都对这类侵权行为作出特别规定，应当依照其规定确定这些民事主体的侵权责任。

关联参见

《信息网络传播权保护条例》第13—17条、第20—24条；《最高人民法院关于审理侵害信息网络传播权民事纠纷案件适用法律若干问题的规定》第3—7条；《最高人民法院关于审理利用信息网络侵害人身权益民事纠纷案件适用法律若干问题的规定》第1条

第一千一百九十五条　【“通知与取下”制度】网络用户利用网络服务实施侵权行为的，权利人有权通知网络服务提供者采取删除、屏蔽、断开链接等必要措施。通知应当包括构成侵权的初步证据及权利人的真实身份信息。

网络服务提供者接到通知后，应当及时将该通知转送相关网络用户，并根据构成侵权的初步证据和服务类型采取必要措施；未及时采取必要措施的，对损害的扩大部分与该网络用户承担连带责任。

权利人因错误通知造成网络用户或者网络服务提供者损害的，应当承担侵权责任。法律另有规定的，依照其规定。

条文解读

“通知与取下”制度 ➔ 本条是关于“通知与取下”制度的规定。

网络侵权责任避风港原则中的通知规则，具体规则比较复杂。

1. 权利人的通知权。网络用户利用他人的网络服务实施侵权行为的，原则上网络服务提供者不承担责任，因为无法承担海量信息的审查义务。解决这种侵权纠纷的方法是“通知与取下”规则，即避风港原则的通知规则：认为自己权益受到损害的权利人，有权通知网络服务提供者，对网络用户在该网站上发布的信息采取删除、屏蔽、断开链接等必要措施，消除侵权信息及其影响。这就是权利人的通知权。

2. 通知的主要内容。首先是权利人的真实身份信息，包括但不限

于权利人的姓名、名称、住址、联系方式、电话、电子邮箱等，没有真实身份信息和有效联系方式，网络服务提供者无法与其取得联系，也无法发送网络用户声明不存在侵权行为的通知。其次是构成侵权的初步证据，通知是权利人主张权利的重要依据，应当附有证明其权利的证据或者相关信息涉嫌侵权的初步证据，如著作权登记证书、专利证书、商标权证书、明显超出正常言论自由范围的诽谤、攻击等言词。

3. 网络服务提供者的义务。权利人一旦发出合格通知，就触发了网络服务提供者的义务。根据本条规定，网络服务提供者接到通知后，应当及时将该通知转送相关网络用户，并根据构成侵权的初步证据和服务类型采取必要措施。

4. 网络服务提供者违反义务的责任。网络服务提供者未及时采取必要措施的，构成侵权责任，要对损害的扩大部分与该网络用户承担部分连带责任，即网络服务提供者只对扩大的损害部分承担连带责任。

5. 对错误行使通知权的所谓权利人进行惩罚的措施。因权利人错误行使通知权进行通知，依照该通知采取的必要措施造成了网络用户或者网络服务提供者损害的，错误通知的行为人应当对网络用户或者网络服务提供者的损害承担侵权赔偿责任。

法律另有规定，一般是指《电子商务法》第 42 条的规定，即知识产权权利人认为其知识产权受到侵害的，有权通知电子商务平台经营者采取删除、屏蔽、断开链接、终止交易和服务等必要措施。因通知错误造成平台内经营者损害的，依法承担民事责任。恶意发出错误通知，造成平台内经营者损失的，加倍承担赔偿责任。另有规定是后一种损害赔偿即惩罚性赔偿。这一规定的适用范围比较窄。

关联参见

《电子商务法》第 42 条；《信息网络传播权保护条例》第 14 条、第 15 条、第 24 条；《最高人民法院关于审理利用信息网络侵害人身权益民事纠纷案件适用法律若干问题的规定》第 5—8 条

第一千一百九十六条　【"反通知"制度】网络用户接到转送的通知后，可以向网络服务提供者提交不存在侵权行为的声明。声明应当包括不存在侵权行为的初步证据及网络用户的真实身份信息。

网络服务提供者接到声明后，应当将该声明转送发出通知的权利人，并告知其可以向有关部门投诉或者向人民法院提起诉讼。网络服务提供者在转送声明到达权利人后的合理期限内，未收到权利人已经投诉或者提起诉讼通知的，应当及时终止所采取的措施。

条文解读

"反通知"制度 ➜ 本条是关于"反通知"制度的规定。

1. 网络用户享有反通知权：当权利人行使对网络用户发布的信息采取必要措施的通知权，网络服务提供者将该通知转送网络用户，网络用户接到该通知后，即产生反通知权，可以向网络服务提供者提交自己不存在侵权行为的声明。提交该声明就是行使反通知权的行为。

2. 反通知的主要内容：提交的反通知声明，也应当包括不存在侵权行为的初步证据以及网络用户的真实身份信息，不符合此种要求的反通知声明不发生反通知的效果。

3. 网络服务提供者对反通知的义务：网络用户行使反通知权发送声明，网络服务提供者在接到该反通知声明后负有的义务，一是应当将该声明转送给发出通知的权利人；二是告知其可以向有关部门投诉或者向人民法院提起诉讼，而不是一接到反通知声明就立即终止所采取的必要措施。

4. 反通知声明送达后的期限：网络服务提供者在转送反通知的声明到达权利人后的合理期限，为权利人对反通知作出反应的期限。时间的计算采到达主义，在转送的反通知声明到达权利人后，权利人应当在该期限内通知网络服务提供者自己已经投诉或者提起诉讼。

5. 权利人超出合理期限的后果：权利人在收到反通知的声明合理

期限内，未通知网络服务提供者其已经投诉或者提起诉讼通知的，网络服务提供者应当及时对网络用户发布的信息终止所采取的删除、屏蔽或者断开链接的必要措施，保护网络用户即反通知权利人的表达自由。不论是权利人的通知权还是网络用户的反通知权，其义务主体都是网络服务提供者，负有满足通知权人或者反通知权人权利要求的义务。网络用户和权利人不是对方的义务主体。

关联参见

《电子商务法》第43条；《信息网络传播权保护条例》第16条、第17条

第一千一百九十七条　【网络服务提供者与网络用户的连带责任】 网络服务提供者知道或者应当知道网络用户利用其网络服务侵害他人民事权益，未采取必要措施的，与该网络用户承担连带责任。

条文解读

本条规定了网络侵权责任的红旗原则。红旗原则，是指网络用户在网络服务提供者提供的网络上实施侵权行为，侵害他人的民事权益非常明显（即网络上的侵权行为如同红旗飘飘般显眼），网络服务提供者知道或者应当知道而不采取必要措施，即应承担侵权责任的规则。

适用红旗原则的要件是：（1）网络用户在网络服务提供者的网站上实施侵权行为；（2）该侵权行为的侵权性质明显，不必证明即可确认；（3）网络服务提供者知道或者应当知道网络用户在自己的网站上实施了这种侵权行为；（4）对这样的侵权信息没有采取删除、屏蔽或者断开链接的必要措施。在第三个要件中，知道就是明知，应知就是根据实际情况可以确定网络服务提供者是应当知道的，如网络服务提供者已经对该信息进行了编辑、加工、置顶、转发等，都是应知的证明。

适用红旗原则的后果是，明知或者应知网络用户在自己的网站上实施侵权行为的网络服务提供者，对该侵权信息没有采取必要措施，须与实施侵权行为的网络用户一起，对被侵权人造成的损害承担连带赔偿责任。承担连带责任的规则适用《民法典》总则编第 178 条的规定。

关联参见

《电子商务法》第 38 条、第 45 条；《信息网络传播权保护条例》第 20—23 条；《最高人民法院关于审理侵害信息网络传播权民事纠纷案件适用法律若干问题的规定》第 7—14 条；《最高人民法院关于审理利用信息网络侵害人身权益民事纠纷案件适用法律若干问题的规定》第 9 条、第 10 条

第一千一百九十八条　【违反安全保障义务的侵权责任】 宾馆、商场、银行、车站、机场、体育场馆、娱乐场所等经营场所、公共场所的经营者、管理者或者群众性活动的组织者，未尽到安全保障义务，造成他人损害的，应当承担侵权责任。

因第三人的行为造成他人损害的，由第三人承担侵权责任；经营者、管理者或者组织者未尽到安全保障义务的，承担相应的补充责任。经营者、管理者或者组织者承担补充责任后，可以向第三人追偿。

条文解读

安全保障义务 ➲ 安全保障义务，是指宾馆、商场、银行、车站、娱乐场所等公共场所的管理人或者群众性活动的组织者，所负有的在合理限度范围内保护他人人身和财产安全的义务。理解安全保障义务，须注意以下问题：

1. 安全保障义务人的范围。本条第 1 款明确安全保障义务人为下面

两类人：第一，宾馆、商场、银行、车站、娱乐场所等公共场所的管理人。公共场所包括以公众为对象进行商业性经营的场所，也包括对公众提供服务的场所。除了本条列举的这些场所外，机场、码头、公园、餐厅等也都属于公共场所。第二，群众性活动的组织者。群众性活动是指法人或者其他组织面向社会公众举办的参加人数较多的活动，比如体育比赛活动，演唱会、音乐会等文艺演出活动，展览、展销等活动，游园、灯会、庙会、花会、焰火晚会等活动，人才招聘会、现场开奖的彩票销售等活动。

2. 保护对象的范围。在法律中明确哪些人属于保护对象较为困难，因此，本条对安全保障义务的保护对象规定为“他人”，没有明确具体的范围，实践中哪些人属于保护对象应根据具体情况判断。

案例指引

12. 擅自进入禁止公众进入的水利工程设施，发生伤亡事故，水利工程设施的管理人和所有人是否应承担赔偿责任？[①]

支某1等诉北京市永定河管理处生命权、健康权、身体权纠纷案

（最高人民法院审判委员会讨论通过 2020年10月9日发布）

关键词 民事/生命权纠纷/公共场所/安全保障义务

裁判要点

消力池属于禁止公众进入的水利工程设施，不属于侵权责任法第三十七条[②]第一款规定的“公共场所”。消力池的管理人和所有人采取了合理的安全提示和防护措施，完全民事行为能力人擅自进入造成自身损害，请求管理人和所有人承担赔偿责任的，人民法院不予支持。

相关法条

《中华人民共和国侵权责任法》第37条第1款

---

① 最高人民法院指导案例141号。

② 现为《民法典》第1198条，下同。

基本案情

2017年1月16日，北京市公安局丰台分局卢沟桥派出所接李某某110报警，称支某3外出遛狗未归，怀疑支某3掉在冰里了。接警后该所民警赶到现场开展查找工作，于当晚在永定河拦河闸自西向东第二闸门前消力池内发现一男子死亡，经家属确认为支某3。发现死者时永定河拦河闸南侧消力池内池水表面结冰，冰面高度与消力池池壁边缘基本持平，消力池外河道无水。北京市公安局丰台分局于2017年1月20日出具关于支某3死亡的调查结论（丰公治亡查字〔2017〕第021号），主要内容为：经过（现场勘察、法医鉴定、走访群众等）工作，根据所获证据，得出如下结论：一、该人系符合溺亡死亡；二、该人死亡不属于刑事案件。支某3家属对死因无异议。支某3遗体被发现的地点为永定河拦河闸下游方向闸西侧消力池，消力池系卢沟桥分洪枢纽水利工程（拦河闸）的组成部分。永定河卢沟桥分洪枢纽工程的日常管理、维护和运行由北京市永定河管理处负责。北京市水务局称事发地点周边安装了防护栏杆，在多处醒目位置设置了多个警示标牌，标牌注明管理单位为“北京市永定河管理处”。支某3的父母支某1、马某某，妻子李某某和女儿支某2向法院起诉，请求北京市永定河管理处承担损害赔偿责任。

裁判结果

北京市丰台区人民法院于2019年1月28日作出（2018）京0106民初2975号民事判决：驳回支某1等四人的全部诉讼请求。宣判后，支某1等四人提出上诉。北京市第二中级人民法院于2019年4月23日作出（2019）京02民终4755号民事判决：驳回上诉，维持原判。

裁判理由

本案主要争议在于支某3溺亡事故发生地点的查实、相应管理机关的确定，以及该管理机关是否应承担侵权责任。本案主要事实和法律争议认定如下：

一、关于支某3的死亡地点及管理机关的事实认定。首先，从死亡原因上看，公安机关经鉴定认定支某3死因系因溺水导致；从事故现场上看，支某3遗体发现地点为永定河拦河闸前消力池。根据受理支某3失踪查找的公安机关派出所出具工作记录可认定支某3溺亡地点为永定河拦河闸南侧的消力池内。其次，关于消力池的管理机关。现已查明北京市永定河管理处为永定河拦河闸的管理机关，北京市永定河管理处对此亦予以认可，并明确确认消力池属于其管辖范围，据此认定北京市永定河管理处系支某3溺亡地点的管理责任方。鉴于北京市永定河管理处系依法成立的事业单位，依法可独立承担相应民事责任，故北京市水务局、北京市丰台区水务局、北京市丰台区永定河管理所均非本案的适格被告，支某1等四人要求该三被告承担连带赔偿责任的主张无事实及法律依据，不予支持。

二、关于管理机关北京市永定河管理处是否应承担侵权责任的认定。首先，本案并不适用侵权责任法中安全保障义务条款。安全保障义务所保护的人与义务人之间常常存在较为紧密的关系，包括缔约磋商关系、合同法律关系等，违反安全保障义务的侵权行为是负有安全保障义务的人由于没有履行合理范围内的安全保障义务而实施的侵权行为。根据查明的事实，支某3溺亡地点位于永定河拦河闸侧面消力池。从性质上看，消力池系永定河拦河闸的一部分，属于水利工程设施的范畴，并非对外开放的冰场；从位置上来看，消力池位于拦河闸下方的永定河河道的中间处；从抵达路径来看，抵达消力池的正常路径，需要从永定河的沿河河堤下楼梯到达河道，再从永定河河道步行至拦河闸下方，因此无论是消力池的性质、消力池所处位置还是抵达消力池的路径而言，均难以认定消力池属于公共场所。北京市永定河管理处也不是群众性活动的组织者，故支某1等四人上诉主张四被上诉人未尽安全保障义务，与法相悖。其次，从侵权责任的构成上看，一方主张承担侵权责任，应就另一方存在违法行为、主观过错、损害后果且违法行为与损害后果之间具有因果关系等侵权责任构成要件承担举证责任。永定河道并非正常的活动、通行场所，依据一般常识即可知无论是进入河道或进入冰面的行为，均容易发生危及人身的危险，此类对危险后果的预见性，不需要专业知识就可知晓。支某3在明知进入河道、冰面行走存在风险的情况下，仍进入该区域并导致自身溺亡，其主观上符合过于自信的过失，应自行承担相应的损害后果。成年人应当是自身安危的第一责任人，不能把自己的安危寄托在国家相关机构的无时无刻的提醒之下，户外活动应趋利避害，不随意进入非群众活动场所是每一个公民应自觉遵守的行为规范。综上，北京市永定河管理处对支某3的死亡发生无过错，不应承担赔偿责任。在此需要指出，因支某3意外溺亡，造成支某1、马某某老年丧子、支某2年幼丧父，其家庭境遇令人同情，法院对此予以理解，但是赔偿的责任方是否构成侵权则需法律上严格界定及证据上的支持，不能以情感或结果责任主义为导向将损失交由不构成侵权的他方承担。

13. 擅自攀爬景区内果树采摘果实，不慎跌落致其自身损害，经营管理者是否应承担赔偿责任？[①]

李秋月等诉广州市花都区梯面镇红山村
村民委员会违反安全保障义务责任纠纷案

（最高人民法院审判委员会讨论通过 2020年10月9日发布）

关键词 民事/安全保障义务/公共场所/损害赔偿

裁判要点

公共场所经营管理者的安全保障义务，应限于合理限度范围内，与其管理和控制能力相适应。完全民事行为能力人因私自攀爬景区内果树采摘果实而不慎跌落致其自身损害，主张经营管理者承担赔偿责任的，人民法院不予支持。

相关法条

《中华人民共和国侵权责任法》第37条第1款

---

① 最高人民法院指导案例140号。

基本案情

红山村景区为国家AAA级旅游景区，不设门票。广东省广州市花都区梯面镇红山村村民委员会（以下简称红山村村民委员会）系景区内情人堤河道旁杨梅树的所有人，其未向村民或游客提供免费采摘杨梅的活动。2017年5月19日下午，吴某私自上树采摘杨梅不慎从树上跌落受伤。随后，有村民将吴某送红山村医务室，但当时医务室没有人员。有村民拨打120电话，但120救护车迟迟未到。后红山村村民李某1自行开车送吴某到广州市花都区梯面镇医院治疗。吴某于当天转至广州市中西医结合医院治疗，后因抢救无效于当天死亡。

红山村曾于2014年1月26日召开会议表决通过《红山村村规民约》，该村规民约第二条规定：每位村民要自觉维护村集体的各项财产利益，每个村民要督促自己的子女自觉维护村内的各项公共设施和绿化树木，如有村民故意破坏或损坏公共设施，要负责赔偿一切费用。

吴某系红山村村民，于1957年出生。李记坤系吴某的配偶，李秋月、李月如、李天托系吴某的子女。李秋月、李月如、李天托、李记坤向法院起诉，主张红山村村民委员会未尽到安全保障义务，在本案事故发生后，被告未采取及时和必要的救助措施，应对吴某的死亡承担责任。请求判令被告承担70%的人身损害赔偿责任631346.31元。

裁判结果

广东省广州市花都区人民法院于2017年12月22日作出（2017）粤0114民初6921号民事判决：一、被告广州市花都区梯面镇红山村村民委员会向原告李秋月、李月如、李天托、李记坤赔偿45096.17元，于本判决发生法律效力之日起10日内付清；二、驳回原告李秋月、李月如、李天托、李记坤的其他诉讼请求。宣判后，李秋月、李月如、李天托、李记坤与广州市花都区梯面镇红山村村民委员会均提出上诉。广东省广州市中级人民法院于2018年4月16日作出（2018）粤01民终4942号民事判决：驳回上诉，维持原判。二审判决生效后，广东省广州市中级人民法院于2019年11月14日作出（2019）粤01民监4号民事裁定，再审本案。广东省广州市中级人民法院于2020年1月20日作出(2019）粤01民再273号民事判决：一、撤销本院（2018）粤01民终4942号民事判决及广东省广州市花都区人民法院（2017）粤0114民初6921号民事判决；二、驳回李秋月、李月如、李天托、李记坤的诉讼请求。

裁判理由

法院生效裁判认为：本案的争议焦点是红山村村民委员会是否应对吴某的损害后果承担赔偿责任。

首先，红山村村民委员会没有违反安全保障义务。红山村村民委员会作为红山村景区的管理人，虽负有保障游客免遭损害的安全保障义务，但安全保障义务内容的确定应限于景区管理人的管理和控制能力的合理范围之内。红山村景区属于开放式景区，未向村民或游客提供采摘杨梅的活动，杨梅树本身并无安全隐患，若要求红山村村民委员会对景区内的所有树木加以围蔽、设置警示标志或采取其他防护措施，显然超过善良管理人的注意标准。从爱护公物、文明出行的角度而言，村民或游客均不应私自爬树采摘杨梅。吴某作为具有完全民事行为能力的成年人，应当充分预见攀爬杨梅树采摘杨梅的危险性，并自觉规避此类危险行为。故李秋月、李月如、李天托、李记坤主张红山村村民委员会未尽安全保障义务，缺乏事实依据。

其次，吴某的坠亡系其私自爬树采摘杨梅所致，与红山村村民委员会不具有法律上的因果关系。《红山村村规民约》规定：村民要自觉维护村集体的各项财产利益，包括公共设施和绿化树木等。该村规民约是红山村村民的行为准则和道德规范，形成红山村的公序良俗。吴某作为红山村村民，私自爬树采摘杨梅，违反了村规民约和公序良俗，导致了损害后果的发生，该损害后果与红山村村民委员会不具有法律上的因果关系。

最后，红山村村民委员会对吴某私自爬树坠亡的后果不存在过错。吴某坠亡系其自身过失行为所致，红山村村民委员会难以预见和防止吴某私自爬树可能产生的后果。吴某跌落受伤后，红山村村民委员会主任李某2及时拨打120电话求救，在救护车到达前，另有村民驾车将吴某送往医院救治。因此，红山村村民委员会对吴某损害后果的发生不存在过错。

综上所述，吴某因私自爬树采摘杨梅不慎坠亡，后果令人痛惜。虽然红山村为事件的发生地，杨梅树为红山村村民委员会集体所有，但吴某的私自采摘行为有违村规民约，与公序良俗相悖，且红山村村民委员会并未违反安全保障义务，不应承担赔偿责任。

14. 老年人免费参观博物馆，不慎跌倒，造成骨折，博物馆是否应当承担责任?①

2019年6月9日，66岁的孙某某通过提前网上预约的方式，与其夫、其子共同前往某博物馆参观。13时15分许，孙某某在博物馆某展厅内的台阶处迈步下最后一级台阶时，回望同行家属，左脚部分踩空，不慎跌倒，左侧髋部着地。监控视频显示：事发处的台阶呈不规则状分布、宽度不一，台阶侧立面安装了发光警示条，便于行走处铺贴了小脚丫图案，里面印有“小心台阶”的文字。孙某某摔倒后，与家人自行离开博物馆，于当日15时18分许被送至医院急诊，并住院接受治疗。医院主要诊断为左股骨颈骨折，其他诊断为高血压、心律不齐等。经鉴定，孙某某左下肢损伤构成九级伤残，误工期365天、护理期120天、营养期120天。治疗期间，孙某某累计支出各项医疗费用65159.57元。

法院审理认为，某博物馆属于向公众提供服务的场所，应纳入安全保障义务人范围。法律规定的“公共场所”可以分为以公众为对象进行商业性经营的场所和对公众提供服务的场所，不同的公共场所负有的

① 参见《天津高院发布保障老年人合法权益典型案例》(2020年10月23日发布)，刘永强、齐姗姗：孙某某诉某博物馆违反安全保障义务责任纠纷案，载天津法院网 https://tjfy.tjcourt.gov.cn/article/detail/2020/10/id/5539313.shtml，最后访问日期：2023年3月15日。

安全保障义务标准是不同的。本案中，博物馆作为公益性场所，负有比经营性场所更轻的安全保障义务，只有在场所设施设备存在缺陷、缺乏有效警示和安全防范措施、怠于救治等情况下承担相应责任。博物馆内某展厅不规则的台阶分布改变了游客的正常行走习惯，增大了受害风险，虽然博物馆通过安设发光警示条和铺贴小脚丫图案等形式进行常规警示防范，但该防范措施就不规则台阶的潜在风险情况而言并不充分，从监控视频可见，事发处的最后一级台阶比倒数第二级台阶明显变宽，孙某某的摔倒与其对台阶宽度的认知及预判偏差存在一定因果关系。另外，孙某某下台阶时已经注意到台阶的存在并且顺利下行至最后一级台阶，踩空摔倒时正在回望家属，其损害结果发生与其自身专注和谨慎程度不高也存在因果关系。孙某某是老年人，陪同参观的家属有随身照顾义务，孙某某损害后果的发生，与其子缺乏预见、疏于防范存在一定因果关系。综合考虑上述各种因素对孙某某损害结果发生的原因力大小，博物馆未完全尽到合理限度的安全保障义务，最终判处博物馆对孙某某的损失承担20%的赔偿责任。

案涉博物馆属于公益性场所，老年人通过提前预约可免费参观，但是免费服务并不意味着免责。虽然公益性博物馆不属于经营性场所，但若未尽到安全保障义务，存在过失，造成他人损害，也应当承担相应的损害赔偿责任。该案的裁判启示公共场所管理人要进一步增强法律意识和服务意识，在场馆设计、场景布置上，从视听、体感和安全等多角度做好规划。从老年人的自身认知能力、肢体活动能力等多方面考虑现有设施可能给这一弱势群体带来的安全隐患，进而提供充分的安全保障和隐患防范措施。此外，老年人及其家属也应提升风险意识，老年人前往公共场所最好有成年子女陪伴。同行成年子女应视老人身体状况，做好充分的出行准备工作，出行过程中应密切关注、随身照顾老年人，选择安全的时间和地点，在公共场所帮助老年人最大程度分辨、识别有可能发生安全隐患的路线、方位、场馆等，使其避免因自身过错而发生事故，确保老年人健康、安全、放心、愉快出行。

第一千一百九十九条　【教育机构对无民事行为能力人受到人身损害的过错推定责任】无民事行为能力人在幼儿园、学校或者其他教育机构学习、生活期间受到人身损害的，幼儿园、学校或者其他教育机构应当承担侵权责任；但是，能够证明尽到教育、管理职责的，不承担侵权责任。

条文解读

本条采用的是过错推定原则。根据本条规定，无民事行为能力人在幼儿园、学校或者其他教育机构学习、生活期间受到人身损害的，幼儿园、学校或者其他教育机构应当证明自己已经尽到教育、管理职责，对该无民事行为能力人所发生的人身损害没有过错，否则就要承担责任。采用过错推定原则，学校也能举证反驳，可以通过证明已经尽到了相当的注意并且实施了合理的行为，以达到免责的目的。同时，学校等教育机构更有可能通过保险等方式来向社会转移风险。

实务应用

12. 教育机构组织学生参加校外活动，与他人签订合同，并约定在活动期间由他人负责对学生进行管理、保护的，是否减轻或免除教育机构的相关义务？

《未成年人保护法》第35条规定："学校、幼儿园应当建立安全管理制度，对未成年人进行安全教育，完善安保设施、配备安保人员，保障未成年人在校、在园期间的人身和财产安全。学校、幼儿园不得在危及未成年人人身安全、身心健康的校舍和其他设施、场所中进行教育教学活动。学校、幼儿园安排未成年人参加文化娱乐、社会实践等集体活动，应当保护未成年人的身心健康，防止发生人身伤害事故。"根据教育部制定的《学生伤害事故处理办法》第9条第4项的规定，因学校组织学生参加教育教学活动或校外活动，未对学生进行相应的安全教育，并未在可预见的范围内采取必要的安全措施，造成学生伤害事故的，学校应当依法承担相应的责任。据此，学校等教育机构组织学生参加校外活动，对学生仍然负有管理和保护的义务。教育机构与他人签订合同，将校外活动交由他人具体承办，并约定在活动期间由他人负责对学生进行管理、保护的，并不导致校外活动性质的变化，亦不因此减轻或免除教育机构管理、保护学生的法定义务。教育机构在校外活动中未尽法定义务，造成学生伤害事故后，又以与他人订立合同为由推卸应负责任的，人民法院不予支持。

13. 对未成年人学生实施体罚、变相体罚或者其他侮辱人格尊严的行为应承担哪些法律责任？

《未成年人保护法》第 27 条规定，学校、幼儿园的教职员工应当尊重未成年人人格尊严，不得对未成年人实施体罚、变相体罚或者其他侮辱人格尊严的行为。根据《未成年人保护法》第 119 条的规定，学校、幼儿园、婴幼儿照护服务等机构及其教职员工违反《未成年人保护法》第 27 条、第 28 条、第 39 条规定的，由公安、教育、卫生健康、市场监督管理等部门按照职责分工责令改正；拒不改正或者情节严重的，对直接负责的主管人员和其他直接责任人员依法给予处分。另外，《未成年人保护法》第 129 条还规定，违反《未成年人保护法》规定，侵犯未成年人合法权益，造成人身、财产或者其他损害的，依法承担民事责任。违反《未成年人保护法》规定，构成违反治安管理行为的，依法给予治安管理处罚；构成犯罪的，依法追究刑事责任。《教师法》第 37 条则规定，对于体罚学生的教师，所在学校、其他教育机构或者教育行政部门，必须及时进行批评教育，帮助他们认识和改正错误，并视情节给予行政处分或者解聘。对于情节极为恶劣，构成犯罪的，要依照刑法的规定追究法律责任。

14. 学校及其教师对学生进行体罚造成学生伤害，受害人起诉时应当以谁为被告？

如果教师体罚学生，是出于履行工作职责导致的，根据《民法典》第 1199 条的规定，无民事行为能力人在幼儿园、学校或者其他教育机构学习、生活期间受到人身损害的，幼儿园、学校或者其他教育机构应当承担侵权责任；但是，能够证明尽到教育、管理职责的，不承担侵权责任。根据《民法典》第1200条的规定，限制民事行为能力人在学校或者其他教育机构学习、生活期间受到人身损害，学校或者其他教育机构未尽到教育、管理职责的，应当承担侵权责任。

学校承担赔偿责任，在实体法律关系上，学校应当是赔偿的义务主体，是赔偿责任的承受者。在诉讼法律关系上，学校应当是被告，受到伤害的学生向学校请求损害赔偿。学生是赔偿权利主体，如果该学生是未成年人，在诉讼中作为原告，其监护人是法定代理人。根据《学生伤害事故处理办法》第27条的规定，学校承担赔偿责任后，对有故意或重大过失的教师，可以行使追偿权。如果教师体罚学生是与教学工作无关的个人行为，由此对学生造成伤害的，该教师是被告，是赔偿责任的义务主体。学校不承担赔偿责任。受害学生不能以学校为被告要求赔偿。

15. 放假期间，学生私自到学校玩耍受到伤害，是不是学生伤害事故？

根据《学生伤害事故处理办法》第13条第3项的规定，“在放学后、节假日或者假期等学校工作时间以外，学生自行滞留学校或者自行到校发生的”学生伤害事故，学校不承担事故责任。因此，事故虽然发生在学校的范围内，但从时间上讲，节假日等不属于学校工作管理时间，节假日期间学校不负对学生进行管理的职责，即该事件不是在学校实施的教育教学活动或者学校组织的校外活动中发生的，因此不属于这里所说的学生伤害事故。

关联参见

《未成年人保护法》第25—41条；《义务教育法》第24条；《教育法》第73条；《学生伤害事故处理办法》

第一千二百条　【教育机构对限制民事行为能力人受到人身损害的过错责任】限制民事行为能力人在学校或者其他教育机构学习、生活期间受到人身损害，学校或者其他教育机构未尽到教育、管理职责的，应当承担侵权责任。

条文解读

确定限制民事行为能力人在校园受到伤害的侵权责任规则是：(1) 学校或者其他教育机构中的限制民事行为能力的学生，通常是指三年级以上的小学生和中学生，即8周岁以上的未成年学生。(2) 校方对限制民事行为能力的学生负有的是教育、管理职责，不是监护权的转移。(3) 限制民事行为能力的学生在校园中因第三人实施的行为之外的原因受到人身损害，如校方管理不当行为。(4) 校方未尽到教育、管理职责是造成损害的原因。

限制民事行为能力人在学校受到人身损害，确定责任适用的是过错责任原则，受到人身损害的限制民事行为能力学生主张校方承担赔偿责任，须证明上述所有的侵权责任构成要件，特别是校方未尽到教育、管理职责的过失。这样的规定，体现了对无民事行为能力学生和限制民事行为能力学生保护的程度不同。不过，对限制民事行为能力学生采用过错责任原则进行保护，确定校方的责任，其实没有太大的必要，因为既然适用过错责任原则，就是一般侵权责任，即使不作这一特别规定，依照过错责任原则的一般规定即《民法典》第1165条第1款的规定，也完全可以得出相同的法律适用结果。

应当特别指出的是，本条并没有规定限制民事行为能力人在教育机构伤害他人的责任。对此，应当补充，限制民事行为能力人在幼儿园、学校或者其他教育机构学习、生活期间，造成一同学习的其他无民事行为能力人或者限制民事行为能力人人身损害的，依照《民法典》第1199条、第1200条的规定认定教育机构的民事责任。幼儿园、学校或者其他教育机构尽到教育、管理职责的，依照《民法典》

第 1188 条、第 1189 条的规定认定监护人、代为履行监护职责的受托人的民事责任。

实务应用

16. 体育课、实验课上发生人身损害，应如何处理？

由于体育活动和实验课本身存在较大的发生事故的风险率，因此学校教师在上体育课和实验课时需要负比平时更高的注意义务和照管责任。体育课上发生的人身损害，大致包括以下几种情况：第一，如系器材放置不当，存在危险因素，竞赛选手搭配不当，诱导学生从事其身心没有准备的活动，或者在危险场合布置几种不同的体育活动，导致学生人身损害，则应由学校承担损害赔偿责任。第二，如系体育运动本身具有的风险，学校并无过错则不承担责任。如学校组织篮球比赛，在依规则进行比赛时，因球员互撞造成的损害学校不应承担责任。第三，如果学生未按教师指导操作，造成人身伤害的，则根据致害人、受害人双方责任的大小，由其本人或监护人承担相应的责任；学校如有管理过失，则与致害人、受害人形成混合过错，应根据各自过错程度承担相应的责任。

实验课上发生的人身损害。学生在进行危险的化学实验以及在给学生安全指导过程中，实验教师需要负高度的照管职责。如果损害是由于实验设施的瑕疵或教师管理、教导不当导致的，学校应负赔偿责任；如果损害是由突发事件、未被同意且教师无法预见的行为引起，一般应认定学校无过失，不承担责任。

17. 未成年学生在校期间违反校规、校纪导致他人受到人身伤害，如何处理？

根据《教育法》的规定，学生在校期间应遵守法律法规、学校的规章制度，服从学校的教育和管理；学校有义务教育学生遵守规章制度，并采取积极有效的管理措施防止违反校规校纪的情况发生。对学生因违反校规校纪而致人损害或受到伤害的，如果学校制定了合理、明确的规章制度，并以适当的方式对学生进行了教育，学校一般不应当承担损害赔偿责任；但如果学校教职员工明知存在某种危险，而没有特别注意，学校则应承担相应的过错责任。例如，学生在课间休息的时候打架斗殴致人损害，学校并无过错，则学校不承担责任；但如果学校教职人员知道或应当知道学生正在打架斗殴而未加阻止，学校就应对其未能采取必要措施保护受伤学生的过错承担责任。

18. 学生在校外发生人身损害，如何处理？

（1）学生在上学、放学途中发生的人身伤害。由于法律并没有规定学生上学、放学途中亦属于学校管辖范围，学校也就没有义务配备专门人员护送学生上学、放学。因此对学生在上学、放学途中发生的人身损害，学校一般不应当承担责任，但如果学校在路口设立了值勤人员，却未能对学生提供恰当、合理的照管，学校则要对其过失承担责任。

（2）因学校提前放学，导致学生在校外发生的人身伤害。因为未成年学生均为无民事行为能力人和限制民事行为能力人，需要受到人身监督与保护，因此，一般来讲，学校不应提前放学使学生处于无人监管的状况，除非学校事先通知了学生的监护人。如果因学校提前放学导致学生在校外受到人身伤害，学校应承担相应的过错责任。

（3）学校在组织学生参加集会、文化娱乐、社会实践等集体活动中发生的人身伤害。学校对其组织、举办的校外活动负有管理职责，不管此活动是否在学校场地进行。学校在组织学生校外活动时，其照管职责的大小取决于特定的活动场所及环境，在不同的环境中，学校应负担的照管职责的标准也相应不同。如因学校未履行或未适当履行照管职责导致学生受到人身损害的，应根据其过错大小承担责任。

19. 学生在校期间自杀身亡，如何处理？

判断学校对学生自杀事件是否负有责任，需要分析导致学生自杀的原因，看学校对学生的自杀是否有过错以及是否存在因果关系。如果学校对学生进行教育管理的行为方式适当，没有过激言语、歧视或其他侵犯学生合法权益的行为，学生因个人心理素质差等原因而自杀，尽管学生的死亡与学校的批评教育有一定的因果关系，但学校没有过错，不应承担责任。如学生仅仅因为不满学校对自己因违反学校纪律进行的处分而自杀的，学校不负责任。反之，如果学校教师对学生在教育管理上行为不当，如讥讽、嘲笑、体罚学生，使学生身心受到伤害，导致学生自杀身亡的，不论自杀发生在学校还是在其他场所，学校对此有一定的过错，应承担相应的民事责任。

案例指引

15. 学校组织学生集体活动未尽到安全保障义务，应如何处理？①

高某某（10 周岁）和赵某某（12 周岁）系某小学学生。2019 年 3 月，某小学组织学生开展读书活动，但未指派教职工对活动现场进行管理和秩序维护。活动期间，赵某某帮助同学取书，上到书柜高处拿书时，书砸到后方站着的高某某的右眼部位。事发后，高某某多次就医治疗。经诊断，事故造成高某某右眼钝挫伤，右眼晶体半脱位，右眼瞳孔散大，双眼视力持续下降。2020 年，高某某将赵某某及其父母周某、赵某和某小学诉至法院，请求依法判令四被告赔偿原告医疗费、交通费等各项经济损失。

法院生效裁判认为，某小学在组织学生活动期间，疏于管理，未尽到教育、监管职责，应当对高某某受伤的后果承担主要责任；被告赵某某作为限制民事行为能力人，对风险有一定认知能力，其疏忽大意造成高某某眼部受伤，存在一定过错，应当承担相应的责任，因赵某某系限制民事行为能力人，故应由其监护人周某、赵某承担相应的赔偿责任；原告高某某虽为限制民事行为能力人，但对于危险亦应具备一定的认知

---

① 参见《天津法院发布保护未成年人合法权益典型案例》（2022 年 6 月 8 日发布），高某某与赵某某、某小学等健康权纠纷案，载天津法院网 https：//tjfy. tjcourt. gov. cn/article/detail/2022/06/id/6729531. shtml，最后访问日期：2023 年 3 月 15 日。

能力，其自身未尽到安全注意义务，应当自行承担一定责任。综上，判决某小学承担70%的责任，赵某某、高某某各承担15%的责任，按照责任比例，某小学赔偿高某某各项损失21462.3元，周某、赵某赔偿高某某各项损失4229.52元。

本案是一起未成年人校园人身损害典型案例。学校是未成年人活动的重要场所，《民法典》第1200条规定："限制民事行为能力人在学校或者其他教育机构学习、生活期间受到人身损害，学校或者其他教育机构未尽到教育、管理职责的，应当承担侵权责任。"本案中，高某某作为限制民事行为能力人，在参加学校组织的集体活动期间受伤，由于事发当时学校未配备教职人员对活动现场学生进行引导和规范，疏于监管，应当对事故承担主要责任。本案提示幼儿园、学校等教育机构，在组织未成年人活动时应注意做好事前安全教育，完善安全防护措施，必要时应有教职人员在场进行有效管理，尽到安全保障义务，为未成年人提供更加安全的学习和活动环境；父母及其他家庭成员在日常也要加强对未成年人安全意识、自我保护意识的教育和培养，共同为未成年人的健康成长保驾护航。

16. 小学生在校追逐嬉闹造成他人伤害，谁应承担赔偿责任？①

原告赵某（12周岁）与被告朱某某（11周岁）系被告天津市某区某小学（以下简称某小学）六年级学生。2018年11月8日下午第三、四节课课间，同学刘某、韩某某在教室打闹，韩某某因追不上刘某，便让赵某抱住了刘某。朱某某负责班级纪律，要求赵某松手，赵某不松手，朱某某推开赵某，赵某与朱某某相互厮打，朱某某将赵某推撞到墙上。赵某感到疼痛。班主任得知此事后通知了赵某、朱某某的家长。放学后，赵某前往医院就诊，诊断伤情为锁骨骨折，住院11天，

---

① 参见《赵某与朱某某、天津市某区×小学等健康权纠纷案》，载天津法院网 https://tjfy.tjcourt.gov.cn/article/detail/2020/06/id/5252641.shtml，最后访问日期：2023年3月15日。

支出医疗费 36097.86 元。2019 年 8 月 1 日，赵某在天津医院进行二次手术，住院 6 天，支出医疗费 12202.24 元。赵某先后两次起诉要求朱某某、朱某某的父母及某小学赔偿医疗费、住院伙食补助费、交通费、护理费、营养费、精神损害抚慰金等各项损失共计 6.8 万余元。

法院经审理认为：事发时，原告赵某 12 周岁、被告朱某某 11 周岁，均系限制民事行为能力人，作为六年级学生对自己的行为具有一定的辨认能力，对其行为后果具有一定的预见能力。朱某某制止同学打闹，未注意采取合理的方式方法，致原告受伤，应承担与其过错相应的赔偿责任，其作为限制民事行为能力人造成他人损害的，由监护人承担侵权责任。赵某未遵守课间纪律与同学打闹，亦未听从同学朱某某的制止，与朱某某厮打，对其损害的发生也有过错，可以减轻侵权人的责任。本事件发生在校园内，教育机构依法负有对未成年学生的教育、管理和保护的义务。课间教师未及时发现情况制止学生打闹，学生受伤后亦未及时送医治疗，应认定学校未充分履行教育管理义务，也应对伤害后果承担一定的赔偿责任。综上，结合对原告实际损失数额的认定，法院判决被告朱某某的监护人，即朱某某的父母赔偿原告损失的 50%即 24203 元，学校赔偿原告损失的 30%即 19021 元。

本案是一起未成年人校园伤害典型案例。近年来，校园伤害案件频发，引起了社会的广泛关注。据统计，该类案件多发于课间休息及体育运动中，且大部分发生于在校生之间。活泼好动是青少年的天性，在课间追逐嬉闹及体育运动中难免发生身体冲撞，引发侵权纠纷。此类案件的审理，关键在于厘清各方的责任。本案中，两名未成年人分别为 11 周岁、12 周岁，根据《民法典》第 19 条的规定，8 周岁以上的未成年人为限制民事行为能力人，可以独立实施与其智力、年龄相适应的民事法律行为。同时，根据《民法典》第 1188 条、第 1200 条的规定，限制民事行为能力人造成他人损害的，由监护人承担侵权责任。限制民事行为能力人在学校学习期间受到人身损害，学校未尽到教育、管理职责的，也应承担责任。被侵权人对损害的发生也有过错的，可以减轻侵权人的责任。据此，法院经审理，综合分析认定侵权人为维护班级秩序推搡受害人的行为过当存在过错；受害人不遵守纪律，课间与同学打斗自身行为存在过错；学校未维护好课间秩序、未及时送受害人就医亦存在过错，判决侵权人的监护人、受害人和学校分担受害人的损失。该判决结果责任认定准确，比例分担合理，各方当事人在一审判决后均未提起上诉，息诉服判。本案裁判结果依法保障了未成年人的合法权利，同时该案例也警示中小学校需进一步加强课间秩序管理，呼吁在校未成年学生增强法治意识，自觉遵守校规校纪，规范自身行为，避免类似事件的发生。

第一千二百零一条　【受到校外人员人身损害时的责任分担】

无民事行为能力人或者限制民事行为能力人在幼儿园、学校或者其他教育机构学习、生活期间，受到幼儿园、学校或者其他教育机构以外的第三人人身损害的，由第三人承担侵权责任；幼儿园、学校或者其他教育机构未尽到管理职责的，承担相应的补充责任。幼儿园、学校或者其他教育机构承担补充责任后，可以向第三人追偿。

条文解读

无民事行为能力或者限制民事行为能力的学生在校园受到第三人实施的侵权行为侵害，造成人身损害后果，也属于第三人原因造成损害，但不适用《民法典》第1175条关于“损害是因第三人造成的，第三人应当承担侵权责任”的规定，而是适用本条规定的规则。

由于大多数幼儿园、学校或者其他教育机构都实行封闭管理，因此一般在学校范围内，学生们所处的环境为封闭的环境，不宜受到来自校外第三人的侵害。但是仍然存在一些校外人员对学生实施侵害行为的情形，常见的主要有以下三类情形：

一是第三人在校门口范围，针对学生上下学或外出的环节，对学生实施侵害。此时由于学生虽然未进入学校范围，或者刚刚离开学校，但仍然处于学校大门口范围，而且处于上下学的交接时期，学校仍然对学生负有保护、管理的职责。在这一时间和地点范围内发生的侵权事件，学校仍可能承担侵权责任。此外，还有第三人趁上下学尤其是放学时，学校与家长交接学生的环节，对学生实施侵权行为。

二是第三人进入学校或其他教育机构，对学生实施侵害行为。虽然学校基本上都实行封闭管理，但是实践中也有校外人士趁门禁管理松弛而混进校园，对学生实施侵害行为；或者校外第三人通过翻越学校围墙、栅栏的方式，进入校内实施侵权行为。

三是第三人将危险物品投入校内，对学生实施侵害行为。

本条规定的责任规则是，第三人在校园实施的侵权行为，给校园内无民事行为能力或者限制民事行为能力的学生造成了人身损害的，第三人承担侵权责任，赔偿受害人的损害；如果校方存在未尽到管理职责的过失的，应当承担相应的补充责任，即在自己过失所致损失的范围内，就第三人不能承担的赔偿责任承担补充性的赔偿损失责任。校方承担了相应的补充责任之后，还可以就其损失向第三人请求追偿，其原因也在于第三人才是真正的侵权人，对于损害的发生具有全部原因力，校方只是存在不作为的间接原因。

在此需要强调的是，对于第三人的身份认定问题，第三人应当不属于幼儿园、学校或其他教育机构的工作人员，也不属于正在校内学习或生活的学生。如果该校的学生在离校期间，闯入学校范围，对其他学生实施侵害行为，其也应当属于第三人范围。本校学生只有在校学习、生活期间，才属于校内人员，造成的损害应当适用《民法典》侵权责任编第 1190 条和第 1200 条的规定。

关联参见

《学生伤害事故处理办法》第 9—13 条

第四章　产品责任

第一千二百零二条　【产品生产者侵权责任】因产品存在缺陷造成他人损害的，生产者应当承担侵权责任。

条文解读

产品生产者侵权责任➲ 本条是对产品责任中产品生产者侵权责任的规定。

产品责任，是指生产者生产、销售者销售的产品存在缺陷，造成他人损害，产品的生产者、销售者承担无过错责任的特殊侵权责任。

生产者承担产品责任，适用无过错责任原则。其构成要件是：

第一，产品存在缺陷。产品存在缺陷，即为产品生产者作为侵权行为人所实施的侵权行为。缺陷，是指产品存在危及他人人身、财产安全的不合理的危险。产品的缺陷不等同于产品不符合合同的要求，而应当指产品存在明显或者潜在的以及被社会普遍公认不应当具有的危险，从而给他人造成人身或财产的损害，或者有造成损害的极大可能性。如果产品只是不能达到合同约定的标准，则可以通过违约责任来解决，无需通过侵权责任来解决。侵权法上的缺陷，是指不考虑合同约定的、产品所具有的侵害他人合法权益的危险性。这种危险主要表现为存在可能危及人身、财产安全的因素。

第二，存在缺陷产品造成他人损害的事实。这是对损害后果的要求，即因为缺陷产品而造成了他人受损的后果，包括产品的使用者或者第三人因产品缺陷而遭受人身损害或财产损害。人身损害主要是人格权益的损害，常见的主要是物质性的人格权，如生命权、身体权、健康权的损害，但也可能对精神性人格权造成损害，如产品缺陷造成隐私或个人信息的泄露，等等。财产损害是指财产性权利的损害，如所有权、使用权的损害，等等。

第三，缺陷产品与造成的损害事实之间存在因果关系。因果关系是行为人承担侵权责任的前提条件，表明行为与损害的关联性和可归责性。因此，产品缺陷与被侵权人的损害事实之间，属于原因和结果、引起与被引起的关系。产品责任中的因果关系，主要是指产品的缺陷与损害后果之间的因果关系，而不是泛指产品与损害后果之间的关系，必须强调缺陷与损害之间的因果关系。在司法实践中，要确定产品责任中的因果关系，一般使用因果关系推定的方法，即被侵权人证明使用某种缺陷产品后就发生此种损害，而且这种缺陷产品通常可以导致这种损害，此时就可以推定因果关系已经成立。如果行为人对此不认可，则需要承担举证责任，举证这种推定的因果关系不成立，并将其推翻，如果不能推翻，则因果关系就最终成立。

实务应用

20. 产品责任的抗辩事由有哪些？

根据我国《产品质量法》的规定和侵权责任的一般原理，产品责任的抗辩事由有：

（1）未将产品投入流通。产品投入流通指任何形式的出售、出租、抵押、出质、典当等交易行为。如产品仍处于生产、仓储阶段，则不属投入流通。

（2）产品投入流通时引起损害的缺陷尚不存在。如果产品的缺陷是在流通过程中，由于销售者或运输者、仓储者的过错引起的，此时应由销售者或运输者、仓储者负责。这一抗辩事由所免除的是生产者的最终责任而不是外部责任，即受害者仍有权请求生产者赔偿，而生产者仍应赔偿，然后再向最终的责任者追偿。

（3）产品投入流通时的科学技术水平尚不能发现缺陷存在。

（4）时效抗辩。因产品存在缺陷致人损害的诉讼时效期间为 2 年，自当事人知道或应当知道其权益受到损害之时起计算，但自缺陷产品交付最初用户和消费者起满 10 年，该请求权消灭，尚未超过明示的安全使用期的除外。

（5）使用者的过错。如果损害的发生是由于使用者的过错引起的，如超过安全使用期仍使用产品，不按照规定的用途和注意事项使用产品等，则生产者、销售者不承担赔偿责任。

21. 商家是否应对促销活动中的奖品质量负责？

促销活动中的奖品属于商业赠与。商业赠与与一般的民事赠与不同，商业赠与一般都以产品销售为目的而产生，它具有双务性和有偿性的特点。商业赠与中，买方必须先购买卖方的商品，付出对价后，才能享有取得赠品的权利。因此促销活动中的奖品，虽名为免费赠与，但其实质仍是商品买卖行为。附赠行为作为一种营业手段，与其销售行为不容剥离，要求对附赠行为中的赠品承担与销售行为中的商品同样的法律责任也是必然的。

22. 经营者违反对消费者的安全保障义务，应当承担侵权责任的情形有哪些？

根据《消费者权益保护法》和《民法典》侵权责任编的相关规定，经营者违反对消费者的安全保障义务，应当承担侵权责任的情形具体有两种：一是经营者自身造成危险导致消费者受损害，比较常见的情况是对自己的经营设施疏于安全检查造成事故伤害消费者的；二是第三人引发危险导致消费者受损害，比较常见的情况是，第三人的侵权行为和经营者未尽到安全保障义务两个因素结合在一起而造成的。对于这种情况，根据《民法典》第 1198 条第 2 款的规定，因第三人的行为造成他人损害的，由第三人承担侵权责任；经营者、管理者或者组织者未尽到安全保障义务的，承担相应的补充责任。经营者、管理者或者组织者承担补充责任后，可以向第三人追偿。这里经营者所承担的侵权责任有两个特点：一是责任份额要与经营者的过错程度相当；二是承担责任是为了补充直接责任人的缺位。如果直接责任人已经承担全部赔偿，违反安全保障义务的责任人就不需要再作赔偿。

关联参见

《产品质量法》第41条、第42条、第46条；《消费者权益保护法》第40条；《最高人民法院关于审理道路交通事故损害赔偿案件适用法律若干问题的解释》第9条

第一千二百零三条　【被侵权人请求损害赔偿的途径和先行赔偿人追偿权】 因产品存在缺陷造成他人损害的，被侵权人可以向产品的生产者请求赔偿，也可以向产品的销售者请求赔偿。

产品缺陷由生产者造成的，销售者赔偿后，有权向生产者追偿。因销售者的过错使产品存在缺陷的，生产者赔偿后，有权向销售者追偿。

条文解读

本条是关于被侵权人要求损害赔偿的途径和先行赔偿人追偿权的规定。

1. 本条所讲被侵权人是指因产品存在缺陷造成人身、财产损害之后，有权要求获得赔偿的人。包括直接购买并使用缺陷产品的人，也包括非直接购买使用缺陷产品但受到缺陷产品损害的其他人。

2. 本条从方便被侵权人维护自己合法权益的角度出发，规定了被侵权人请求赔偿的两个途径：一个是可以向产品的生产者请求赔偿；另一个是可以向产品的销售者请求赔偿。也就是说，只要是缺陷产品引起的损害，被侵权人可以向生产者和销售者中的任何一方提出赔偿请求。如果二者不予赔偿，被侵权人可以生产者和销售者中的任何一方为被告提起民事诉讼。

3. 根据本条规定，生产者、销售者中先行赔偿的一方有权向应当承担责任的一方追偿自己已经向被侵权人垫付的赔偿费用。需要明确的是，生产者和销售者承担产品责任的原则是不同的，生产者承担无过错

责任，销售者承担过错责任。先行垫付赔偿费用的一方只有在另一方符合承担产品侵权责任条件的情形下，才可以向对方行使追偿权。

实务应用

23. 消费者与经营者发生消费者权益争议的解决途径有哪些？

（1）与经营者协商和解。这是解决消费者权益争议最常见的形式之一，消费者在发现自己的权利受到侵害或者就与自己利益有关的问题与经营者发生争议时，可以主动与经营者联系，双方可就消费者提出的要求通过反复协商、互谅互让，最终达成一致，形成和解协议。

（2）请求消协或者依法成立的其他调解组织调解。消费者权益受到侵害可以向消协或者依法成立的其他调解组织投诉，消协了解情况后，可以对产生争议的消费者和经营者进行说服劝导、沟通调解，以促使双方达成解决纠纷的协议。调解不是解决消费者权益争议的必经程序，当事人不愿意调解或调解不能达成协议，或者达成协议后一方反悔的，都可以通过仲裁或者诉讼解决。

（3）向有关行政部门投诉。我国有关食品安全、药品管理、价格管理、环境保护、医疗卫生、产品质量等保护消费者的法律规范中都有由有关行政机关处理消费者权益纠纷的规定。消费者认为其权利受到侵害或发生争议时，可以依法向经营者的上级主管部门或有关国家监督管理部门投诉，要求其做出公正的处理。

（4）根据与经营者达成的仲裁协议提请仲裁机构仲裁。仲裁，是指发生纠纷的当事人，自愿将他们之间的纠纷提交仲裁机构进行裁决的活动。通过仲裁解决纠纷具有公正、权威、快速、经济、保密性强的优点。平等主体的公民、法人和其他组织之间发生的合同纠纷和其他财产权益纠纷，可以仲裁。当事人采用仲裁方式解决纠纷，应当双方自愿，达成仲裁协议。没有仲裁协议，一方申请仲裁的，仲裁委员会不予受理。当事人达成仲裁协议，一方向人民法院起诉的，人民法院不予受理，但仲裁协议无效的除外。仲裁实行一裁终局的制度。裁决作出后，当事人就同一纠纷再申请仲裁或者向人民法院起诉的，仲裁委员会或者人民法院不予受理。

（5）向人民法院提起诉讼。诉讼是最强有力的争议解决方式，通过以上其他方式无法解决的消费者权益争议，都可以通过诉讼加以解决。消费者权益争议属于民事争议，发生争议后，消费者可向法院提起民事诉讼，法院应当依照法定的民事诉讼程序审理。

24. 柜台承租方的经营行为损害消费者合法权益的，消费者如何维护合法权益？

如果承租方的经营行为损害消费者合法权益的，消费者可以向承租方要求赔偿，柜台租赁合同期满后，若能找到承租经营者，可以直接向其求偿；若承租者离去后下落不明或者向其求偿不便，消费者也可向柜台的出租方要求赔偿。因为柜台的出租者收取租金而与承租者分享利润，应当负有保证承租者在柜台承租期间合法经营的义务。出租者先行赔偿后，对于消费者权益受到的损害确系销售者、服务者的过错所致的，柜台出租者有权向销售者或者服务者追偿。

关联参见

《产品质量法》第43条；《农业机械化促进法》第14条；《农产品质量安全法》第54条；《食品安全法》第52条；《乳品质量安全监督管理条例》第43条

第一千二百零四条　【生产者、销售者的第三人追偿权】 因运输者、仓储者等第三人的过错使产品存在缺陷，造成他人损害的，产品的生产者、销售者赔偿后，有权向第三人追偿。

条文解读

本条是关于运输者、仓储者等第三人因过错致使产品存在缺陷造成他人损害的侵权责任及生产者、销售者先行赔偿后追偿权的规定。

根据过错原则，行为人应当对因自己的过错产生的损害负赔偿责任，因此，因运输者、仓储者等第三人原因导致产品缺陷造成他人损害的，应当承担赔偿责任。

为了充分保护被侵权人的利益，方便被侵权人请求赔偿，根据本条的规定，即使是因运输者、仓储者等第三人的过错使产品存在缺陷造成损害的，被侵权人仍然可以先找产品的生产者或者销售者请求赔偿。生产者、销售者承担赔偿责任后，可以依据本条的规定，向造成产品缺陷的有过错的运输者、仓储者等第三人行使追偿权，要求其支付赔偿费用。

关联参见

《农业机械化促进法》第24条

第一千二百零五条　【产品缺陷危及他人人身、财产安全的侵权责任】 因产品缺陷危及他人人身、财产安全的，被侵权人有权请求生产者、销售者承担停止侵害、排除妨碍、消除危险等侵权责任。

条文解读

这一规定与《民法典》第1167条规定的内容是一致的，都是规定侵权行为的禁令，只是在产品责任中特别强调这一救济方法。

行使产品责任侵权禁令的要件是：（1）一个或者一种产品存在缺陷；（2）这种缺陷产品危及他人人身、财产的安全；（3）实际上该缺陷产品尚未造成他人人身或者财产的损害。符合这样要件要求的，可能受到危及的人可以向法院起诉，请求判令产品的生产者、销售者承担停止侵害、排除妨碍、消除危险的民事责任。

由于这种有可能危及他人损害的侵权行为尚未造成后果，因此申请禁令是有风险的。为避免错误申请而造成生产者、销售者的损害，在申请这种禁令时应当提供担保。

这种产品责任尚未造成实际损害，不存在实际的受害人，可以起诉的原告只能是可能受到损害的人。这样的案件符合公益诉讼的特征，消费者权益组织或者检察机关对这类案件有公益诉讼的起诉权，主张行使该禁令，保护不特定消费者的人身安全和财产安全。

第一千二百零六条　【生产者、销售者的补救措施及费用承担】 产品投入流通后发现存在缺陷的，生产者、销售者应当及时采取停止销售、警示、召回等补救措施；未及时采取补救措施或者补救措施不力造成损害扩大的，对扩大的损害也应当承担侵权责任。

依据前款规定采取召回措施的，生产者、销售者应当负担被侵权人因此支出的必要费用。

条文解读

本条是对产品投入流通后发现存在缺陷的，生产者、销售者应当采取警示、召回等补救措施及承担侵权责任的规定。

产品投入流通时，生产者、销售者可能因某种原因或者技术水平等未能发现产品有缺陷，在产品已经进入流通后才发现产品存在缺陷。在这种情形下，生产者、销售者应当及时以合理、有效的方式向使用人发出警示，或者采取召回缺陷产品等补救措施，以防止损害发生或者进一步扩大。依据本条的规定，对投入流通后发现存在缺陷的产品，生产者、销售者采取补救措施不限于警示、召回二种，而可以根据每个产品的不同性能、特点、作用、缺陷的状况、损害发生的概率等情况采取更有利于防止损害发生或者进一步扩大的措施。

如果生产者、销售者对投入流通后发现存在缺陷的产品，不及时采取补救措施或者采取补救措施不力造成损害的，应当承担侵权责任。

关联参见

《消费者权益保护法》第19条；《食品安全法》第63条；《缺陷汽车产品召回管理条例》；《乳品质量安全监督管理条例》第36条、第42条

第一千二百零七条　【产品责任中的惩罚性赔偿】 明知产品存在缺陷仍然生产、销售，或者没有依据前条规定采取有效补救措施，造成他人死亡或者健康严重损害的，被侵权人有权请求相应的惩罚性赔偿。

条文解读

产品责任中的惩罚性赔偿 ➲ 本条是关于产品责任中的惩罚性赔偿的规定。

目前我国实行侵权惩罚性赔偿责任，主要包括三个方面：（1）产品包括食品恶意造成消费者损害；（2）恶意服务造成消费者损害；（3）恶意侵害知识产权造成损害。本条规定的是第一种侵权惩罚性赔偿责任。

本条规定的惩罚性赔偿责任适用范围，比原《侵权责任法》第47条的规定要宽，除恶意生产、销售产品外，还增加了跟踪观察缺陷中的恶意侵权。

适用惩罚性赔偿责任的产品责任构成要件是：（1）产品存在缺陷；（2）生产者、销售者明知该产品存在缺陷；（3）生产者、销售者对该缺陷产品继续进行生产、销售；（4）造成受害人死亡或者健康严重损害。

跟踪观察缺陷的恶意侵权适用惩罚性赔偿责任的构成要件是：（1）产品存在缺陷，投放市场时因科技水平所限不能发现；（2）生产者、销售者对已经投入流通的产品发现有缺陷；（3）生产者、销售者没有按照法律规定采取有效的停止销售、警示、召回的补救措施；（4）该缺陷产品造成受害人死亡或者健康严重损害。

符合上述要件要求的，侵权人应当承担惩罚性赔偿责任，被侵权人除可以请求其承担实际损害的赔偿责任外，还可以请求承担惩罚性赔偿责任。具体计算方法是，一般的产品造成损害符合惩罚性赔偿责任构成要件的，承担实际损失2倍以下的惩罚性赔偿责任；食品造成损害符合上述规定的，承担实际损失3倍以下的惩罚性赔偿责任。

关联参见

《消费者权益保护法》第55条；《食品安全法》第122条、第123条、第148条；《最高人民法院关于审理食品药品纠纷案件适用法律若干问题的规定》；《最高人民法院关于审理食品安全民事纠纷案件适用法律若干问题的解释（一）》

第五章　机动车交通事故责任

第一千二百零八条　【机动车交通事故责任的法律适用】 机动车发生交通事故造成损害的，依照道路交通安全法律和本法的有关规定承担赔偿责任。

条文解读

本条规定的依照道路交通安全法律的有关规定承担赔偿责任，是指依照《道路交通安全法》第76条等有关规定。《道路交通安全法》第76条规定："机动车发生交通事故造成人身伤亡、财产损失的，由保险公司在机动车第三者责任强制保险责任限额范围内予以赔偿；不足的部分，按照下列规定承担赔偿责任：（一）机动车之间发生交通事故的，由有过错的一方承担赔偿责任；双方都有过错的，按照各自过错的比例分担责任。（二）机动车与非机动车驾驶人、行人之间发生交通事故，非机动车驾驶人、行人没有过错的，由机动车一方承担赔偿责任；有证据证明非机动车驾驶人、行人有过错的，根据过错程度适当减轻机动车一方的赔偿责任；机动车一方没有过错的，承担不超过百分之十的赔偿责任。交通事故的损失是由非机动车驾驶人、行人故意碰撞机动车造成的，机动车一方不承担赔偿责任。”

实务应用

25. 多辆机动车发生交通事故致第三人损害的，如何确定赔偿责任？

根据《道路交通安全法》第76条的规定，保险公司承担的是法定责任，因此，在多辆车致人损害的场合，保险公司在保险限额内承担赔偿责任，且保险公司的责任并不以被保险人的责任大小为依据，多辆车的保险公司应当在责任限额内平均承担责任，并不以机动车一方的责任大小划分比例。

多辆机动车发生交通事故造成第三人损害，损失超出各机动车交强险责任限额之和的，由各保险公司在各自责任限额范围内承担赔偿责任；损失未超出各机动车交强险责任限额之和，当事人请求由各保险公司按照其责任限额与责任限额之和的比例承担赔偿责任的，人民法院应予支持。

多辆机动车发生交通事故造成第三人损害，其中部分机动车未投保交强险，当事人请求先由已承保交强险的保险公司在责任限额范围内予以赔偿的，人民法院应予支持。保险公司就超出其应承担的部分向未投保交强险的投保义务人或者侵权人行使追偿权的，人民法院应予支持。

26. 交通事故双方自行达成赔偿协议，一方不履行协议，另一方提起诉讼的应当怎么处理？

交通事故并非都要经公安交警部门处理，在事故发生后，双方当事人达成和解协议，只要不存在协议无效的情形，应当认定协议的效力，从而认定双方对交通事故损害赔偿这一债权债务关系已经明确下来，不存在争议。后因一方不履行协议而导致另一方起诉，人民法院可以作为债权债务关系受理。除了诉讼时效等阻却事由外，只要协议有效，就应当按照协议确定的数额判决赔偿。

27. 应如何保护交通事故现场?

保护事故现场，可以采取下列方法：(1) 交通事故发生后，要立即确定现场范围，用白灰、沙石、树枝、绳索等将现场标围封闭，并注意保护，禁止车辆和行人进入。标围现场，应当尽量做到不妨碍交通。(2) 遇有下雨、下雪、刮风等自然现象，对现场可能造成破坏时，可用席子、塑料布等将现场上的尸体、血迹、车痕、制动印痕和其他散落物等遮盖起来。(3) 现场如果要抢救伤员，应当标记伤员的原始位置，以证明现场的变动情况。(4) 如果现场有扩大事故的因素，如汽油外溢、车上装有易燃、易爆、剧毒、放射性等危险物品时，应立即设法消除，并向周围的行人讲明现场的危险性。必要时，将危险车辆驶离现场。(5) 要注意寻找目击证人，记下见证人的身份、地址等。(6) 在繁华或者重要的路段发生的事故，要服从值勤民警的指挥，在作好标记后，将车辆移出现场，以恢复正常交通，但是不准擅自移动车辆，也不准不标记而移动车辆。在保护现场时，应当重点保护以下事故现场痕迹：(1) 路面痕迹，如车辆制动印痕、扎压痕迹、侧滑印痕、行人鞋底与路面擦痕以及油迹、水迹、血迹等；(2) 车辆及人体擦撞痕迹，如各种车辆部件造成的刮痕、沟槽、服装搓擦痕、车身浮尘擦痕等；(3) 路面遗留物，如玻璃、漆片等散落物以及人体组织剥落物等。

28. 双方自行协商解决，后又出现争议的事故，还能到交警部门请求处理吗?

发生事故后，如果双方当事人同意就事故责任及损害赔偿自行协商解决，也就是“私了”后，就不必报警由交警处理了。如果事后双方就事故责任出现争议而又到交警部门要求处理时，交警大队依然可以受理，但需要双方提供有关事实的充足证据。否则，交警部门将依法按照不及时报案推定双方的事故责任。如果双方对事故责任无异议，仅就损害赔偿的数额及给付出现争议的，可共同到交警大队开具《道路交通事故损害赔偿调解终结书》依法向人民法院起诉。

29. 驾驶员在非执行职务过程中发生交通事故时如何承担交通事故责任?

机动车驾驶员在非执行职务的情况下造成交通事故负有交通事故责任的，应当由本人承担民事责任。在本人暂时无力赔偿时，为了及时保护对方当事人的合法权益，应当先由驾驶员所在单位或者该机动车的所有人负责垫付，然后向驾驶员追偿垫付的全部费用。如果机动车驾驶员与其驾驶的机动车不属于同一单位，应当由使用机动车的受益单位首先垫付。

30. 交通事故的受害人没有过错，其体质状况对损害后果的影响是否属于可以减轻侵权人责任的法定情形?

交通事故的受害人没有过错，其体质状况对损害后果的影响不属于可以减轻侵权人责任的法定情形。受害人没有过错的，侵权人应当承担全部损害赔偿责任。目前，在交通事故责任纠纷案件处理中存在一定的模糊认识，有的主张被侵权人体质特殊的，应当减轻侵权人承担的损害赔偿责任，这种认识是对过错责任原则的错误理解，不符合《民法典》《道路交通安全法》的有关规定。

案例指引

17. 网络捐款与侵权人赔偿发生竞合，应当如何处理?[①]

2018 年，尚某某因交通事故受伤，经交管部门认定孙某某负交通事故全部责任。治疗期间，尚某某通过某平台筹款 20 余万元用于支付医疗费用，治疗结束后，尚某某提起诉讼要求孙某某及其车辆保险公司赔偿其各项损失，其中包括上述众筹款支付的医疗费用。被告孙某某抗

① 参见《尚某某与孙某某等机动车交通事故责任纠纷案》，载天津法院网 https://tjfy.tjcourt.gov.cn/article/detail/2020/12/id/5686070.shtml，最后访问日期：2023 年 3 月 15 日。

辩原告支付的医疗费中包括网络筹款，该款原告并未实际支出，被告不应赔偿。一审判决作出后，被告孙某某提出上诉。二审审理期间，孙某某撤回上诉。

法院生效裁判认为，考虑侵权人赔偿的财产数额与被侵权人的实际损失数额相等原则，网络众筹的款项不应在赔偿总额中扣除。尚某某实际得到赔偿后，应依网络平台约定对该款进行处理。据此，法院驳回被告该项抗辩主张。原告治疗产生的合理医疗费均获得赔偿。

本案是一起网络捐款与侵权人责任竞合的典型案例。近年来各种网络捐款盛行，其实质是社会爱心人士经过网络平台的组织向大病、贫困患者捐款，帮助患者解决资金问题走出困境的捐助行为。一些侵权案例中，被侵权人通过网络平台筹得捐款用于治疗，治疗完毕后又起诉侵权人要求赔偿各项人身和财产损失时，将捐款支付的相关费用一并主张，有的侵权人以该款并非被侵权人实际支出为由拒绝赔偿。从法律层面分析，被侵权人家属筹集到用于支付医疗费的社会捐款系社会捐赠，具备一定的赠与合同性质。侵权方赔偿的法律基础是其对被侵权人实施的侵权行为。二者属于两种不同的法律关系。而且，侵权责任赔偿往往要在损失实际发生后通过诉讼来确定，具有一定的滞后性。通过众筹方式获得捐赠可以为被侵权人获得及时的医疗救助提供应急性救济。侵权赔偿的目的是预防并制裁侵权行为，如果因他人的捐助而减少或豁免侵权人的赔偿责任，相当于让爱心人士的捐助为侵权人的侵权行为买单，既有悖于社会公平，也容易打击爱心人士的积极性。但如果法院判决侵权人赔偿，又容易形成被侵权人获得赔偿和捐助的数额远高于其损失数额的局面，因此本案中法院在裁判时也提醒相关网络捐助平台，因第三人侵权发起的捐款，在第三人赔偿后应合理处置捐款，保证社会爱心得以延续、不被滥用。该案的依法审理既充分体现了人民法院在司法审判中践行公平正义使命，强调了侵权人必须为其侵权行为担责；也回应了社会关切的避免被侵权人双重获利问题，强化了诚信友善等社会主义核心价值观在社会治理中的价值引领作用。

关联参见

《道路交通安全法》第 6 条、第 17 条、第 21 条、第 23 条；《机动车交通事故责任强制保险条例》第 2 条、第 3 条、第 21 条、第 23 条；《最高人民法院关于审理道路交通事故损害赔偿案件适用法律若干问题的解释》

第一千二百零九条 【租赁、借用机动车交通事故责任】 因租赁、借用等情形机动车所有人、管理人与使用人不是同一人时，发生交通事故造成损害，属于该机动车一方责任的，由机动车使用人承担赔偿责任；机动车所有人、管理人对损害的发生有过错的，承担相应的赔偿责任。

条文解读

租赁、借用机动车交通事故责任 ➲ 本条是关于租赁、借用机动车交通事故责任的规定。

租赁或者借用机动车，使机动车的所有人、管理人与使用人出现不一致，发生交通事故的责任归属适用本条规定的规则。

适用本条规定的责任规则的要件是：

1. 应当构成租赁或者借用机动车的法律关系，其中，租赁是光车出租，不是带驾驶员的机动车出租。

2. 机动车的所有人、管理人与使用人不是同一人。

3. 机动车在使用人的操控之下发生交通事故，造成被侵权人的人身损害或者财产损害。

4. 交通事故责任属于机动车一方责任，而不是受害人的责任。

承担责任的形态为单向连带责任，即混合责任，规则是：

1. 机动车的使用人对发生的损害承担赔偿责任，须对全部损害承担赔偿责任，即使机动车所有人、管理人也有过失的，亦须承担连带责任，就全部损害负责。

2. 机动车的所有人或者管理人对于损害的发生也有过失的，应当按照其过失程度和原因力，承担按份责任，即相应的赔偿责任。机动车所有人、管理人的过失，主要表现为明知使用人没有驾驶资质、明知使用人处于不适驾状态如醉酒、知道自己的机动车有故障不予告知等。

第一千二百一十条　【转让并交付但未办理登记的机动车侵权责任】当事人之间已经以买卖或者其他方式转让并交付机动车但是未办理登记，发生交通事故造成损害，属于该机动车一方责任的，由受让人承担赔偿责任。

条文解读

本条规定了买卖机动车交通事故责任。买卖机动车交通事故责任，是指买卖后者以其他方式转让机动车，已经交付，但没有进行机动车交易过户登记，发生交通事故造成损害，在事实车主和登记车主之间如何承担责任的机动车交通事故责任规则。这种规则，对在某些地区实行机动车限购而使机动车转让受限的情形也适用。

适用本条规则的要件是：

1. 出卖人和买受人之间发生了机动车买卖或者以其他方式转让权属的关系，已经交付了机动车和转让价金。

2. 在交易机动车后，未在行政管理机关进行机动车转让登记，形成登记车主和事实车主分离的状态。

3. 机动车发生交通事故，造成受害人损害。

4. 交通事故责任属于机动车一方责任。

具备上述侵权责任构成要件，责任由受让人即事实车主承担，而不是由出让人即登记车主承担。

实务应用

31. 在实行分期付款、保留所有权的车辆买卖合同履行过程中，购买方使用该车辆进行货物运输给他人造成损失的，出卖方是否应当承担民事责任？

《最高人民法院关于购买人使用分期付款购买的车辆从事运输因交通事故造成他人财产损失，保留车辆所有权的出卖方不应承担民事责任的批复》指出，采取分期付款方式购车，出卖方在购买方付清全部车款前保留车辆所有权的，购买方以自己名义与他人订立货物运输合同并使用该车运输时，因交通事故造成他人财产损失的，出卖方不承担民事责任。

32. 连环购车未办理过户手续，原车主是否对机动车发生交通事故致人损害承担责任？

根据《最高人民法院关于连环购车未办理过户手续，原车主是否对机动车发生交通事故致人损害承担责任的请示的批复》的规定，连环购车未办理过户手续，因车辆已经交付，原车主既不能支配该车的营运，也不能从该车的营运中获得利益，故原车主不应对机动车发生交通事故致人损害承担责任。但是，连环购车未办理过户手续的行为违反有关行政管理法规的，应受其规定的调整。

关联参见

《道路交通安全法》第12条；《最高人民法院关于审理道路交通事故损害赔偿案件适用法律若干问题的解释》第4条

第一千二百一十一条 【挂靠机动车交通事故责任】 以挂靠形式从事道路运输经营活动的机动车，发生交通事故造成损害，属于该机动车一方责任的，由挂靠人和被挂靠人承担连带责任。

条文解读

挂靠机动车交通事故责任 ➲ 本条是关于挂靠机动车交通事故责任的规定。

以挂靠形式从事道路运输经营活动的机动车运营，是比较普遍的现象，原因是从事机动车运营需要政府管理部门核准资质，而政府只给法人或者非法人组织办理运营资质，不给个人办理运营资质，故个人从事机动车运营活动，只有挂靠到有运营资质的单位，才能进行合法运营活动。

以挂靠形式进行机动车运营法律关系的特点是：

1. 享有机动车所有权的个人没有运营资质，须挂靠到有运营资质的机动车运营单位，以该单位的名义进行运营活动。

2. 被挂靠的运营单位同意其挂靠，将该个人作为自己的名义职工，用自己的名义进行运营。

3. 双方之间的关系通常有一定的利益交换，即挂靠的一方要按期交给被挂靠的一方约定的管理费，就此双方形成权利义务关系；也有极少数是完全免费挂靠的。

4. 挂靠的机动车所有权人虽然是以被挂靠单位的名义运营，但实际上还是自己在运营，原则上并不受被挂靠单位的管控。

挂靠机动车发生交通事故造成他人损害，属于该机动车一方责任的，其责任分担的方式，是由挂靠一方和被挂靠一方共同承担连带责任。被侵权人可以向挂靠一方或者被挂靠一方主张承担连带责任，依照《民法典》第 178 条规定的连带责任规则承担责任。

第一千二百一十二条　【擅自驾驶他人机动车交通事故责任】 未经允许驾驶他人机动车，发生交通事故造成损害，属于该机动车一方责任的，由机动车使用人承担赔偿责任；机动车所有人、管理人对损害的发生有过错的，承担相应的赔偿责任，但是本章另有规定的除外。

条文解读

擅自驾驶他人机动车交通事故责任 ➔ 本条是对擅自驾驶他人机动车交通事故责任的规定。

1. 未经允许驾驶他人机动车，发生交通事故造成损害，属于该机动车一方责任的，由机动车使用人承担赔偿责任。未经允许驾驶他人机动车，车主对此不知情，因此一般不应承担侵权责任，由机动车使用人承担责任。

2. 机动车所有人、管理人对损害的发生有过错的，承担相应的赔偿责任。此处的“对损害的发生有过错”可理解为机动车所有人、管理人没有履行一般人应有的谨慎注意义务。例如，机动车所有人将车停在路边，为图方便没有熄火就下车买东西，车上同行人在等待时闲极无聊，坐在驾驶位上操作，导致发生交通事故。这种情形下，机动车所有人是有过错的，应当在过错范围内承担相应的责任。

3. 本条规定了但书，而且是仅限于“本章”另有规定的除外。该但书仅指一种情形，即《民法典》第 1215 条第 1 款规定的“……盗窃人、抢劫人或者抢夺人与机动车使用人不是同一人，发生交通事故造成损害，属于该机动车一方责任的，由盗窃人、抢劫人或者抢夺人与机动车使用人承担连带责任”。

第一千二百一十三条　【交通事故侵权救济来源的支付顺序】 机动车发生交通事故造成损害，属于该机动车一方责任的，先由承保机动车强制保险的保险人在强制保险责任限额范围内予以赔偿；不足部分，由承保机动车商业保险的保险人按照保险合同的约定予以赔偿；仍然不足或者没有投保机动车商业保险的，由侵权人赔偿。

条文解读

交通事故侵权救济来源的支付顺序 ➲ 本条是关于交通事故侵权救济来源的支付顺序的规定。

机动车所有人对于自己的机动车，每年都须投保机动车强制保险，一般还需投保相应的机动车商业保险。当机动车发生交通事故造成损害，属于该机动车一方责任的，被侵权人同时请求保险人和侵权人承担赔偿责任时，承担保险责任和侵权责任的顺序是：

1. 先由承保机动车强制保险的保险人在强制保险责任限额范围内予以赔偿。机动车强制保险是由保险人对被保险机动车发生道路交通事故造成受害人（不包括本车人员和被保险人）的人身伤亡、财产损失，在责任限额内予以赔偿的强制性责任保险，是我国首个由国家法律规定实行的强制保险制度。机动车强制保险具有一定的公共政策性质，赔偿的范围比较广、赔付较为及时，其主要目的是及时、有效地救助机动车交通事故中的受害人。

2. 机动车强制保险赔偿不足部分，由承保机动车商业保险的保险人根据保险合同的约定予以赔偿。目前，机动车交通事故责任强制保险责任限额分两大类：一是机动车在道路交通事故中有责任时，死亡伤残赔偿限额18万元人民币，医疗费用赔偿限额1.8万元人民币，财产损失赔偿限额2000元人民币。二是机动车在道路交通事故中无责任时，死亡伤残赔偿限额1.8万元人民币，医疗费用赔偿限额1800元人民币，财产损失赔偿限额100元人民币。机动车强制保险赔偿额度要与国民经济发展水平和消费者支付能力相适应，而且其公益性决定了赔偿额度不会太高，在一些较为严重的交通事故侵权案件中，机动车强制保险赔偿无法涵盖全部赔偿额。此时，如果机动车购买了商业保险，可根据保险合同的约定予以赔偿。目前，我国机动车商业保险种类繁多，赔付标准、范围、额度有很大不同。商业险合同往往约定了很多免责条款，列明了许多保险人不承担赔偿责任的情形。在被保险人无责任或者无过错的情况下，保险人不承担赔偿责任。因此，只能根据机动车购买的保险合同的约定进行赔偿。商业保险的成立基础在于契约自由，其主要目的在于分散机动车驾驶人的事故责任风险，由投保人自愿购买。因此，在赔偿的时候，由强制保险先行赔付，不足的部分再由商业保险赔付，是符合法理的。

3. 机动车商业保险赔偿仍然不足的，由侵权人赔偿。这种保险前置、侵权人托底的规定，充分体现了保险的作用和及时救济受害人，分散机动车使用人风险的目的，符合强制保险的赔偿替代性和商业保险的补充性的特点，也在最大程度上平衡了强制保险、商业保险和侵权人的责任与义务。

案例指引

18. 撞车后产生交通费，保险公司该不该赔？①

陈先生遇到交通事故后，因维修车辆期间产生交通费损失，其要求全责方王女士及其保险公司赔偿交通费 274.54 元。保险公司认为交通费系间接损失，不同意承担赔偿责任，王女士则主张保险免责条款系格式条款，且保险公司未就此进行提示说明，因此交通费损失应由保险公司承担。海淀法院经审理，判决保险公司在机动车第三者责任商业保险范围内赔偿陈先生交通费 274.54 元。

陈先生诉称，2022 年 1 月，其在北京市海淀区某道路与王女士发生交通事故，造成两车损坏。经认定，王女士承担全部责任，陈先生无责任。陈先生认为，因本次事故导致其车辆 4 日不能使用，因此增加了交通出行费用损失 274.54 元，故其诉至法院，要求王女士、保险公司赔偿其交通费 274.54 元。

保险公司辩称，交通费属于间接损失，不同意承担赔偿责任。

---

① 参见孔德翰、尹黎卉：《撞车后产生交通费 保险公司该不该赔》，载北京法院网 https：//bjgy. bjcourt. gov. cn/article/detail/2022/09/id/6892222. shtml，最后访问日期：2023 年 3 月 15 日。

王女士辩称，保险公司以通常替代性交通工具的合理费用为间接损失为由不予赔付，但该免责条款为格式条款，保险公司在与其签署保险合同时，并未将相关保险条款当面交付，亦未就免责条款向其进行明确的说明和提示。投保虽采取电子方式，但不能因此降低保险公司就免责条款予以提示与明确说明的义务，因此相应免责条款不产生效力，交通费损失应由保险公司承担。

法院经审理后认为，此次交通事故经认定王女士负事故全部责任，保险公司应先行承担赔偿责任。现陈先生主张维修车辆期间产生的交通费，理由正当，证据充分，法院予以支持。保险公司虽提出交通费属于间接损失，不同意承担赔偿责任，但未提交证据证明其就相关免责条款尽到提示说明义务，且王女士对此亦不认可，因此，保险公司应在其承保的机动车第三者责任商业保险范围内赔偿陈先生的交通费损失。法院最终判决保险公司在机动车第三者责任商业保险范围内赔偿陈先生交通费 274.54 元。

宣判后，双方均未上诉，现该案已经生效。

关联参见

《机动车交通事故责任强制保险条例》第 21 条；《最高人民法院关于审理道路交通事故损害赔偿案件适用法律若干问题的解释》

第一千二百一十四条　【拼装车、报废车交通事故责任】以买卖或者其他方式转让拼装或者已经达到报废标准的机动车，发生交通事故造成损害的，由转让人和受让人承担连带责任。

条文解读

拼装车、报废车交通事故责任 ➲ 本条是关于拼装车、报废车交通事故责任的规定。

国家法律严格禁止拼装车上路，严格禁止已经报废的机动车继续使用，为的是保障交通安全，防止损害发生。同时，也严格禁止对拼装车和报废车进行买卖或者以其他方式进行转让。这些都是国家的强制性规定，不得违反。本条规定，凡是以买卖或者其他方式转让拼装车或者已经达到报废标准的机动车，发生交通事故造成损害的，转让人和受让人承担连带赔偿责任，并且是绝对责任，不可以适用减轻或者免除责任的规定。

拼装车是没有汽车生产资质的人非法用汽车零部件拼装而成的机动车。报废车，本条明确规定是“已经达到报废标准的机动车”，而不是已经报废的机动车，其含义是，凡是已经达到报废标准的机动车，无论是否已经经过报废程序，都在规范之列，以此表达机动车报废的强制性。拼装车、已经达到报废标准的机动车或者依法禁止行驶的其他机动车被多次转让，发生交通事故造成损害，所有的转让人和受让人都承担连带责任。依法禁止行驶的其他机动车，与拼装车、报废车相似，造成交通事故致人损害，可以参照适用本条规定确定责任。

以买卖或者其他方式转让拼装或者已经达到报废标准的机动车，发生交通事故造成损害，转让人、受让人以其不知道或者不应当知道发生交通事故的机动车为拼装机动车或者已经达到报废标准为由，主张不承担侵权责任的，不予支持。对于报废车、拼装车的判断，依据公安机关交通管理部门的意见，认定是否达到报废标准；根据工业和信息化、市场监督管理等部门或者机动车生产、改装企业出具的证据，认定是否为拼装车。

第一千二百一十五条　【盗抢机动车交通事故责任】盗窃、抢劫或者抢夺的机动车发生交通事故造成损害的，由盗窃人、抢劫人或者抢夺人承担赔偿责任。盗窃人、抢劫人或者抢夺人与机动车使用人不是同一人，发生交通事故造成损害，属于该机动车一方责任的，由盗窃人、抢劫人或者抢夺人与机动车使用人承担连带责任。

保险人在机动车强制保险责任限额范围内垫付抢救费用的，有权向交通事故责任人追偿。

条文解读

盗抢机动车交通事故责任 ➔ 由于机动车被盗窃、抢劫、抢夺，机动车所有人或管理人成了犯罪行为的受害人，并且脱离了对机动车的控制。在盗抢行为发生之后，盗抢的机动车发生交通事故并造成损害的，与机动车所有人或管理人无关，因为其既不能控制机动车，又不享有盗抢后机动车的运行利益。所以盗抢后的机动车肇事的，如果机动车一方需要承担责任的，则此种责任由盗窃人、抢劫人或者抢夺人承担赔偿责任。

由于机动车被盗抢之后，如果较长时间未能破案，那么机动车可能再次进入流通环节，投入使用。此时，使用的主体就可能不限于盗窃人、抢劫人或者抢夺人本人，而可能通过出售、出租、借用、赠与等形式，提供给他人使用，如果使用人与盗窃人、抢劫人或者抢夺人构成共犯，则仍然可以归入盗窃人、抢劫人或者抢夺人的范围，但如果使用人并不是盗窃人、抢劫人或者抢夺人的共犯，则属于独立的一类主体，那么在使用人驾驶机动车期间，发生交通事故后，责任人如何认定，就成为一个新的问题。那么根据该条规定，此时盗窃人、抢劫人或者抢夺人与机动车使用人要承担连带责任。

在发生盗抢的情形下，交强险也不负担保险限额内的赔偿责任，其仅被请求的情况下，需要垫付抢救费用，并就此享有追偿权。《机动车交通事故责任强制保险条例》第22条明确规定，如果存在驾驶人未取得驾驶资格或者醉酒、被保险机动车被盗抢期间肇事、被保险人故意制造道路交通事故的任一情形，且发生道路交通事故、造成受害人的财产损失，则保险公司不承担赔偿责任。然而，一旦机动车被盗抢，犯罪嫌疑人很可能没有驾驶资格，或者发生醉驾，在逃避追捕时有意制造交通事故，如此等等，导致在发生盗抢的情形下，交强险的保险公司有权拒绝承担赔偿责任。

当然，如果机动车所有人或管理人事先为机动车投保的商业保险包含了盗抢险的险种，则车辆被盗窃、被抢劫、被抢夺造成的车辆损失以及在被盗窃、被抢劫、被抢夺期间受到的损坏，或者车上零部件、附属设备丢失需要修复的合理费用，都可以由商业保险来进行赔偿。但这一险种是针对车主的损失，并非针对被侵权人的损害，所以被侵权人仍然只能向盗窃人、抢劫人或者抢夺人主张承担赔偿责任。

关联参见

《道路交通安全法》第75条、第76条；《保险法》第65条；《机动车交通事故责任强制保险条例》第22条、第31条

第一千二百一十六条　【驾驶人逃逸责任承担规则】 机动车驾驶人发生交通事故后逃逸，该机动车参加强制保险的，由保险人在机动车强制保险责任限额范围内予以赔偿；机动车不明、该机动车未参加强制保险或者抢救费用超过机动车强制保险责任限额，需要支付被侵权人人身伤亡的抢救、丧葬等费用的，由道路交通事故社会救助基金垫付。道路交通事故社会救助基金垫付后，其管理机构有权向交通事故责任人追偿。

条文解读

机动车肇事逃逸，是指发生道路交通事故后，道路交通事故当事人为逃避法律追究，驾驶车辆或者遗弃车辆逃离道路交通事故现场的行为。

1. 机动车驾驶人发生交通事故后逃逸，该机动车参加强制保险的，由保险公司在机动车强制保险责任限额范围内予以赔偿。

2. 机动车不明或者该机动车未参加强制保险，需要支付被侵权人人身伤亡的抢救、丧葬等费用的，由道路交通事故社会救助基金垫付。

3. 道路交通事故社会救助基金垫付后，其管理机构有权向交通事故责任人追偿。这一规定表明，道路交通事故社会救助基金垫付被侵权

人人身伤亡的抢救、丧葬等费用后，道路交通事故社会救助基金管理机构有权向逃逸的机动车驾驶人、应当购买而未购买强制责任保险的机动车所有人或者管理人等交通事故责任人追偿。

关联参见

《道路交通安全法》第17条、第70条、第75条；《机动车交通事故责任强制保险条例》第24条、第25条

第一千二百一十七条　【好意同乘规则】非营运机动车发生交通事故造成无偿搭乘人损害，属于该机动车一方责任的，应当减轻其赔偿责任，但是机动车使用人有故意或者重大过失的除外。

条文解读

好意同乘规则 ➜ 本条是关于好意同乘规则的规定。

好意同乘，是指无偿搭乘他人的机动车，在运行中发生交通事故，造成无偿搭乘人损害，属于该机动车一方责任的，减轻该机动车一方赔偿责任的规则。

1. 好意同乘的适用条件须为无偿搭乘他人机动车，而非有偿搭乘；被搭乘的是他人的非营运机动车，而不是营运机动车。

2. 发生交通事故造成搭乘人损害，须属于该机动车一方的责任，即被搭乘人的责任。

3. 减轻责任。好意同乘是善意地为他人提供方便的行为，是利他行为，即使造成无偿搭乘人损害，被搭乘人也不应当承担全部赔偿责任，故本条规定，即使属于该机动车一方的责任，也应减轻该机动车一方的赔偿责任。

4. 全部责任。如果造成交通事故致害无偿搭乘人是机动车使用人因故意或者重大过失所致，则机动车一方应当承担全部赔偿责任。

案例指引

19. 好意同乘造成搭乘人损害，应当如何处理？[①]

2018 年 2 月 10 日 9 时许，郝某未依法取得机动车驾驶证，驾驶未按规定登记的机动车，搭载其妻董某、同事和邻居王某、卢某去集市赶集，车辆沿大港农场场区内道路行驶至钱顺公路交口时，与薛某驾驶的车辆前部发生碰撞，造成董某当场死亡，郝某、王某、卢某受伤。后王某经医院抢救无效死亡。该事故经交管部门认定，郝某承担事故同等责任，薛某承担事故同等责任，董某、王某、卢某无责任。受害人王某家属岳某等人向法院提起诉讼，要求某保险公司在交强险的责任限额内及商业三者险的保险金额内赔偿死亡赔偿金、丧葬费等损失，不足部分由薛某、郝某承担连带赔偿责任。薛某与某保险公司同意依法赔偿原告合理合法的损失。郝某不同意赔偿，认为其购买的电动三轮车是为了自用，郝某与王某既是同事又是邻居关系，发生交通事故时，是好意同乘，王某的损失应自行承担。

法院生效裁判认为，该事故责任经交管部门认定，双方均无异议，法院予以确认。郝某、薛某应各自对该事故承担 50%的责任。考虑到郝某无偿搭载王某的行为，属于友善互助，好意同乘行为，郝某应当承担的 50%部分，由原告自行承担 20%。法院判决由某保险公司在交强险的责任限额内赔偿原告损失 55000 元、在商业三者险的保险限额内赔偿原告损失 309581. 6 元；由被告郝某赔偿原告损失 247665. 24 元；驳回原告的其他诉讼请求。

本案是一起由好意同乘引发交通事故的典型案例。好意同乘，符合友善互助的社会道德和绿色出行的环保理念。随着我国经济的发展，私家车拥有量日益增多，出行相互搭乘、互行方便的好意同乘现象逐渐成

① 参见《岳某等与郝某、薛某等机动车交通事故责任纠纷》，载天津法院网 https：//tjfy. tjcourt. gov. cn/article/detail/2020/12/id/5685983. shtml，最后访问日期：2023 年 3 月 15 日。

为一种生活常态，由好意同乘引发的交通事故诉讼大量增加。《民法典》出台前，好意同乘造成搭乘人损害的，适用侵权责任法，考虑到好意同乘是一种好意施惠行为，一般适当减轻驾驶人的赔偿责任。《民法典》第1217条对好意同乘行为的法律责任作出了规范，本案的判决与《民法典》相一致，为公众行为提供了指引。

20. 无证驾驶摩托车搭载醉酒人发生事故，应当如何处理？[①]

2022年2月19日，被告庞某无证驾驶无号牌二轮摩托车承载原告耿某行驶至卫辉境内梨园路口时摔倒，造成二人受伤、摩托车损坏的道路交通事故。经交警部门认定，庞某承担该事故的全部责任，耿某不承担该事故的责任。事故发生后，耿某在新乡医学院第一附属医院住院治疗。

法院经审理后认为，行为人因过错侵害他人民事权益造成损害的，应当承担侵权责任。本案中，被告庞某在未取得驾驶资格的情况下，驾驶未登记的无牌照二轮摩托车搭载原告耿某在行驶中摔倒，造成二人受伤、摩托车损坏的道路交通事故，经交警部门认定，庞某承担该事故的全部责任，故庞某对事故的发生和耿某的受伤具有过错，应当承担相应侵权责任。同时，本案中耿某系无偿搭乘庞某所驾驶的非营运机动车辆，故依照法律规定应当减轻庞某一方的责任，同时，耿某在明知庞某所驾驶二轮摩托车没有登记牌照不符合交通安全规定的情况下，仍要求庞某搭载自己，存在一定的过错，故综上酌定庞某对耿某因本事故受到的损失承担60%的赔偿责任，耿某自担40%的责任。最终判决被告庞某赔偿原告耿某医疗费、护理费、误工费、残疾赔偿金等各项费用共209503.42元。

① 参见王伟祯、杨智杰：《无证驾驶摩托车搭载醉酒人发生事故，咋赔？》，载河南省高级人民法院网 http：//www.hncourt.gov.cn/public/detail.php？id=194302，最后访问日期：2023年3月15日。

第六章　医疗损害责任

第一千二百一十八条　【医疗损害责任归责原则】 患者在诊疗活动中受到损害，医疗机构或者其医务人员有过错的，由医疗机构承担赔偿责任。

条文解读

患者在诊疗活动中受到损害，除了需要满足医疗机构及其医务人员有过错的条件外，医疗机构及其医务人员的过错还要与患者的损害具有因果关系，医疗机构才承担赔偿责任。因果关系的条件适用于各种侵权行为产生的侵权责任。本条规定的患者在诊疗活动中受到的损害，指的就是与医疗机构及其医务人员的过错有因果关系的损害。

案例指引

21. 不规范用药导致新生儿患脑病，患者应当如何依法维权？①

2014 年，张某入住甲医院准备待产。为促进宫颈成熟，甲医院先后两次运用米索前列醇以及普贝生。此后，张某规律性腹痛，经诊断为胎儿窘迫，立即行剖宫产术，胎儿剖宫产产出。经检查张某之子患有“新生儿缺氧缺血性脑病”、新生儿重度窒息，后转入北京市某医院继续治疗，经该院出院诊断：新生儿缺氧缺血性脑病（中—重度）等。

同年，张某一家认为甲医院的行为已经构成了民事侵权，故起诉至法院，请求法院判令甲医院赔偿原告医疗费、护理费、交通费、后期治疗及护理费用、住院伙食补助费、精神损害赔偿金合计 26 万余元。对于张某之子身体损害原因以及责任，甲医院有不同的说法。甲医院认为针对新生儿重度窒息等病症，已将患儿当晚转上一级医院。对于患儿诊

① 参见高楠：《不规范用药导致新生儿患脑病 法院调解医院赔偿 19 万》，载北京法院网https：//bjgy. bjcourt. gov. cn/article/detail/2016/04/id/1847927. shtml，最后访问日期：2023 年 3 月 15 日。

治，没有违反医疗诊治原则。

案件审理过程中，经原告申请，法院委托某鉴定中心对于甲医院是否存在医疗过错等鉴定事项进行鉴定，该鉴定机构认为甲医院在两次运用促进宫颈成熟药物之前，均与患者签订知情同意书，但在运用药物的技术层面上，不符合《临床诊疗指南》要求，属于不规范用药，此外检查工作存在缺陷，医院的诊疗行为存在过错，与新生儿缺氧缺血性脑病等不良结果具有一定因果关系。据此，该鉴定机构作出鉴定意见：甲医院对于张某的诊疗过程中，存在医疗过错；该医疗过错与张某之子出现新生儿缺氧缺血性脑病的因果关系程度，介于同等到主要作用范围，如何具体把握请法院结合法律层面上的有关审理情况，最终确定医院的综合过错程度和民事赔偿责任。

院方最终也同意调解解决案件，在法院主持下，被告赔偿原告医疗费、护理费、交通费、残疾赔偿金、后期治疗及护理费用、住院伙食补助费、精神损害赔偿金等费用共计 19 万元。

关联参见

《医疗事故处理条例》第 2 条、第 49 条；《医疗机构管理条例实施细则》第 88 条

第一千二百一十九条 【医疗机构说明义务与患者知情同意权】 医务人员在诊疗活动中应当向患者说明病情和医疗措施。需要实施手术、特殊检查、特殊治疗的，医务人员应当及时向患者具体说明医疗风险、替代医疗方案等情况，并取得其明确同意；不能或者不宜向患者说明的，应当向患者的近亲属说明，并取得其明确同意。

医务人员未尽到前款义务，造成患者损害的，医疗机构应当承担赔偿责任。

条文解读

医疗机构说明义务与患者知情同意权 ➜ 本条是关于医疗机构说明义务与患者知情同意权的规定。

本条第 1 款规定，医务人员在诊疗活动中应当向患者说明病情和医疗措施。这是医务人员在诊疗活动中一般应尽的义务。除此之外，如果需要实施手术、特殊检查、特殊治疗的，还应当及时向患者说明医疗风险、替代医疗方案等情况，并取得其书面同意。上述说明如果不宜向患者说明，如将会造成患者悲观、恐惧、心理负担沉重，不利于治疗的，医务人员应当向患者的近亲属说明，并取得其书面同意。

本条第 2 款规定，医务人员未尽到前款义务，造成患者损害的，医疗机构应当承担赔偿责任。这里需要说明一点，并不是说医务人员尽到了本条第 1 款规定的义务，在后续的诊疗活动中造成患者损害的，医疗机构就可以不承担赔偿责任了。《民法典》第 1221 条规定，医务人员在诊疗活动中未尽到与当时的医疗水平相应的诊疗义务，造成患者损害的，医疗机构应当承担赔偿责任。医务人员尽管尽到了本条第 1 款规定的义务，取得了患者或者其近亲属同意相关治疗的签字，但如果在后续的诊疗活动中未尽到与当时的医疗水平相应的诊疗义务，造成患者损害的，医疗机构仍应当承担赔偿责任。

关联参见

《医师法》第 25 条、第 26 条、第 29 条；《医疗事故处理条例》第 11 条；《医疗机构管理条例》第 32 条；《病历书写基本规范》第 10 条

第一千二百二十条　【紧急情况下实施的医疗措施】 因抢救生命垂危的患者等紧急情况，不能取得患者或者其近亲属意见的，经医疗机构负责人或者授权的负责人批准，可以立即实施相应的医疗措施。

条文解读

不能取得患者或者其近亲属意见 ➲ 本条规定的“不能取得患者或者其近亲属意见”，主要是指患者不能表达意志，也无近亲属陪伴，又联系不到近亲属的情况，不包括患者或者其近亲属明确表示拒绝采取医疗措施的情况。

第一千二百二十一条　【医务人员过错的医疗机构赔偿责任】 医务人员在诊疗活动中未尽到与当时的医疗水平相应的诊疗义务，造成患者损害的，医疗机构应当承担赔偿责任。

条文解读

本条是关于在诊疗活动中如何界定医务人员过错的规定。

诊疗义务 ➲ 依照本条规定，医务人员的注意义务就是应当尽到与当时的医疗水平相应的诊疗义务。尽到诊疗义务的一个重要方面，是诊疗行为符合法律、行政法规、规章以及诊疗规范的有关要求。然而，医务人员的注意义务并非与合法合规是完全等同的概念。一个医务人员应当具有的诊疗水平，并非完全能够被法律、行政法规、规章以及诊疗规范的有关要求所涵盖。医务人员完全遵守了具体的操作规程，仍然有可能作出事后被证明是错误的判断，实施事后被证明是错误的行为。然而，医疗行为具有未知性、特异性和专业性等特点，不能仅凭事后被证明错误这一点来认定医务人员存在诊疗过错，不能唯结果论。关键要看是不是其他的医务人员一般都不会犯这种错误。因此，本条规定的诊疗义务可以理解为一般情况下医务人员可以尽到的，通过谨慎的作为或者不作为避免患者受到损害的义务。

关联参见

《医师法》第23条；《医疗事故处理条例》第5条

第一千二百二十二条　【医疗机构过错推定的情形】 患者在诊疗活动中受到损害，有下列情形之一的，推定医疗机构有过错：

（一）违反法律、行政法规、规章以及其他有关诊疗规范的规定；

（二）隐匿或者拒绝提供与纠纷有关的病历资料；

（三）遗失、伪造、篡改或者违法销毁病历资料。

条文解读

推定医疗机构有过错 ➲ 患者有损害，因本条规定情形之一的，推定医疗机构有过错，并非当然认定医疗机构有过错。也就是说，医疗机构可以提出反证证明自己没有过错。患者在诊疗活动中受到损害，医疗机构及其医务人员有过错的，由医疗机构承担赔偿责任。具体而言，依照《民法典》第1221条规定，医务人员在诊疗活动中未尽到与当时的医疗水平相应的诊疗义务，造成患者损害的，医疗机构应当承担赔偿责任。

本条第1项规定的违反法律、行政法规、规章以及其他有关诊疗规范的规定，是医疗机构存在过错的表面证据，并且是一种很强的表面证据，因此，本条规定这种情形下推定存在过错。但医务人员有过错与违反法律、行政法规、规章以及诊疗规范的规定毕竟不是等同的概念。例如，遇有抢救危急患者等特殊情况，医务人员可能采取不太合规范的行为，但如果证明在当时情况下该行为是合理的，就可以认定医疗机构没有过错。

本条第2项和第3项规定了医疗机构隐匿或者拒绝提供与纠纷有关的病历资料和伪造、篡改或者销毁病历资料。这两项情形，一方面反映了医疗机构的恶意，另一方面使患者难以取得与医疗纠纷有关的证据资料，这时再让患者举证已不合理。因此，推定医疗机构有过错。

关联参见

《医师法》第56条；《医疗事故处理条例》第5条、第9条；《医疗机构管理条例》第24条

第一千二百二十三条 【因药品、消毒产品、医疗器械的缺陷或输入不合格的血液的侵权责任】 因药品、消毒产品、医疗器械的缺陷，或者输入不合格的血液造成患者损害的，患者可以向药品上市许可持有人、生产者、血液提供机构请求赔偿，也可以向医疗机构请求赔偿。患者向医疗机构请求赔偿的，医疗机构赔偿后，有权向负有责任的药品上市许可持有人、生产者、血液提供机构追偿。

条文解读

药品、消毒产品、医疗器械、输入的血液都属于《民法典》规定的产品。因产品存在缺陷造成损害的，可以依照“产品责任”一章的规定，向药品上市许可持有人，药品、消毒产品、医疗器械的生产者，血液提供机构请求赔偿。

关联参见

《医师法》第28条；《产品质量法》第41条、第43条、第45条、第46条；《献血法》第2条、第11条、第14条

第一千二百二十四条 【医疗机构免责事由】 患者在诊疗活动中受到损害，有下列情形之一的，医疗机构不承担赔偿责任：

（一）患者或者其近亲属不配合医疗机构进行符合诊疗规范的诊疗；

（二）医务人员在抢救生命垂危的患者等紧急情况下已经尽到合理诊疗义务；

（三）限于当时的医疗水平难以诊疗。

前款第一项情形中，医疗机构或者其医务人员也有过错的，应当承担相应的赔偿责任。

条文解读

医疗机构免责事由 ➲ 本条是关于医疗机构免责事由的规定。

1. 患者或者其近亲属不配合医疗机构进行符合诊疗规范的诊疗。具体而言，实践中患者一方不配合诊疗的行为可以分为两类：第一类比较常见，是患者囿于其医疗知识水平而对医疗机构采取的诊疗措施难以有正确的理解，从而导致其不遵医嘱、错误用药等与诊疗措施不相配合的现象。对于因患者上述行为导致的损害后果的发生，并不能当然视为患者一方的“不配合”具有主观过错，从而医疗机构可以免除责任。判断患者一方是否存在过错的前提，是医务人员是否向患者一方履行了合理的说明告知义务。医务人员是否尽到了上述说明告知义务，是否使患者一方对于医疗机构采取的诊疗措施及其风险和后果具有合理的认识，这是判断患者一方客观上不配合诊疗的行为是否具有主观过错的关键。第二类是患者一方主观上具有过错，该过错又可分为故意和过失。故意的情形一般比较少见，患者就医就是为了治疗疾病、康复身体，而非追求身体损害的结果。但现实情况是复杂的，也不能完全排除患者主观追求损害结果的可能。例如，医务人员再三嘱咐某糖尿病患者不可饮酒，否则易引发低血糖昏迷，重则有生命危险。但该患者或者出于得到高额保险的目的或者基于其他原因，在明知该行为后果的情况下，拒不遵行医嘱，数次饮酒，结果导致低血糖昏迷。

2. 医务人员在抢救生命垂危的患者等紧急情况下已经尽到合理诊疗义务。本项内容规定了两个要件，在两个要件均符合的情况下，对于患者的损害，医疗机构不承担赔偿责任。这两个要件分别为：一是抢救生命垂危的患者等紧急情况。二是事项上的紧急性，它是指采取何种治疗措施直接关系到患者的生死存亡，需要医师作出紧急性的决断。需要说明的是，判断是否构成紧急情况，除了依据法律、法规和规章的规定外，还需要考虑以下两个方面：一是患者的生命健康受到伤病急剧恶化的威胁，这种威胁应当限定为对患者生命的威胁，而不能是对患者一般健康状况的威胁；二是患者生命受到的威胁是正在发生和实际存在的，患者伤病的急剧恶化对其生命安全的威胁不能是假想的，而应当是正在发生和实际存在的，不立即采取紧急救治措施必然导致患者死亡的后果。如果医师主观想象或虚幻地认为存在需要采取紧急救治的危险，而实际上这种危险并不存在，由于假想危险认识错误所采取的救治措施导致了不必要损害后果的，医疗机构还是应当承担责任。

3. 限于当时的医疗水平难以诊疗。医疗行为具有高技术性、高风险性、复杂性以及不可控因素，还有很多未知领域需要探索，医疗结果有时具有不确定性和不可预见性。现代医学技术水平的发展具有局限性，目前还不能达到百分之百的治愈率。因此，法律对医务人员采取的诊疗行为是否存在过错的判断，只能基于当时的医学科学本身的发展，即是否尽到与当时的医疗水平相应的诊疗义务。尽到该项义务的，就视为医疗机构及其医务人员没有过错，对于患者的损害不承担赔偿责任。需要说明的是，医疗机构及其医务人员对患者进行诊疗，并不负有保证治愈的义务。对于某些复杂的疾病，如果医疗机构及其医务人员已经尽到与当时的医疗水平相应的诊疗义务，但限于当时的医疗水平，对患者采取的医疗措施不仅未取得治愈的效果，反而带来新的损害，对此，医疗机构不承担赔偿责任。这一免责事由的规定也是出于鼓励和促进医学科学发展的需要。

关联参见

《医师法》第 27 条；《医疗事故处理条例》第 33 条

第一千二百二十五条　【医疗机构对病历的义务及患者对病历的权利】医疗机构及其医务人员应当按照规定填写并妥善保管住院

志、医嘱单、检验报告、手术及麻醉记录、病理资料、护理记录等病历资料。

患者要求查阅、复制前款规定的病历资料的，医疗机构应当及时提供。

条文解读

病历资料 ➲“病历资料”是一个集合概念，是一系列医学文书资料的总和。从分类上讲，病历包括门（急）诊病历和住院病历；从内容上讲，病历包括体温单、医嘱单、化验单（检验报告）、医学影像检查资料、手术及麻醉记录单、病理报告、护理记录等一系列医学文书资料。

关联参见

《医师法》第24条；《医疗事故处理条例》第8条、第10条、第16条；《医疗机构病历管理规定》第15—23条

第一千二百二十六条　【患者隐私和个人信息保护】 医疗机构及其医务人员应当对患者的隐私和个人信息保密。泄露患者的隐私和个人信息，或者未经患者同意公开其病历资料的，应当承担侵权责任。

条文解读

所谓隐私，是自然人不愿向外人披露的私人生活信息。隐私是无形的，是精神性人身要素。隐私保护是法律赋予自然人享有私人生活安宁与私人生活信息不受他人侵犯、知悉、使用、披露和公开的权利。实践中，医疗机构及其医务人员侵犯患者隐私权可大体分为如下情况：（1）泄露患者隐私。这里需要说明：一是患者到医疗机构就医，相对于施治的医务人员来说，患者实际上放弃自己的隐私权。同时，根据生命健康权高于隐私权这一基本的权利价值判断，在隐私权与生命健康权正面冲突

时，隐私权应当主动让位于生命健康权。因此，施治人员接触患者隐私无疑是合法的，但也应以其必要的治疗活动所应接触的范围为限。二是医学院学生教学观摩问题，尽管医疗行政机关确定某些医院负有教学实习的义务，但该义务仅及于教学医院一方，对患者来说，不具有法律约束力，即患者并不负有放弃自己的隐私权以满足教学医院进行教学的义务。教学医院与见习学生之间、教学医院与患者之间是两个不同的法律关系，受不同法律规范的约束。医疗机构即使是出于教学目的而侵犯患者隐私的，仍应承担相应的法律责任。(2) 侵害患者隐私的表现形式是未经患者同意公开其医学文书及有关资料。实践中，医疗机构及其医务人员未经患者同意公开其医学文书及有关资料的情况，也分为两种：一是出于医学会诊、医学教学或者传染性疾病防治的目的，公开患者的医学文书及有关资料；二是医疗机构本身对医学文书及有关资料的管理不善，向未取得患者授权的人公开，造成患者损害。对于第一种情况，在考虑患者隐私保护的同时，还要兼顾医学本身的特点以及医疗行业公益性的需要。在该种情况下，判断侵权责任是否成立的关键，就是看是否造成患者损害。对于第二种情况，则应当加强医疗机构对患者医学文书及有关资料的管理。

关联参见

《医师法》第 23 条；《医疗机构病历管理规定》第 6 条；《最高人民法院关于确定民事侵权精神损害赔偿责任若干问题的解释》第 1 条

第一千二百二十七条　【不必要检查禁止义务】 医疗机构及其医务人员不得违反诊疗规范实施不必要的检查。

条文解读

不必要检查禁止义务 ➔ 本条是关于医疗机构及其医务人员不得违反诊疗规范实施不必要检查的规定。

过度检查一般是指由医疗机构提供的超出患者个体和社会保健实践需求的医疗检查服务，医学伦理学界把它称为“过度检查”。过度检查具有以下特征：(1) 为诊疗疾病所采取的检查手段超出疾病诊疗的基本需求，不符合疾病的规律与特点。(2) 采用非“金标准”的诊疗手段，所谓“金标准”，是指当前临床医学界公认的诊断疾病的最可靠方法。较为常用的“金标准”有活检、手术发现、微生物培养、特殊检查和影像诊断，以及长期随访的结果等。(3) 费用超出与疾病对基本诊疗需求无关的过度消费。

实务应用

33. 判断不必要的检查有哪些标准？

根据本条规定，不必要的检查有两个判断标准：其一，违反诊疗规范而实施的检查。如前所述，诊疗规范是医疗行业对于诊疗操作过程的经验总结而提升出的行为规范，代表了相关诊疗行为的基本操作要求，因此违反诊疗规范本身就说明医务人员违反了诊疗义务，此种情形下实施的检查就是不必要的检查。其二，虽然诊疗规范中并未明确说明，但根据一般的医务人员的判断，所实施的检查手段属于超出了疾病诊疗的基本需求，不符合疾病的规律与特点；或者不属于临床医学界公认的最可靠的诊断方法，或者检查费用的支出超出了诊疗疾病本身的需求，形成过度消费。

第一千二百二十八条　【医疗机构及医务人员合法权益的维护】 医疗机构及其医务人员的合法权益受法律保护。

干扰医疗秩序，妨碍医务人员工作、生活，侵害医务人员合法权益的，应当依法承担法律责任。

条文解读

本条是关于维护医疗机构及其医务人员合法权益的规定。需要说明的是，对于干扰医疗秩序，妨害医务人员工作、生活的，应当依法承担法律责任，这里的法律责任不仅包括民事赔偿责任，还涉及行政责任和刑事责任。

关联参见

《医师法》第22条；《刑法》第289条、第290条第1款；《治安管理处罚法》第23条；《医疗事故处理条例》第59条

第七章 环境污染和生态破坏责任

第一千二百二十九条 【环境污染和生态破坏侵权责任】 因污染环境、破坏生态造成他人损害的，侵权人应当承担侵权责任。

条文解读

环境污染和生态破坏侵权责任 ➲ 本条是关于环境污染和生态破坏侵权责任的规定。

根据本条规定，因污染环境、破坏生态造成他人损害的，侵权人应当承担侵权责任。“污染环境”指对生活环境的污染，“破坏生态”指对生态环境的破坏。既包括对大气、水体、海洋、土地等生活环境的污染，也包括对生物多样性的破坏、破坏生态环境和自然资源造成水土流失等生态环境的破坏；既包括水污染、大气污染、噪声污染等传统的污染，也包括光污染、辐射污染等新型污染。总而言之，侵权人因污染环境、破坏生态造成他人损害的，应当承担侵权责任。

根据本条规定，环境侵权责任继续作为一种特殊类型的侵权责任，适用无过错责任归责原则。构成环境污染和生态破坏责任的要件是：(1) 行为人实施了环境污染或者生态破坏的行为。(2) 环境受到污染，生态受到破坏。其中，生态是指一切生物的生存状态以及它们之间和它与环境之间环环相扣的关系；环境通常是指人类生活的自然环境，按环境要素可分为大气环境、水环境、土壤环境、地质环境和生物环境等。生态和环境原本是分开的，因而使环境和生态的损害责任对立起来。本

条把生态和环境规定在一起，形成统一的概念，凡是造成生态环境损害的，都构成环境污染和生态破坏责任的要件。（3）行为人实施的行为与环境污染和生态破坏的损害结果之间有因果关系。符合前述要件的行为，构成环境污染和生态破坏侵权责任，行为人对受到损害的被侵权人承担损害赔偿责任。

案例指引

22. 在生态环境损害赔偿案件中，对磋商不成的赔偿义务人应如何处理？[①]

九江市人民政府诉江西正鹏环保科技有限公司、杭州连新建材有限公司、李德等生态环境损害赔偿诉讼案

（最高人民法院审判委员会讨论通过　2022 年 12 月 30 日发布）

关键词　民事/生态环境损害赔偿诉讼/部分诉前磋商/司法确认/证据/继续审理

裁判要点

1. 生态环境损害赔偿案件中，国家规定的机关通过诉前磋商，与部分赔偿义务人达成生态环境损害赔偿协议的，可以依法向人民法院申请司法确认；对磋商不成的其他赔偿义务人，国家规定的机关可以依法提起生态环境损害赔偿诉讼。

2. 侵权人虽因同一污染环境、破坏生态行为涉嫌刑事犯罪，但生态环境损害赔偿诉讼案件中认定侵权事实证据充分的，不以相关刑事案件审理结果为依据，人民法院应当继续审理，依法判决侵权人承担生态环境修复和赔偿责任。

相关法条

《中华人民共和国民法典》第 1229 条（本案适用的是自 2010 年 7 月 1 日起实施的《中华人民共和国侵权责任法》第 65 条）

---

① 最高人民法院指导性案例 210 号。

基本案情

2017年至2018年间，江西正鹏环保科技有限公司（以下简称正鹏公司）与杭州塘栖热电有限公司（以下简称塘栖公司）等签署合同，运输、处置多家公司生产过程中产生的污泥，收取相应的污泥处理费用。正鹏公司实际负责人李德将从多处收购来的污泥直接倾倒，与丰城市志合新材料有限公司（以下简称志合公司，已注销）合作倾倒，或者交由不具有处置资质的张永良、舒正峰等人倾倒至九江市区多处地块，杭州连新建材有限公司（以下简称连新公司）明知张永良从事非法转运污泥，仍放任其持有加盖公司公章的空白合同处置污泥。经鉴定，上述被倾倒的污泥共计1.48万吨，造成土壤、水及空气污染，所需修复费用1446.288万元。案发后，九江市浔阳区人民检察院依法对被告人张永良等6人提起刑事诉讼，后经九江市中级人民法院二审审理，于2019年10月25日判处被告人张永良、舒正峰、黄永、陈世水、马祖兴、沈孝军6人犯污染环境罪（李德、夏吉萍另案处理），有期徒刑三年二个月至有期徒刑十个月不等，并处罚金10万元至5万元不等。九江市人民政府依据相关规定开展磋商，与塘栖公司达成金额计4872387元的赔偿协议，但未能与正鹏公司、连新公司、李德等7人达成赔偿协议。塘栖公司所赔款项包括1号地块、2号地块全部修复费用及4号地块部分修复费用等，已按协议全部履行。协议双方向九江市中级人民法院申请司法确认，九江市中级人民法院已依法裁定对该磋商协议作出确认。因未能与正鹏公司、连新公司、李德等7人达成赔偿协议，九江市人民政府就3号地块、5号地块修复费用及4号地块剩余修复费用等提起本案诉讼，要求各被告履行修复生态环境义务，支付生态环境修复费用、公开赔礼道歉并承担律师费和诉讼费用。

裁判结果

江西省九江市中级人民法院于2019年11月4日作出（2019）赣04民初201号民事判决：一、被告正鹏公司、李德、黄永、舒正峰、陈世水于本判决生效后三个月内对九江市经济技术开发区沙阎路附近山坳地块（3号地块）污泥共同承担生态修复义务，如未履行该修复义务，则上述各被告应于期限届满之日起十日内共同赔偿生态修复费用280.3396万元（被告舒正峰已自愿缴纳10万元生态修复金至法院账户）；二、被告正鹏公司、连新公司、张永良、李德、黄永、舒正峰、夏吉萍、陈世水于本判决生效后三个月内对九江市经济技术开发区沙阎路伍丰村郑家湾地块（4号地块）污泥共同承担生态修复义务，如未履行该修复义务，则上述各被告应于期限届满之日起十日内共同赔偿生态修复费用201.8515万元（被告连新公司已自愿缴纳100万元生态修复金至法院账户）；三、被告正鹏公司、张永良、李德、夏吉萍、马祖兴于本判决生效后三个月内对九江市永修县九颂山河珑园周边地块（5号地块）污泥共同承担生态修复义务，如未履行该修复义务，则上述各被告应于期限届满之日起十日内共同赔偿生态修复费用448.9181万元；四、各被告应于本判决生效后十日内共同支付环评报告编制费20万元，风险评估方案编制费10万元及律师代理费4万元；五、各被告于本判决生效后十日内，在省级或以上媒体向社会公开赔礼道歉；六、驳回原告九江市人民政府的其他诉讼请求。宣判后，当事人未上诉，一审判决生效。

裁判理由

法院生效裁判认为：正鹏公司、连新公司、张永良、李德、舒正峰、黄永、夏吉萍、陈世水、马祖兴以分工合作的方式非法转运、倾倒污泥造成生态环境污染，损害了社会公共利益，应当承担相应的生态环境损害赔偿责任。因各被告倾倒的每一地块污泥已混同，同一地块的污泥无法分开进行修复，应由相关被告承担同一地块的共同修复责任。本案各被告对案涉3、4、5号地块环境污染应承担的侵权责任逐一认定如下：

一、3号地块污泥系李德从长江江面多家公司接手，由黄永、舒正峰、陈世水分工合作倾倒，该地块修复费用280.3396万元，应由上述各被告共同承担。陈世水辩解其系李德雇员且在非法倾倒行为中非法所得较少及作用较小，应由雇主李德承担赔偿责任或由其承担较小赔偿责任。因环境共同侵权并非以非法所得或作用大小来计算修复责任大小，该案无证据可证明陈世水系李德雇员，陈世水与其他被告系以分工合作的方式非法倾倒污泥，应承担共同侵权连带环境修复责任。

二、4号地块部分污泥来源于连新公司（系张永良以连新公司名义获得），由李德、黄永、舒正峰、陈世水分工合作进行倾倒，该地块剩余修复费用201.8515万元，应由上述各被告共同承担。连新公司辩称来源于张永良的污泥并不等同于来源于连新公司，连新公司不应承担赔偿责任。依据审理查明的事实可知，连新公司是在处理污泥能力有限的情况下，将公司公章、空白合同交由张永良处理污泥，其对张永良处理污泥的过程未按照法律规定的流程进行追踪，存在明显监管过失，且张永良、证人黄某某证言证实4号地块的部分污泥来源于连新公司。因而，连新公司该抗辩意见不应予以支持。

三、5号地块污泥来源于张永良，由李德、马祖兴分工合作进行倾倒，该地块修复费用448.9181万元，应由上述各被告共同承担。环境损害鉴定报告中评估报告编制费20万元，风险评估方案编制费10万元以及律师代理费4万元，均属本案诉讼的合理支出费用，原告主张的上述费用应予以支持。生态环境损害赔偿案件承担责任的方式包括赔礼道歉，九江市人民政府要求被告在省级或以上媒体向社会公开道歉的诉讼请求于法有据，应予以支持。

本案裁判还认为，李德作为正鹏公司的实际控制人，在正鹏公司无处理污泥资质及能力的情况下，以正鹏公司的名义参与污泥的非法倾倒，李德与正鹏公司应共同承担生态环境修复责任。在上述4号、5号地块的污泥非法倾倒中，夏吉萍以志合公司的名义与正鹏公司合作处理污泥的方式参与其中，且作为志合公司实际负责人取得相关利润分成，故夏吉萍应共同承担上述地块的生态修复责任。对夏吉萍辩称其不明知被告正鹏公司非法倾倒污泥的行为，不应承担生态环境损害修复责任，其本人涉嫌环境污染刑事犯罪正在公诉，刑案应优先于本案审理的理由，本案正鹏公司与志合公司的合作协议、银行流水记录及李德、夏吉萍、张永良的供述、证人王某某的证言、志合公司转运联单等证据足以证明志合公司与正鹏公司于2017年9月14日合作后，双方共同参与了涉案污泥倾倒，夏吉萍取得倾倒污泥的利润分成，应当承担所涉污泥倾倒导致的环境损害赔偿责任。本案对夏吉萍侵权事实的认定已有相关证据予以支撑，并非必须以相关刑事案件审理结果为依据，继续审理并无不妥。

关联参见

《环境保护法》第2条、第64条；《海洋环境保护法》第89条；《水污染防治法》第96条；《大气污染防治法》第125条；《噪声污染防治法》第86条；《放射性污染防治法》第59条；《最高人民法院关于审理环境侵权责任纠纷案件适用法律若干问题的解释》第1条

第一千二百三十条 【环境污染、生态破坏侵权举证责任】 因污染环境、破坏生态发生纠纷，行为人应当就法律规定的不承担责任或者减轻责任的情形及其行为与损害之间不存在因果关系承担举证责任。

条文解读

根据本条规定，行为人应当就两种情形承担举证责任：一是法律规定的不承担责任或者减轻责任的情形；二是其行为与损害之间不存在因果关系。

1. 行为人应当就法律规定的不承担责任或者减轻责任的情形承担举证责任。

一般而言，不承担或者减轻责任的情形当然由被告方承担举证责任，这不需要法律特别强调，但是环境侵权广义上属于高度危险作业，适用无过错责任归责原则，每种高度危险作业的免责事由是不一样的，多数情形下不可抗力可以免责，有的则不可以，如根据《民法

典》第 1237 条的规定，民用核设施造成他人损害的，除战争、武装冲突、暴乱、受害人故意可以免责，因地震等不可抗力造成损害的，仍然应当承担侵权责任。所以，这句话实际上是明确了侵权人的免责事由。

2. 行为人应当就其行为与损害之间不存在因果关系承担举证责任。

侵权责任构成中的因果关系，是指违法行为作为原因，损害事实作为结果，在它们之间存在前者引起后者，后者被前者所引起的客观联系。环境侵权适用无过错责任原则，过错不是构成环境侵权责任的要件，所以，因果关系是确定环境侵权能否成立的最重要的要件。

在环境侵权责任中，由受害人对行为人的行为与其损害之间存在因果关系进行举证非常困难，如果仍然按照民事诉讼中“谁主张，谁举证”原则，由受害人承担因果关系的举证责任，则受害人很难获得救济，这是由环境污染侵权的特殊性决定的。

第一，环境污染损害一般具有长期性、潜伏性、持续性、广泛性的特点，有的环境污染损害地域广泛，污染源与损害结果地距离很远，有的损害结果往往不是即时完成的，而是日积月累慢慢形成的，所以即使产生损害，往往时过境迁，证据灭失，很难判断损害事实是否由某侵权行为造成，使因果关系的证明非常困难。

第二，环境污染造成损害的过程具有复杂性，损害并非总是由污染物直接作用人身和财产造成的，往往是污染物与各环境要素或者其他要素相互之间发生物理、化学、生物的反应，经过迁移、扩散、转化、代谢等一系列中间环节后才起作用。甚至有的时候，污染物本身是不会致害的，但和其他因素一起作用就产生了损害，使因果关系表现得十分隐蔽和不紧密，认定十分困难。

第三，有的环境污染侵权涉及一系列的物理、化学、生物、地理、医学等专业知识甚至一些高科技知识，要证明行为与损害事实之间的因果关系，必须具备相关的专门科学技术知识和仪器设备，这些知识、技术和仪器并非平常人所能具备。甚至在一些时候，在现在的科学技术条件下，一些环境污染损害的因果关系还无法认定。

第四，在确定因果关系时，多因一果的现象经常出现，如数家工厂向同一河流排污，河水被污染致使饮用该河水的居民感染疾病，在这种情况下，受害人很难或根本无法证明谁是致害人，证明因果关系更困难。

正因为环境污染侵权的这些特殊性，导致环境污染的因果关系链条十分复杂，所以要证明这些因果关系链条就更为复杂，由受害人承担因果关系的举证责任有非常大的难度。为了减轻环境侵权受害人的举证负担，更迅速地救济受害人，举证责任转移或倒置制度便应运而生。

需要注意的是，在环境侵权责任中适用因果关系举证责任倒置，并不意味着受害人就不用负担任何举证义务，在诉讼中，受害人应当首先证明污染行为与损害结果之间存在联系，即存在因果关系的可能性和初步证据，只是这种可能性并不需要如相当因果关系理论要求的那样达到高度盖然性。

案例指引

23. 生态系统自净能力是否属于减免侵权责任的理由？①

山东省烟台市人民检察院诉王振殿、马群凯环境民事公益诉讼案

（最高人民法院审判委员会讨论通过　2019年12月26日发布）

关键词　民事/环境民事公益诉讼/水污染/生态环境修复责任/自净功能

裁判要点

污染者违反国家规定向水域排污造成生态环境损害，以被污染水域有自净功能、水质得到恢复为由主张免除或者减轻生态环境修复责任的，人民法院不予支持。

---

① 最高人民法院指导案例133号。

相关法条

1.《中华人民共和国侵权责任法》第4条[1]第1款、第8条、第65条、第66条[2]

2.《中华人民共和国环境保护法》第64条

基本案情

2014年2月至4月期间，王振殿、马群凯在未办理任何注册、安检、环评等手续的情况下，在莱州市柞村镇消水庄村沙场大院北侧车间从事盐酸清洗长石颗粒项目，王振殿提供场地、人员和部分资金，马群凯出资建设反应池、传授技术、提供设备、购进原料、出售成品。在作业过程中产生约60吨的废酸液，该废酸液被王振殿先储存于厂院北墙外的废水池内。废酸液储存于废水池期间存在明显的渗漏迹象，渗漏的废酸液对废水池周边土壤和地下水造成污染。废酸液又被通过厂院东墙和西墙外的排水沟排入村北的消水河，对消水河内水体造成污染。2014年4月底，王振殿、马群凯盐酸清洗长石颗粒作业被莱州市公安局查获关停后，盐酸清洗长石颗粒剩余的20余吨废酸液被王振殿填埋在反应池内。该废酸液经莱州市环境监测站监测和莱州市环境保护局认定，监测pH值小于2，根据国家危险废物名录及危险废物鉴定标准和鉴别方法，属于废物类别为“HW34废酸中代码为900-300-34”的危险废物。2016年6月1日，被告人马群凯因犯污染环境罪，被判处有期徒刑一年六个月，缓刑二年，并处罚金人民币二万元（所判罚金已缴纳）；被告人王振殿犯污染环境罪，被判处有期徒刑一年二个月，缓刑二年，并处罚金人民币二万元（所判罚金已缴纳）。

莱州市公安局办理王振殿污染环境刑事一案中，莱州市公安局食药环侦大队《现场勘验检查工作记录》中记载“中心现场位于消水沙场院内北侧一废弃车间内。车间内西侧南北方向排列有两个长20m、宽

---

① 现为《民法典》第187条。

② 现为《民法典》第1230条，下同。

6m、平均深1.5m的反应池，反应池底部为斜坡。车间北侧见一夹道，夹道内见三个长15m、宽2.6m、深2m的水泥池。”现车间内西侧的北池废酸液被沙土填埋，受污染沙土总重为223吨。

2015年11月27日，莱州市公安局食品药品与环境犯罪侦查大队委托山东省环境保护科学研究设计院环境风险与污染损害鉴定评估中心对莱州市王振殿、马群凯污染环境案造成的环境损害程度及数额进行鉴定评估。该机构于2016年2月作出莱州市王振殿、马群凯污染环境案环境损害检验报告，认定：本次评估可量化的环境损害为应急处置费用和生态环境损害费用，应急处置费用为酸洗池内受污染沙土的处置费用5.6万元，生态环境损害费用为偷排酸洗废水造成的生态损害修复费用72万元，合计为77.6万元。

2016年4月6日，莱州市人民检察院向莱州市环境保护局发出莱检民（行）行政违监〔2016〕37068300001号检察建议，“建议对消水河流域的其他企业、小车间等的排污情况进行全面摸排，看是否还存在向消水河流域排放污染物的行为”。莱州市环境保护局于同年5月3日回复称，“我局在收到莱州市人民检察院检察建议书后，立即组织执法人员对消水河流域的企业、小车间的排污情况进行全面排查，经严格执法，未发现有向消水河流域排放废酸等危险废物的环境违法行为”。

2017年2月8日，山东省烟台市中级人民法院会同公益诉讼人及王振殿、马群凯、烟台市环保局、莱州市环保局、消水庄村委对王振殿、马群凯实施侵权行为造成的污染区域包括酸洗池内的沙土和周边居民区的部分居民家中水井地下水进行了现场勘验并取样监测，取证现场拍摄照片22张。环保部门向人民法院提交了2017年2月13日水质监测达标报告（8个监测点位水质监测结果均为达标）及其委托山东恒诚检测科技有限公司出具的2017年2月14日酸洗池固体废物检测报告（酸洗反应南池-40cm pH值=9.02，-70cm pH值=9.18，北池-40cm pH值=2.85，-70cm pH值=2.52）。公益诉讼人向人民法院提交的2017年3月3日由莱州市环境保护局委托山东恒诚检测科技有限公司对王振殿酸洗池废池的检测报告，载明：反应池南池-1.2m pH 值=9.7，北池-1.2m pH 值<2。公益诉讼人认为，《危险废物鉴别标准浸出毒性鉴别 GB5085.3-2007》和《土壤环境监测技术规范》（HJ/t166-2004）规定，pH 值≥12.5 或者≤2.0 时为具有腐蚀性的危险废物。国家危险废物名录（2016 版）HW34 废酸一项 900-300-34 类为“使用酸进行清洗产生的废酸液”；HW49 其他废物一项 900-041-49 类为“含有或沾染毒性、感染性危险废物的废弃包装物、容器、过滤吸附介质”。涉案酸洗池内受污染沙土属于危险废物，酸洗池内的受污染沙土总量都应该按照危险废物进行处置。

公益诉讼人提交的山东省地质环境监测总站水工环高级工程师刘炜金就地下水污染演变过程所做的咨询报告专家意见，载明：一、地下水环境的污染发展过程。1. 污染因子通过地表入渗进入饱和带（潜水含水层地下水水位以上至地表的地层），通过渗漏达到地下水水位进入含水层。2. 进入含水层，初始在水头压力作用下向四周扩散形成一个沿地下水流向展布的似圆状污染区。3. 当污染物持续入渗，在地下水水动力的作用下，污染因子随着地下水径流，向下游扩散，一般沿地下水流向以初始形成的污染区为起点呈扇形或椭圆形向下流拓展扩大。4. 随着地下水径流形成的污染区不断拓展，污染面积不断扩大，污染因子的浓度不断增大，造成对地下水环境的污染，在污染源没有切断的情况下，污染区将沿着地下水径流方向不断拓展。二、污染区域的演变过程、地下水污染的演变过程，主要受污染的持续性，包气带的渗漏性，含水层的渗透性，土壤及含水层岩土的吸附性，地下水径流条件等因素密切相关。1. 长期污染演变过程。在污染因子进入地表通过饱和带向下渗漏的过程中，部分被饱和带岩土吸附，污染包气带的岩土层；初始进入含水层的污染因子浓度较低，当经过一段时间渗漏途经吸附达到饱和后，进入含水层的污染因子浓度将逐渐接近或达到污水的浓度。进入含水层向下游拓展过程中，通过地下水的稀释和含水层的吸附，开始会逐渐降低。达到饱和后，随着污染因子的不断注入，达到一定浓度的污染区将不断向下游拓展，污染区域面积将不断扩大。2. 短期污染演变过程。短期污染是指污水进入地下水环境经过一定时期，消除污染源，已进入地下水环境的污染因子和污染区域的变化过程。①污染因子的演变过程。在消除污染源阻断污染因子进入地下水环境的情况下，随着上游地下水径流和污染区地下水径流扩大区域的地下水的稀释，及含水层岩土的吸附作用，污染水域的地下水浓度将逐渐降低，水质逐渐好转。②污染区域的变化。在消除污染源，污水阻止进入含水层后，地下水污染区域将随着时间的推移，在地下水径流水动力的作用下，整个污染区将逐渐向下游移动扩大，随着污染区扩大、岩土吸附作用的加强，含水层中地下水水质将逐渐好转，在经过一定时间后，污染因子将吸附于岩土层和稀释于地下水中，改善污染区地下水环境，最终使原污染区达到有关水质要求标准。

裁判结果

山东省烟台市中级人民法院于2017年5月31日作出（2017）鲁06民初8号民事判决：一、被告王振殿、马群凯在本判决生效之日起三十日内在烟台市环境保护局的监督下按照危险废物的处置要求将酸洗池内受污染沙土223吨进行处置，消除危险；如不能自行处置，则由环境保护主管部门委托第三方进行处置，被告王振殿、马群凯赔偿酸洗危险废物处置费用5.6万元，支付至烟台市环境公益诉讼基金帐户。二、被告王振殿、马群凯在本判决生效之日起九十日内对莱州市柞村镇消水庄村沙场大院北侧车间周边地下水、土壤和消水河内水体的污染治理制定修复方案并进行修复，逾期不履行修复义务或者修复未达到保护生态环境社会公共利益标准的，赔偿因其偷排酸洗废水造成的生态损害修复费用72万元，支付至烟台市环境公益诉讼基金帐户。该案宣判后，双方均未提出上诉，判决已发生法律效力。

裁判理由

法院生效裁判认为：

一、关于王振殿、马群凯侵权行为认定问题

（一）关于涉案危险废物数量及处置费用的认定问题

审理中，山东恒诚检测科技有限公司出具的检测报告指出涉案酸洗反应南池-40cm、-70cm 及-1.2m 深度的 pH 值均在正常值范围内；北池-1.2m pH 值<2 属于危险废物。涉案酸洗池的北池内原为王振殿、马群凯使用盐酸进行长石颗粒清洗产生的废酸液，后其用沙土进行了填埋，根据国家危险废物名录（2016 版）HW34 废酸 900-300-34 和 HW49 其他废物一项 900-041-49 类规定，现整个池中填埋的沙土吸附池中的废酸液，成为含有或沾染腐蚀性毒性的危险废物。山东省环境保护科学研究设计院环境风险与污染损害鉴定评估中心出具的环境损害检验报告中将酸洗池北池内受污染沙土总量 223 吨作为危险废物量，参照《环境污染损害数额计算推荐方法》中给出的“土地资源参照单位修复治理成本”清洗法的单位治理成本 250—800 元/吨，本案取值 250 元/吨予以计算处置费用 5.6 万元，具有事实和法律依据，并无不当，予以采信。（具体计算方法为：20m×6m×平均深度 1.3m×密度 1.3t/ m^3 = 203t 沙土+20t 废酸=223t×250 元/t=5.6 万元）

（二）关于涉案土壤、地表水及地下水污染生态损害修复费用的认定问题

莱州市环境监测站监测报告显示，废水池内残留废水的 pH 值<2，属于强酸性废水。王振殿、马群凯通过废水池、排水沟排放的酸洗废水系危险废物亦为有毒物质污染环境，致部分居民家中水井颜色变黄，味道呛人，无法饮用。监测发现部分居民家中井水的 pH 值低于背景值，氯化物、总硬度远高于背景值，且明显超标。储存于废水池期间渗漏的废水渗透至周边土壤和地下水，排入沟内的废水流入消水河。涉案污染区域周边没有其他类似污染源，可以确定受污染地下水系黄色、具有刺鼻气味，且氯化物浓度较高的污染物，即王振殿、马群凯实施的环境污染行为造成。

2017 年 2 月 13 日水质监测报告显示，在原水质监测范围内的部分监测点位，水质监测结果达标。根据地质环境监测专家出具的意见，可知在消除污染源阻断污染因子进入地下水环境的情况下，随着上游地下水径流和污染区地下水径流扩大区域的地下水稀释及含水层岩土的吸附

作用，污染水域的地下水浓度将逐渐降低，水质逐渐好转。地下水污染区域将随着时间的推移，在地下水径流水动力的作用下，整个污染区将逐渐向下游移动扩大。经过一定时间，原污染区可能达到有关水质要求标准，但这并不意味着地区生态环境好转或已修复。王振殿、马群凯仍应当承担其污染区域的环境生态损害修复责任。在被告不能自行修复的情况下，根据《环境污染损害数额计算推荐方法》和《突发环境事件应急处置阶段环境损害评估推荐方法》的规定，采用虚拟治理成本法估算王振殿、马群凯偷排废水造成的生态损害修复费用。虚拟治理成本是指工业企业或污水处理厂治理等量的排放到环境中的污染物应该花费的成本，即污染物排放量与单位污染物虚拟治理成本的乘积。单位污染物虚拟治理成本是指突发环境事件发生地的工业企业或污水处理厂单位污染物治理平均成本。在量化生态环境损害时，可以根据受污染影响区域的环境功能敏感程度分别乘以 1.5—10 的倍数作为环境损害数额的上下限值。本案受污染区域的土壤、Ⅲ类地下水及消水河Ⅴ类地表水生态损害修复费用，山东省环境保护科学研究设计院环境风险与污染损害鉴定评估中心出具的环境损害检验报告中取虚拟治理成本的 6 倍，按照已生效的莱州市人民法院（2016）鲁 0683 刑初 136 号刑事判决书认定的偷排酸洗废水 60 吨的数额计算，造成的生态损害修复费用为 72 万元，即单位虚拟治理成本 2000 元/t×60t×6 倍 = 72 万元具有事实和法律依据，并无不当。

二、关于侵权责任问题

《中华人民共和国侵权责任法》第六十五条规定，“因污染环境造成损害的，污染者应当承担侵权责任。”第六十六条规定，“因污染环境发生纠纷，污染者应当就法律规定的不承担责任或者减轻责任的情形及其行为与损害之间不存在因果关系承担举证责任。”山东省莱州市人民法院作出的（2016）鲁 0683 刑初 136 号刑事判决书认定王振殿、马群凯实施的环境污染行为与所造成的环境污染损害后果之间存在因果关系，王振殿、马群凯对此没有异议，并且已经发生法律效力。根据《中华人民共和国环境保护法》第六十四条、《中华人民共和国侵权责任法》第八条、第六十五条、第六十六条、《最高人民法院关于审理环境侵权责任纠纷案件适用法律若干问题的解释》第十四条之规定，王振殿、马群凯应当对其污染环境造成社会公共利益受到损害的行为承担侵权责任。

24. 法院认定光污染损害应参考哪些因素？[①]

李劲诉华润置地（重庆）有限公司环境污染责任纠纷案

（最高人民法院审判委员会讨论通过　2019年12月26日发布）

关键词　民事/环境污染责任/光污染/损害认定/可容忍度

裁判要点

由于光污染对人身的伤害具有潜在性、隐蔽性和个体差异性等特点，人民法院认定光污染损害，应当依据国家标准、地方标准、行业标准，是否干扰他人正常生活、工作和学习，以及是否超出公众可容忍度等进行综合认定。对于公众可容忍度，可以根据周边居民的反应情况、现场的实际感受及专家意见等判断。

相关法条

1.《中华人民共和国侵权责任法》第65条、第66条

2.《中华人民共和国环境保护法》第42条第1款

基本案情

原告李劲购买位于重庆市九龙坡区谢家湾正街×小区×幢×-×-×的住宅一套，并从2005年入住至今。被告华润置地（重庆）有限公司开发建设的万象城购物中心与原告住宅相隔一条双向六车道的公路，双向六车道中间为轻轨线路。万象城购物中心与原告住宅之间无其他遮挡物。在正对原告住宅的万象城购物中心外墙上安装有一块LED[②]显示屏用于播放广告等，该LED显示屏广告位从2014年建成后开始投入运营，

---

① 最高人民法院指导案例128号。

② 发光二极管Light-emitting Diode，简称LED。——编者注。

每天播放宣传资料及视频广告等，其产生强光直射入原告住宅房间，给原告的正常生活造成影响。

2014年5月，原告小区的业主向市政府公开信箱投诉反映：从5月3日开始，谢家湾华润二十四城的万象城的巨型LED屏幕开始工作，LED巨屏的强光直射进其房间，造成严重的光污染，并且宣传片的音量巨大，影响了其日常生活，希望有关部门让万象城减小音量并且调低LED屏幕亮度。2014年9月，黄杨路×小区居民向市政府公开信箱投诉反映：万象城有块巨型LED屏幕通宵播放资料广告，产生太强光线，导致夜间无法睡眠，无法正常休息。万象城大屏夜间光污染严重影响周边小区高层住户，请相关部门解决，禁止夜间播放，或者禁止通宵播放，只能在晚上八点前播放，并调低亮度。2018年2月，原告小区的住户向市政府公开信箱投诉反映：万象城户外广告大屏就是住户的噩梦，该广告屏每天播放视频广告，光线极强还频繁闪动，住在对面的业主家里夜间如同白昼，严重影响老人和小孩的休息，希望相关部门尽快对其进行整改。

本案审理过程中，人民法院组织原、被告双方于2018年8月11日晚到现场进行了查看，正对原告住宅的一块LED显示屏正在播放广告视频，产生的光线较强，可直射入原告住宅居室，当晚该LED显示屏播放广告视频至20时58分关闭。被告公司员工称该LED显示屏面积为$160m^2$。

就案涉光污染问题是否能进行环境监测的问题，人民法院向重庆市九龙坡区生态环境监测站进行了咨询，该站负责人表示，国家与重庆市均无光污染环境监测方面的规范及技术指标，所以监测站无法对光污染问题开展环境监测。重庆法院参与环境资源审判专家库专家、重庆市永川区生态环境监测站副站长也表示从环保方面光污染没有具体的标准，但从民事法律关系的角度，可以综合其余证据判断是否造成光污染。从本案原告提交的证据看，万象城电子显示屏对原告的损害客观存在，主要体现为影响原告的正常休息。就LED显示屏产生的光辐射相关问题，法院向重庆大学建筑城规学院教授、中国照明学会副理事长以及重庆大学建筑城规学院高级工程师、中国照明学会理事等专家作了咨询，专家表示，LED 的光辐射一是对人有视觉影响，其中失能眩光和不舒适眩光对人的眼睛有影响；另一方面是生物影响：人到晚上随着光照强度下降，渐渐入睡，是褪黑素和皮质醇两种激素发生作用的结果——褪黑素晚上上升、白天下降，皮质醇相反。如果光辐射太强，使人生物钟紊乱，长期就会有影响。另外 LED 的白光中有蓝光成分，蓝光对人的视网膜有损害，而且不可修复。但户外蓝光危害很难检测，时间、强度的标准是多少，有待标准出台确定。关于光照亮度对人的影响，有研究结论认为一般在 $400cd/m^2$ 以下对人的影响会小一点，但动态广告屏很难适用。对于亮度的规范，不同部门编制的规范对亮度的限值不同，但 LED 显示屏与直射的照明灯光还是有区别，以 LED 显示屏的相关国家标准来认定比较合适。

裁判结果

重庆市江津区人民法院于 2018 年 12 月 28 日作出（2018）渝 0116 民初 6093 号判决：一、被告华润置地（重庆）有限公司从本判决生效之日起，立即停止其在运行重庆市九龙坡区谢家湾正街万象城购物中心正对原告李劲位于重庆市九龙坡区谢家湾正街×小区×幢住宅外墙上的一块 LED 显示屏时对原告李劲的光污染侵害：1. 前述 LED 显示屏在 5 月 1 日至 9 月 30 日期间开启时间应在 8：30 之后，关闭时间应在 22：00 之前；在 10 月 1 日至 4 月 30 日期间开启时间应在 8：30 之后，关闭时间应在 21：50 之前。2. 前述 LED 显示屏在每日 19：00 后的亮度值不得高于 $600cd/m^2$。二、驳回原告李劲的其余诉讼请求。一审宣判后，双方当事人均未提出上诉，判决已发生法律效力。

裁判理由

法院生效裁判认为：保护环境是我国的基本国策，一切单位和个人都有保护环境的义务。《中华人民共和国民法总则》第九条①规定：“民

① 现为《民法典》第 9 条。

事主体从事民事活动，应当有利于节约资源、保护生态环境。”《中华人民共和国物权法》第九十条规定：“不动产权利人不得违反国家规定弃置固体废物，排放大气污染物、水污染物、噪声、光、电磁波辐射等有害物质。”《中华人民共和国环境保护法》第四十二条第一款规定：“排放污染物的企业事业单位和其他生产经营者，应当采取措施，防治在生产建设或者其他活动中产生的废气、废水、废渣、医疗废物、粉尘、恶臭气体、放射性物质以及噪声、振动、光辐射、电磁辐射等对环境的污染和危害。”本案系环境污染责任纠纷，根据《中华人民共和国侵权责任法》第六十五条规定：“因污染环境造成损害的，污染者应当承担侵权责任。”环境污染侵权责任属特殊侵权责任，其构成要件包括以下三个方面：一是污染者有污染环境的行为；二是被侵权人有损害事实；三是污染者污染环境的行为与被侵权人的损害之间有因果关系。

一、关于被告是否有污染环境的行为

被告华润置地（重庆）有限公司作为万象城购物中心的建设方和经营管理方，其在正对原告住宅的购物中心外墙上设置 LED 显示屏播放广告、宣传资料等，产生的强光直射进入原告的住宅居室。根据原告提供的照片、视频资料等证据，以及组织双方当事人到现场查看的情况，可以认定被告使用 LED 显示屏播放广告、宣传资料等所产生的强光已超出了一般公众普遍可容忍的范围，就大众的认知规律和切身感受而言，该强光会严重影响相邻人群的正常工作和学习，干扰周围居民正常生活和休息，已构成由强光引起的光污染。被告使用 LED 显示屏播放广告、宣传资料等造成光污染的行为已构成污染环境的行为。

二、关于被侵权人的损害事实

环境污染的损害事实主要包含了污染环境的行为致使当事人的财产、人身受到损害以及环境受到损害的事实。环境污染侵权的损害后果不同于一般侵权的损害后果，不仅包括症状明显并可计量的损害结果，还包括那些症状不明显或者暂时无症状且暂时无法用计量方法反映的损害结果。本案系光污染纠纷，光污染对人身的伤害具有潜在性和隐蔽性等特点，被侵权人往往在开始受害时显露不出明显的受损害症状，其所遭受的损害往往暂时无法用精确的计量方法来反映。但随着时间的推移，损害会逐渐显露。参考本案专家意见，光污染对人的影响除了能够感知的对视觉的影响外，太强的光辐射会造成人生物钟紊乱，短时间看不出影响，但长期会带来影响。本案中，被告使用LED显示屏播放广告、宣传资料等所产生的强光，已超出了一般人可容忍的程度，影响了相邻居住的原告等居民的正常生活和休息。根据日常生活经验法则，被告运行LED显示屏产生的光污染势必会给原告等人的身心健康造成损害，这也为公众普遍认可。综上，被告运行LED显示屏产生的光污染已致使原告居住的环境权益受损，并导致原告的身心健康受到损害。

三、被告是否应承担污染环境的侵权责任

《中华人民共和国侵权责任法》第六十六条规定："因污染环境发生纠纷，污染者应当就法律规定的不承担责任或者减轻责任的情形及其行为与损害之间不存在因果关系承担举证责任。"本案中，原告已举证证明被告有污染环境的行为及原告的损害事实。被告需对其在本案中存在法律规定的不承担责任或者减轻责任的情形，或被告污染行为与损害之间不存在因果关系承担举证责任。但被告并未提交证据对前述情形予以证实，对此被告应承担举证不能的不利后果，应承担污染环境的侵权责任。根据《最高人民法院关于审理环境侵权责任纠纷案件适用法律若干问题的解释》第十三条规定："人民法院应当根据被侵权人的诉讼请求以及具体案情，合理判定污染者承担停止侵害、排除妨碍、消除危险、恢复原状、赔礼道歉、赔偿损失等民事责任。"环境侵权的损害不同于一般的人身损害和财产损害，对侵权行为人承担的侵权责任有其独特的要求。由于环境侵权是通过环境这一媒介侵害到一定地区不特定的多数人的人身、财产权益，而且一旦出现可用计量方法反映的损害，其后果往往已无法弥补和消除。因此在环境侵权中，侵权行为人实施了污染环境的行为，即使还未出现可计量的损害后果，即应承担相应的侵权责任。本案中，从市民的投诉反映看，被告作为万象城购物中心的经营管理者，其在生产经营过程中，理应认识到使用 LED 显示屏播放广告、宣传资料等发出的强光会对居住在对面以及周围住宅小区的原告等人造成影响，并负有采取必要措施以减少对原告等人影响的义务。但被告仍然一直使用 LED 显示屏播放广告、宣传资料等，其产生的强光明显超出了一般人可容忍的程度，构成光污染，严重干扰了周边人群的正常生活，对原告等人的环境权益造成损害，进而损害了原告等人的身心健康。因此即使原告尚未出现明显症状，其生活受到光污染侵扰、环境权益受到损害也是客观存在的事实，故被告应承担停止侵害、排除妨碍等民事责任。

关联参见

《水污染防治法》第 96 条、第 98 条；《最高人民法院关于审理环境侵权责任纠纷案件适用法律若干问题的解释》第 1 条、第 6 条、第 7 条

第一千二百三十一条 【两个以上侵权人造成损害的责任分担】 两个以上侵权人污染环境、破坏生态的，承担责任的大小，根据污染物的种类、浓度、排放量，破坏生态的方式、范围、程度，以及行为对损害后果所起的作用等因素确定。

条文解读

适用本条环境共同侵权需要满足以下要件：(1) 多个侵权主体，有两个或者两个以上的行为人实施了污染环境、破坏生态的行为。(2) 行为人实施了污染环境、破坏生态的行为，因环境侵权采用无过错责任，不需要考虑行为人的主观过错，行为人之间是否存在意思联络，都不影响适用本条。当然，如果受害人能够证明多个行为人之间存在“故意”的意思联络，根据《民法典》第 1168 条的规定，毫无疑问构成共同侵权，但实践中，“共同故意”的情形极为罕见。(3) 数个侵权行为与损害有总体上的因果关系，并不是单个侵权行为与损害之间有因果关

系。（4）造成了同一损害。多个侵权人分别排放污染，造成不同种类的损害，如一个企业排放污水，另一个企业排放有毒气体，造成的损害存在明显区别，不构成环境共同侵权，而是根据各自行为造成的损害后果承担侵权责任。

当然，除了本条列举的外，排放物质的致害性、排放地与损害发生地的距离、排放时间、排放频率等多种因素也会对判断行为人的责任大小产生影响。《最高人民法院关于审理环境侵权责任纠纷案件适用法律若干问题的解释》第 4 条规定，两个以上侵权人污染环境、破坏生态，对侵权人承担责任的大小，人民法院应当根据污染物的种类、浓度、排放量、危害性，有无排污许可证、是否超过污染物排放标准、是否超过重点污染物排放总量控制指标，破坏生态的方式、范围、程度，以及行为对损害后果所起的作用等因素确定。

关联参见

《最高人民法院关于审理环境侵权责任纠纷案件适用法律若干问题的解释》第 2—4 条

第一千二百三十二条　【侵权人的惩罚性赔偿】 侵权人违反法律规定故意污染环境、破坏生态造成严重后果的，被侵权人有权请求相应的惩罚性赔偿。

条文解读

侵权人的惩罚性赔偿 ➔ 本条是关于侵权人的惩罚性赔偿的规定。

1. 侵权人实施了不法行为。根据本条规定，侵权人的环境污染和破坏生态行为应当违反了法律规定。惩罚性赔偿不同于普通环境侵权，其赔偿数额更高，具有普通环境侵权不具备的惩罚功能，构成要件应当更为严格。企业的排污行为只要符合国家环境行政法律法规的要求，从行政法的角度看，那就是合法的，企业的正常生产经营活动不仅是社会正常发展所必需的，也应当为法律所保护和鼓励，对企业的排污行为施以惩罚，必须以企业违反法律规定为前提，否则不具有正当性。

2. 侵权人主观具有故意。根据本条规定，侵权人的主观状态应当是故意。这是惩罚性赔偿与普通环境侵权的又一点显著不同。在环境侵权引入惩罚性赔偿制度之初，不宜将范围扩得过大。“故意”作为一种主观状态，难以直接证明，实践中一般通过侵权人的行为来认定，如侵权人多次非法排污并受到行政机关处罚，侵权人将未经处理的废水、废气、废渣直接排放或者倾倒，侵权人关闭环境在线监测系统或者故意干扰监测系统，侵权人在正常排污设施外留有偷排孔等，这些都能证明侵权人对其排污行为所可能造成的后果，绝对不是因为疏忽大意，而是故意为之，放任严重后果的发生。

3. 造成严重后果。根据本条，侵权人的行为造成严重后果的，才可能构成惩罚性赔偿。惩罚性赔偿具有惩罚功能，在适用上应当遵循谦抑原则，不能对侵权人动辄就处以惩罚性赔偿。惩罚性赔偿制度应当聚焦于损害后果严重的侵权行为，不仅对受害人的人身、财产造成严重损害，还可能对生态环境造成严重损害甚至不可逆转的损害。《民法典》第1207条规定：“明知产品存在缺陷仍然生产、销售，或者没有依据前条规定采取有效补救措施，造成他人死亡或者健康严重损害的，被侵权人有权请求相应的惩罚性赔偿。”第一次明确在民法中引入惩罚性赔偿概念，同样要求具备“严重损害”的后果。

案例指引

25. 《民法典》的惩罚性赔偿条款如何适用？[①]

本案是我国首例适用《民法典》惩罚性赔偿条款的环境污染民事公益诉讼案件。《民法典》侵权责任编新增规定了污染环境和破坏生态

---

① 参见《人民法院贯彻实施民法典典型案例（第一批）》（2022年2月25日发布），浮梁县人民检察院诉某化工集团有限公司环境污染民事公益诉讼案，载最高人民法院网 https：//www. court. gov. cn/zixun-xiangqing-347181. html，最后访问日期：2023年3月15日。

的惩罚性赔偿制度，贯彻了“绿水青山就是金山银山”的环保理念，增强了生态环境保护力度，是构建天蓝地绿水净的美好家园的法治保障。审理法院在判令被告承担生态环境修复费用、环境功能性损失等补偿性费用之外，采取“基数+倍数”的计算方式，结合具体案情决定以环境功能性损失费用为计算基数，综合考虑侵权人主观过错程度、侵权后果的严重程度、侵权人的经济能力、赔偿态度、受到行政处罚的情况等调节因素确定倍数，进而确定最终的惩罚性赔偿数额，为正确实施环境污染和生态破坏责任惩罚性赔偿制度提供了有益借鉴。

2018 年 3 月 3 日至 7 月 31 日，被告某化工集团有限公司（以下简称被告公司）生产部经理吴某民将公司生产的硫酸钠废液交由无危险废物处置资质的吴某良处理，吴某良又雇请李某贤将 30 车共计 1124. 1 吨硫酸钠废液运输到浮梁县寿安镇八角井、浮梁县湘湖镇洞口村的山上倾倒，造成了浮梁县寿安镇八角井周边约 8. 08 亩范围内的环境和浮梁县湘湖镇洞口村洞口组、江村组地表水、地下水受到污染，影响了浮梁县湘湖镇洞口村约 6. 6 平方公里流域的环境，妨碍了当地 1000 余名居民的饮用水安全。经鉴定，两处受污染地块的生态环境修复总费用为人民币 2168000 元，环境功能性损失费用共计人民币 57135. 45 元，并产生检测鉴定费 95670 元。受污染地浮梁县湘湖镇洞口村采取合理预防、处置措施产生的应急处置费用共计人民币 528160. 11 元。其中，吴某良、吴某民、李某贤等因犯污染环境罪已被另案判处 6 年 6 个月至 3 年 2 个月不等的有期徒刑。公益诉讼起诉人起诉请求被告公司赔偿相关生态环境损害。

生效裁判认为，被告公司将生产废液交由无危险废物处置资质的个人处理，放任污染环境危害结果的发生，主观上存在故意，客观上违反了法律规定，损害了社会公共利益，造成严重后果。且至本案审理期间，涉案倾倒废液行为所致的环境污染并未得到修复，损害后果仍在持续，符合《民法典》第 1232 条规定的环境侵权惩罚性赔偿适用条件。综合该公司的过错程度、赔偿态度、损害后果、承担责任的经济能力、受到行政处罚等因素，判令其赔偿环境修复费用 2168000 元、环境功能性损失费用 57135.45 元、应急处置费用 532860.11 元、检测鉴定费 95670 元，并承担环境污染惩罚性赔偿 171406.35 元，以上共计 3025071.91 元；对违法倾倒硫酸钠废液污染环境的行为在国家级新闻媒体上向社会公众赔礼道歉。

第一千二百三十三条　【因第三人过错污染环境、破坏生态的责任】因第三人的过错污染环境、破坏生态的，被侵权人可以向侵权人请求赔偿，也可以向第三人请求赔偿。侵权人赔偿后，有权向第三人追偿。

条文解读

因第三人过错污染环境、破坏生态的责任 ➡ 本条是关于因第三人过错污染环境、破坏生态的责任的规定。

适用本条需注意：

1. 第三人是指除行为人与被侵权人之外的第三人，其既不属于污染环境、破坏生态的行为人一方，也不属于被侵权人一方，第三人与双方当事人均不存在法律上的隶属关系，如雇佣关系、委托关系等。

2. 第三人与污染环境、破坏生态的行为人之间，不存在关于侵权行为的意思联络。否则，如果第三人与行为人之间具有意思联络，则第三人与行为人构成共同侵权。

3. 第三人的过错与污染环境、破坏生态的后果之间具有因果关系。也就是说，污染环境、破坏生态的后果之所以发生，并不是因为行为人的行为，而是因为第三人的过错。如果没有第三人的过错，则不会发生此种污染环境、破坏生态的后果。

第一千二百三十四条　【生态环境损害修复责任】违反国家规定造成生态环境损害，生态环境能够修复的，国家规定的机关或者法律规定的组织有权请求侵权人在合理期限内承担修复责任。侵权人在期限内未修复的，国家规定的机关或者法律规定的组织可以自行或者委托他人进行修复，所需费用由侵权人负担。

条文解读

生态环境损害修复责任 ➡ 本条是关于生态环境损害修复责任的规定。

生态环境损害的修复责任，是将生态环境受到的损害恢复原状，如《草原法》规定的限期恢复植被和《森林法》规定的补种毁坏的树木等，都是修复责任。

受到损害的生态环境一般不是实际被侵权人的损害，而是国家、政府受到的损害，故请求承担修复责任的主体一般不是被侵权人，而是国家规定的机关或者法律规定的组织，如生态环境部门或者环保公益组织。故环境污染和生态破坏责任的修复责任法律关系主体，不是受到实际损害的被侵权人，而是国家规定的机关和法律规定的组织与侵权人。

承担修复责任的规则是：(1) 违反国家规定造成生态环境损害，能够修复的，才承担修复责任。(2) 国家规定的机关或者法律规定的组织是请求权人，有权请求侵权人在合理期限内承担修复责任。(3) 侵权人在合理期限内未履行修复责任的，国家规定的机关或者法律规定的组织可以自行或者委托他人进行修复，所需费用责令由侵权人承担。

案例指引

26. 破坏生态环境后，侵权人应承担哪些生态环境损害修复责任？[①]

2018年4月始，张某新、童某勇合伙进行电镀作业，含镍废液直接排入厂房内渗坑。后王某平向张某新承租案涉场地部分厂房，亦进行电

① 参见《人民法院贯彻实施民法典典型案例（第二批）》（2023年1月12日发布），上海市奉贤区生态环境局与张某新、童某勇、王某平生态环境损害赔偿诉讼案，载最高人民法院网 https：//www. court. gov. cn/zixun-xiangqing-386521. html，最后访问日期：2023年3月15日。

镀作业，含镍废液也直接排入渗坑。2018 年 12 月左右，两家电镀作坊雇人在厂房内挖了一口渗井后，含镍废液均通过渗井排放。2019 年 4 月，上海市奉贤区环境监测站检测发现渗井内镍浓度超标，严重污染环境。奉城镇人民政府遂委托他人对镍污染河水和案涉场地电镀废液进行应急处置，并开展环境损害的鉴定评估、生态环境修复、环境监理、修复后效果评估等工作。相关刑事判决以污染环境罪分别判处张某新、童某勇及案外人宋某军有期徒刑，王某平在逃。经奉贤区人民政府指定，奉贤区生态环境局启动本案的生态环境损害索赔工作。因与被告磋商无果，奉贤区生态环境局提起生态环境损害赔偿诉讼，请求判令三被告共同承担应急处置费、环境损害鉴定评估费、招标代理费、修复工程费、环境监理费、修复效果评估费等费用共计 6712571 元。上海市人民检察院第三分院支持起诉。

生效裁判认为，《民法典》第 1234 条规定，国家规定的机关可以自行或者委托他人进行修复，所需费用由侵权人负担。涉案侵权行为发生在《民法典》实施之前，根据《最高人民法院关于适用〈中华人民共和国民法典〉时间效力的若干规定》第 3 条规定的空白溯及原则，本案可以适用《民法典》第 1234 条。法院判决三被告共赔偿原告奉贤区生态环境局应急处置费、环境损害鉴定评估费、招标代理费、修复工程费、环境监理费、修复效果评估费等费用共计 6712571 元，其中张某新、童某勇连带赔偿上述金额的 50%，王某平赔偿上述金额的 50%。

习近平总书记多次强调，要像保护眼睛一样保护生态环境。本案系人民法院践行习近平生态文明思想，适用《民法典》相关规定判决由国家规定的机关委托修复生态环境，所需费用由侵权人负担的典型案例。本案依法认定生态修复刻不容缓而侵权人客观上无法履行修复义务的，行政机关有权委托他人进行修复，并可根据《民法典》第 1234 条直接主张费用赔偿，既有力推动了生态环境修复，也为民法典施行前发生的环境污染纠纷案件准确适用法律提供了参考借鉴。

第一千二百三十五条　【生态环境损害赔偿的范围】违反国家规定造成生态环境损害的，国家规定的机关或者法律规定的组织有权请求侵权人赔偿下列损失和费用：

（一）生态环境受到损害至修复完成期间服务功能丧失导致的损失；

（二）生态环境功能永久性损害造成的损失；

（三）生态环境损害调查、鉴定评估等费用；

（四）清除污染、修复生态环境费用；

（五）防止损害的发生和扩大所支出的合理费用。

条文解读

根据本条规定，国家规定的机关或者法律规定的组织有权请求侵权人赔偿下列损失和费用。

1. 生态环境受到损害至修复完成期间服务功能丧失导致的损失。

生态系统服务功能是指生态系统通过自身的作用循环提供给人类的效益或者对生态环境的效益，生态系统服务功能包括生态物质提供功能、生态控制功能、生命维持功能与文化欣赏功能等。生态环境修复需要经历较长一段时间，在此期间生态环境服务功能是不完整的，根据《环境损害鉴定评估推荐方法（第Ⅱ版）》，期间损害界定为“生态环境损害发生至生态环境恢复到基线状态期间，生态环境因其物理、化学或生物特性改变而导致向公众或其他生态系统提供服务的丧失或减少，即受损生态环境从损害发生到其恢复至基线状态期间提供生态系统服务的损失量”。生态系统服务功能作为一项独立的价值也应当得到赔偿。

2. 生态环境功能永久性损害造成的损失。

并不是所有的生态环境损害都可以修复，比如滥捕滥杀导致某些物种灭绝，这是不可逆转的，有些生态环境损害虽然可以修复，但无法修复到原来的状态。根据《环境损害鉴定评估推荐方法（第Ⅱ版）》，永久性损害指受损生态环境及其服务难以恢复，其向公众或其他生态系统提供服务能力的完全丧失。生态环境损害赔偿制度改革方案也规定，生态环境损害无法修复的，其赔偿资金作为政府非税收入，全额上缴同级国库，纳入预算管理，权利人结合本区域生态环境损害情况开展替代修复。生态系统功能的永久性损害只能通过价值估算予以赔偿。

3. 生态环境损害调查、鉴定评估等费用。

生态环境损害调查是指生态环境损害发生后，权利人为了评估生态环境损害情况进行信息收集的过程。生态环境损害鉴定评估是指鉴定评估机构通过技术方法对生态环境损害情况、赔偿费用、修复行为、修复效果等进行分析评价的行为。调查、鉴定评估等费用也是由生态环境侵权行为而衍生的费用，应由侵权人赔偿。

4. 清除污染、修复生态环境费用。

污染行为发生后，清除污染是当务之急，一般来说，清除污染费用包括清污方案制定费用、清除污染操作费用。修复生态环境费用则复杂得多，包括修复方案制定费用、修复实施费用，司法实践对如何计算或确定作了大量探索，主要有环境违法利益计算法、以排污费一定比例计算法、危险消除计算法、鉴定机构确定法等，由于生态环境修复工作专业性强，有的时间跨度也比较长，法官很难作出精确计算，较为依赖司法鉴定，以鉴定机构评估的费用为基础，综合考虑若干因素计算而成。《最高人民法院关于审理环境民事公益诉讼案件适用法律若干问题的解释》第 20 条第 3 款规定，生态环境修复费用包括制定、实施修复方案的费用，修复期间的监测、监管费用，以及修复完成后的验收费用、修复效果后评估费用等。第 23 条规定，生态环境修复费用难以确定或者确定具体数额所需鉴定费用明显过高的，人民法院可以结合污染环境、破坏生态的范围和程度，生态环境的稀缺性，生态环境恢复的难易程度，防治污染设备的运行成本，被告因侵害行为所获得的利益以及过错程度等因素，并可以参考负有环境保护监督管理职责的部门的意见、专家意见等，予以合理确定。

5. 防止损害的发生和扩大所支出的合理费用。

生态环境损害发生后，必须及时采取合理预防、防止损害扩大的措施，将损害控制在最小范围内，也有利于后续治理与修复工作的开展。《最高人民法院关于审理环境民事公益诉讼案件适用法律若干问题的解释》第19条第2款规定，原告为停止侵害、排除妨碍、消除危险采取合理预防、处置措施而发生的费用，请求被告承担的，人民法院可以依法予以支持。

案例指引

27. 严重超标重金属的废酸水倾倒在沟渠内，造成水体和土壤严重污染，应承担哪些责任?①

2018年2月至3月，王某某、张某某利用厢式货车，将重金属严重超标的废酸水倾倒在西青区某镇的沟渠内，经环保部门监测，废酸水中镍含量超过国家污染物排放标准十倍以上，造成该沟渠严重污染，被污染土壤体积约$2000m^3$。案发后，天津市西青区人民法院以污染环境罪判处王某某、张某某有期徒刑并处罚金。经天津市环境保护技术开发中心鉴定评估，污染行为造成生态环境损害，量化后的损害数额为1787472.96元、事务性费用201111元。天津市西青区生态环境局（以下简称西青区生态环境局）与王某某、张某某就赔偿问题磋商未果，提起诉讼，要求二人连带赔偿上述费用。

天津市第一中级人民法院认为，王某某、张某某将含严重超标重金属的废酸水倾倒在沟渠内，造成水体和土壤严重污染，应就污染行为造成的损失承担连带赔偿责任。关于赔偿数额，西青区生态环境局提交了经环保部推荐的评估机构出具的鉴定评估报告，且鉴定人出庭接受了当事人的质询，王某某、张某某亦未提出相反证据，故对该评估报告依法

① 参见《天津高院发布环境资源典型案例》（2022年11月24日），天津市西青区生态环境局诉王某某、张某某生态环境损害赔偿诉讼案，载天津法院网 https：//tjfy. tjcourt. gov. cn/article/detail/2022/11/id/7033615. shtml，最后访问日期：2023年3月15日。

予以采信。判决王某某、张某某连带赔偿污染清除费用、损害恢复费用及事务性费用共计1988583.96元。

本案是因排放废水污染水体和土壤引起的生态环境损害赔偿案件。生态环境损害赔偿诉讼是有别于普通环境侵权诉讼及社会组织或者检察机关提起的环境民事公益诉讼的新类型诉讼。大气、水、土壤污染是人民群众感受最为直接、反映最为强烈的环境问题，打赢蓝天、碧水、净土保卫战是打好污染防治攻坚战的重要内容。人民法院正确适用法律，在另案已追究当事人刑事责任的同时，判决当事人承担环境修复民事责任，有效落实最严格、最严密生态环境保护法律制度，既遵循了“谁污染、谁治理”的原则，有效促进了生态环境的修复改善，又加大了对污染环境违法行为的惩处力度，增加了被告污染环境违法行为的成本，体现了环境司法对破坏生态环境行为的“零容忍”。案件审理过程中，人民法院从举证责任分配、鉴定人出庭程序等方面进行了积极探索，为完善生态环境损害赔偿案件的审理规则积累了有益经验。本案审结后，针对生态环境损害赔偿案件磋商和评估鉴定中的问题，人民法院还向生态环境部门发出司法建议，为进一步健全天津市生态环境损害赔偿机制，实现司法审判与环境执法的有机衔接，提供了实践支持。

关联参见

《最高人民法院关于审理环境民事公益诉讼案件适用法律若干问题的解释》第19—24条

第八章　高度危险责任

第一千二百三十六条　【高度危险责任一般规定】从事高度危险作业造成他人损害的，应当承担侵权责任。

条文解读

高度危险作业 这里讲的“高度危险作业”，既包括使用民用核设施、高速轨道运输工具和从事高压、高空、地下采掘等高度危险活动，也包括占有、使用易燃、易爆、剧毒和放射性等高度危险物的行为。“高度危险作业”的表述是个开放性的概念，包括一切对周围环境产生高度危险的作业形式。一般认为，具体行为构成高度危险作业应具备以下三个条件：(1) 作业本身具有高度的危险性。也就是说，危险性变为现实损害的概率很大，超过了一般人正常的防范意识，或者说超过了在一般条件下人们可以避免或者躲避的危险。(2) 高度危险作业即使采取安全措施并尽到了相当的注意也无法避免损害。日常生活中，任何一种活动都可能对周围人们的财产或人身产生一定的危险性，但高度危险作业则具有不完全受人控制或者难以控制的危害性。(3) 不考虑高度危险作业人对造成损害是否有过错。

第一千二百三十七条　【民用核设施致害责任】民用核设施或者运入运出核设施的核材料发生核事故造成他人损害的，民用核设施的营运单位应当承担侵权责任；但是，能够证明损害是因战争、武装冲突、暴乱等情形或者受害人故意造成的，不承担责任。

条文解读

民用核设施或者运入运出核设施的核材料发生核事故的致害责任，实行无过错原则，按照本条和《核安全法》第 90 条第 1 款的规定，只有在能够证明损害是因战争、武装冲突、暴乱等情形或者受害人故意造成的，才可以不承担责任。

本条规定，民用核设施的营运单位应当承担侵权责任，这里的“侵权责任”不仅仅是损害赔偿责任。由于发生核事故，可能对周围环境带来很大的危害，因此，民用核设施的经营者不仅应在事后向受害人进行损害赔偿，而且在事发时就应当积极采取停止侵害、消除危险等措施并积极救助受害人。在损害赔偿责任上，由于核事故造成的危害面比较广，为了兼顾核工业的正常发展和保护受害人的权益，国际通行做法是通过立法规定民用核设施的赔偿限额。《民法典》也在第1244条对赔偿限额作了规定。

关联参见

《核安全法》第2条、第90条、第93条

第一千二百三十八条 【民用航空器致害责任】 民用航空器造成他人损害的，民用航空器的经营者应当承担侵权责任；但是，能够证明损害是因受害人故意造成的，不承担责任。

条文解读

民用航空器致害责任 ➲ 本条是关于民用航空器致害责任的规定。

民用航空器造成他人损害的，包括两种情形：一种情形是民用航空器在从事旅客、货物运输过程中，对所载运的旅客、货物造成的损害。这里的"航空运输期间"是指在机场内、民用航空器上或者机场外降落的任何地点，托运行李、货物处于承运人掌管之下的全部期间。另一种情形是民用航空器对地面第三人的人身、财产造成的损害。具体来说，就是飞行中的民用航空器或者从飞行中的民用航空器上落下的人或者物，造成地面（包括水面）上的人身伤亡和财产损害。

关联参见

《民用航空法》第124条、第125条、第157—172条

第一千二百三十九条 【高度危险物致害责任】 占有或者使用易燃、易爆、剧毒、高放射性、强腐蚀性、高致病性等高度危险物造成他人损害的，占有人或者使用人应当承担侵权责任；但是，能够证明损害是因受害人故意或者不可抗力造成的，不承担责任。被侵权人对损害的发生有重大过失的，可以减轻占有人或者使用人的责任。

条文解读

高度危险物致害责任 ➲ 本条是关于高度危险物致害责任的规定。

根据本条规定，占有或者使用易燃、易爆、剧毒、高放射性、强腐蚀性、高致病性等高度危险物造成他人损害的，占有人或者使用人应当承担侵权责任，其归责原则为无过错责任原则。

本条所规定的免责事由中，就免除责任事由而言，仅限于受害人故意和不可抗力造成两类，并且由高度危险物的占有人或者使用人承担证明责任，证明损害是因这两类原因而造成的。就减轻责任事由而言，如果被侵权人对损害的发生有重大过失的，则可以减轻占有人或者使用人的责任，被侵权人仅具有一般过失或轻微过失则不得减轻占有人或者使用人的责任。

第一千二百四十条　【高度危险活动致害责任】 从事高空、高压、地下挖掘活动或者使用高速轨道运输工具造成他人损害的，经营者应当承担侵权责任；但是，能够证明损害是因受害人故意或者不可抗力造成的，不承担责任。被侵权人对损害的发生有重大过失的，可以减轻经营者的责任。

条文解读

高度危险活动致害责任 ➲ 本条是关于高度危险活动致害责任的规定。

高度危险活动，是经营者从事的高空、高压、地下挖掘、使用高速轨道运输工具等具有高度危险性的经营活动。高空作业是在离开地面相当距离的具有高度危险性的作业。高压是指从事的经营活动的压力超过普通的程度，如高压电、高压水、高压气泵等，其压强超过通常的标准，即为高压。地下挖掘不同于《民法典》第1258条规定的道路上挖掘，而是在地面以下进行的挖掘活动。高速轨道运输工具通常是指火车等有轨道的高速运输工具。这样的经营活动，都属于高度危险活动。

构成高度危险活动损害责任的要件是：（1）经营者从事了高度危险活动，且该高度危险活动是合法经营，如果是违法经营要承担更重的责任；（2）造成了他人的人身损害和财产损害；（3）高度危险活动是造成人身损害或者财产损害的原因，二者之间有因果关系。

高度危险活动损害责任的主体，是高度危险活动的经营者。确定高度危险活动的经营者，在用管线输送的情况下，应当以管线的产权界限为标准。例如，高压电的经营活动，有发电、送电、用电等不同经营者，但都是在一条高压电线之上，当高压电引发事故造成损害时，究竟应当由谁承担责任，就须以高压电线的产权单位作为经营者的界限，在哪一个产权权属范围内发生的事故造成损害，就由这一段高压线路的经营者承担损害赔偿责任。

高度危险活动损害责任的免责事由是：（1）能够证明损害是因受害人故意造成的；（2）损害是因不可抗力造成的。减责事由是：被侵权人对损害的发生有重大过失的，可以减轻经营者的责任。因被侵权人的一般过失所引发的损害，不能减轻经营者的责任。

实务应用

34. 受害人明知高压电线下为危险区域，仍在其下垂钓以致触电死亡，高压电线的产权人能否免责？

受害人明知高压电线下为危险区域，仍在高压线下垂钓以致触电死亡的，可以认定受害人主观上存在重大过失，而不构成故意。因此，高压电线的产权人不能免责，但是可以减轻其民事赔偿责任。

第一千二百四十一条　【遗失、抛弃高度危险物致害的侵权责任】遗失、抛弃高度危险物造成他人损害的，由所有人承担侵权责任。所有人将高度危险物交由他人管理的，由管理人承担侵权责任；所有人有过错的，与管理人承担连带责任。

条文解读

遗失、抛弃高度危险物致害的侵权责任 ➲ 本条是关于遗失、抛弃高度危险物致害的侵权责任的规定。

高度危险物包括易燃、易爆、剧毒、放射性等危险物品，这些物品因为本身即具有对人身、财产极易造成损害的高度危险性，因此，国家对高度危险物品的生产和储存实行统一规划、合理布局和严格控制，并对高度危险物生产、储存和处理制定了严格的规范。高度危险物的责任主要有以下三种形式：（1）遗失、抛弃高度危险物造成他人损害的，由所有人承担侵权责任。（2）所有人将高度危险物交由他人管理的，由管理人承担侵权责任。（3）所有人有过错的，与管理人承担连带责任。所有人将高度危险物交由他人管理的，应当选择有相应资质的管理单位，并如实说明高度危险物的名称、性质、数量、危害、应急措施等情况。如果所有人未选择符合资质的管理人，或者未如实说明有关情况，所有人即有过错。

第一千二百四十二条　【非法占有高度危险物致害的侵权责任】非法占有高度危险物造成他人损害的，由非法占有人承担侵权责任。所有人、管理人不能证明对防止非法占有尽到高度注意义务的，与非法占有人承担连带责任。

条文解读

非法占有高度危险物致害的侵权责任 ➲ 本条是关于非法占有高度危险物致害的侵权责任的规定。

非法占有，是指无权占有，是未经允许而擅自将高度危险物品进行占有的行为，如对高度危险物品进行盗窃、抢劫、抢夺、侵占等，都是非法占有的主要形式。非法占有高度危险物时，高度危险物处于非法占有人的控制之下，因此造成他人损害的，应当由非法占有人承担责任，此种侵权责任的归责原则同样是无过错责任原则。

由于易燃、易爆、剧毒、高放射性、强腐蚀性、高致病性等高度危险物在安全管理上，受到相应单行法规范的调整，往往施加了各类限制，要求所有人或者管理人对其占有的高度危险物尽到高度注意义务、采取严格的安全措施妥善进行保管。如果所有人或者管理人未尽到高度注意义务而导致高度危险物被非法占有，则表明所有人、管理人没有尽到应当尽到的高度注意义务，所以对损害的发生也负有责任，应当与非法占有人一起，承担连带责任。所有人、管理人在非法占有人造成损害之后，如果不想承担侵权责任，则应当证明其对于防止他人非法占有高度危险物品，已经尽到了高度注意义务；否则，无法证明其已经尽到了高度注意义务的，则应当与非法占有人承担连带责任。

第一千二百四十三条　【未经许可进入高度危险作业区域的致害责任】未经许可进入高度危险活动区域或者高度危险物存放区域受到损害，管理人能够证明已经采取足够安全措施并尽到充分警示义务的，可以减轻或者不承担责任。

条文解读

本条是关于未经许可进入高度危险活动区域或者高度危险物存放区域后，损害责任如何承担的规定。

要正确理解本条的规定，需要看到高度危险责任的类型非常复杂，一般来说，对于高度危险作业活动，即高度危险作业人积极、主动地对周围环境实施具有高度危险的活动，作业人应当承担无过错责任。但是，高度危险责任中除了这一类对周围环境实施积极、主动危险活动的高度危险作业外，还包括另一类，它并非积极、主动实施对周围环境造成高度危险的活动，而是因其管理控制的场所、区域具有高度危险性，如果未经许可擅自进入该区域，则易导致损害的发生，即高度危险活动区域或者高度危险物存放区域责任。如果将对高度危险场所、区域的控制和管理也视为高度危险活动，这一类高度危险活动是静态的，不像高度危险作业活动一样对周围环境实施了积极、主动的危险。虽然二者都属于高度危险责任，但在免责和减责事由上，二者应有所区别。因此，本条规定，未经许可进入高度危险活动区域或者高度危险物存放区域受到损害，管理人已经采取安全措施并且尽到警示义务的，可以减轻或者不承担责任。

第一千二百四十四条　【高度危险责任赔偿限额】 承担高度危险责任，法律规定赔偿限额的，依照其规定，但是行为人有故意或者重大过失的除外。

条文解读

高度危险责任赔偿限额 ➲ 本条是关于高度危险责任赔偿限额的规定。

根据本条规定，承担高度危险责任的赔偿限额，只能基于法律的规定，而且往往是单行法律的规定。当相关法律对赔偿限额作出规定时，相关侵权责任纠纷的解决，适用该法律的限额规定。

关联参见

《铁路法》第 17 条；《国内航空运输承运人赔偿责任限额规定》第 3 条

第九章　饲养动物损害责任

第一千二百四十五条　【饲养动物损害责任一般规定】 饲养的动物造成他人损害的，动物饲养人或者管理人应当承担侵权责任；但是，能够证明损害是因被侵权人故意或者重大过失造成的，可以不承担或者减轻责任。

条文解读

在各类侵权行为中，饲养动物致人损害是一种特殊的形式，其特殊性在于它是一种间接侵权引发的一种直接责任，其加害行为是人的行为与动物的行为的复合。人的行为是指人对动物的所有、占有、饲养或者管理。动物的行为是直接的加害行为。这两种行为相结合，才能构成侵权行为。动物致人损害的构成要件是：须为饲养的动物；须有动物的加害行为；须有造成他人损害的事实；须有动物加害行为与损害之间的因果关系。这一构成要件表明我国法律对动物致害采取的是无过错责任原则。

第一千二百四十六条　【未对动物采取安全措施损害责任】 违反管理规定，未对动物采取安全措施造成他人损害的，动物饲养人或者管理人应当承担侵权责任；但是，能够证明损害是因被侵权人故意造成的，可以减轻责任。

条文解读

未对动物采取安全措施损害责任 ➔ 本条是关于未对动物采取安全措施损害责任的规定。

未对动物采取安全措施造成他人损害的饲养动物损害责任，适用无过错责任确定侵权责任。动物饲养人或者管理人违反管理规定未对动物采取安全措施造成他人损害，无须考察动物饲养人或者管理人的过错，直接按照无过错责任原则确定侵权责任。

未对饲养动物采取安全措施损害责任的构成要件是：（1）动物饲养人在饲养动物的过程中，违反国家法律、法规和规章的管理规定；（2）对应当按照规定采取安全措施的饲养动物，没有采取安全措施；（3）饲养的动物造成了被侵权人的人身损害或者财产损害。例如，在城市饲养大型犬，没有按照规定采取安全措施进行饲养，造成他人损害，应当承担赔偿责任。

第一千二百四十七条　【禁止饲养的危险动物损害责任】 禁止饲养的烈性犬等危险动物造成他人损害的，动物饲养人或者管理人应当承担侵权责任。

条文解读

禁止饲养的危险动物损害责任 ➲ 本条是对禁止饲养的危险动物致害的责任的规定。

从本条规定来看，其并没有明确是过错责任还是无过错责任。但是，既然《民法典》第 1245 条对普通饲养的动物致害都采取无过错责任，对禁止饲养的危险动物，就更应当采取无过错责任了。

饲养烈性动物有较大的危害性。饲养动物对于周围人的人身和财产具有的危险性不仅存在，有时甚至是巨大的。首先，许多动物在野性发作时或者发情时具有难以控制的破坏力，从而具有伤害人和损害财产的危险性。其次，动物的流动性可能形成难以控制的破坏力。动物的危险性不仅在于具有攻击性和难以预见性的行为，即使是温顺的奶牛或者绵羊卧倒在道路、轨道上也会引发交通事故，其动物饲养人也应当承担侵权责任。

第一千二百四十八条　【动物园饲养动物损害责任】 动物园的动物造成他人损害的，动物园应当承担侵权责任；但是，能够证明尽到管理职责的，不承担侵权责任。

条文解读

动物园饲养动物损害责任 ➲ 本条是关于动物园饲养动物损害责任承担的规定。

根据本条规定，动物园的动物造成他人损害的，动物园应当承担侵权责任，但能够证明尽到管理职责的，不承担责任。也就是说，本条适用过错推定责任，动物园负有高度注意义务，只有能够证明已经采取足够的安全措施，并尽到充分的警示义务，才能认定没有过错。如果动物园能够证明设施、设备没有瑕疵、有明显的警示牌，管理人员对游客挑逗、投打动物或者擅自翻越栏杆靠近动物等行为进行了劝阻，该尽的管理职责已经做到了，那么动物园就可以不承担侵权责任。

第一千二百四十九条　【遗弃、逃逸动物损害责任】 遗弃、逃逸的动物在遗弃、逃逸期间造成他人损害的，由动物原饲养人或者管理人承担侵权责任。

条文解读

遗弃、逃逸动物损害责任 ➡ 本条是对遗弃、逃逸动物致害的侵权责任的规定。

除了满足普遍的饲养动物致害的构成要件之外，遗弃和逃逸动物致害责任的成立还必须满足如下两个要件：一是遗弃或逃逸的动物。所谓遗弃，是指基于动物饲养人或管理人的意思而抛弃其动物。所谓逃逸，是指动物的走失。二是在遗弃或逃逸期间致害。在动物逃逸或者随意遗弃动物的情况下，并不改变动物原饲养人或管理人的责任主体地位，恰恰在此种情况下，加剧了动物危险，更需要动物原饲养人或管理人承担危险责任。

第一千二百五十条　【因第三人过错致使动物致害责任】 因第三人的过错致使动物造成他人损害的，被侵权人可以向动物饲养人或者管理人请求赔偿，也可以向第三人请求赔偿。动物饲养人或者管理人赔偿后，有权向第三人追偿。

条文解读

因第三人过错致使动物致害责任 ➡ 本条是关于因第三人过错致使动物致害责任的规定。

本条规定其实是《民法典》侵权责任编一般规定部分关于第三人过错在饲养动物造成他人损害中的体现。《民法典》侵权责任编第 1175 条规定，损害是因第三人造成的，第三人应当承担侵权责任。本条在此基础上，强调了动物饲养人或者管理人的责任。

首先，本条规定限于因第三人的过错致使动物造成他人损害的情形。饲养的动物造成他人损害，绝大多数情况下，是基于动物饲养人或者管理人自身的原因，如饲养的动物是禁止饲养的大型犬、烈性犬等危险动物，或者在饲养动物过程中未遵守相关管理规定，不对动物实施有效控制等。但也有基于第三人原因而造成动物致人损害的情形。常见的第三人的过错，主要表现为有意挑逗动物，恐吓刺激动物，投掷殴打动物，投喂动物食物，这些行为都激发了动物的兽性，导致动物不受饲养人、管理人的控制而实施了造成他人损害的行为。

其次，在责任主体上，动物饲养人或者管理人和第三人都是承担侵权责任的主体，被侵权人可以向动物饲养人或者管理人请求赔偿，也可以向第三人请求赔偿。动物饲养人或者管理人和第三人之间形成了不真正连带之债。被侵权人可以选择向任何一方请求全部的赔偿。如果是选择第三人承担责任，则第三人本身就是终局责任人，就不存在追偿的问题。

再次，如果被侵权人选择向动物饲养人或者管理人请求赔偿，那么动物饲养人或者管理人向第三人承担赔偿责任之后，有权向第三人追偿，因为本条规定的情形中，第三人才是过错造成损害的原因，第三人是终局责任人。

最后，如果第三人的过错与动物饲养人或者管理人自身的原因相结合而致使动物造成他人损害的，如动物饲养人或者管理人未对动物采取有效的安全措施，同时第三人有意殴打动物，导致动物伤人，此时应当依据《民法典》侵权责任编一般规定部分关于数人侵权的规定，根据具体情形来确定责任形态，划分各方责任。

第一千二百五十一条　【饲养动物应负的社会责任】饲养动物应当遵守法律法规，尊重社会公德，不得妨碍他人生活。

条文解读

动物的一切行为约束全部靠动物饲养人或者管理人的管制。

本条规定，饲养动物应当遵守法律，尊重社会公德，不得妨碍他人生活。既然饲养了动物，饲养人就应该意识到自己担负着遵守社会公德和保护公共环境的双重社会责任，不能放任宠物侵扰他人的正常生活。动物饲养人应当自觉规范自己的行为，按照规定饲养动物：（1）动物饲养人或者管理人在携犬出户时，应当对犬束犬链，由成年人牵领，并应当避让老年人、残疾人、孕妇和儿童。（2）动物饲养人或者管理人不得让动物干扰他人正常生活。犬吠影响他人休息时，养犬人应当采取有效措施予以制止。（3）不得携宠物进入市场、商店、商业街区、饭店、公园、公共绿地、学校、医院、展览馆、影剧院、体育场馆、社区公共健身场所、游乐场、候车室等公共场所；不得携宠物乘坐除小型出租汽车以外的公共交通工具；携宠物乘坐小型出租汽车时，应征得驾驶员的同意，并作好防护安全措施。（4）饲养宠物要定期注射预防疾病疫苗、狂犬病疫苗和必要的医疗保健措施；不抛弃、不放弃饲养的宠物。（5）携宠物出户时，对在户外排泄的粪便应当立即清除，等等。

第十章　建筑物和物件损害责任

第一千二百五十二条　【建筑物、构筑物或者其他设施倒塌、塌陷致害责任】建筑物、构筑物或者其他设施倒塌、塌陷造成他人损害的，由建设单位与施工单位承担连带责任，但是建设单位与施工单位能够证明不存在质量缺陷的除外。建设单位、施工单位赔偿后，有其他责任人的，有权向其他责任人追偿。

因所有人、管理人、使用人或者第三人的原因，建筑物、构筑物或者其他设施倒塌、塌陷造成他人损害的，由所有人、管理人、使用人或者第三人承担侵权责任。

条文解读

不动产倒塌、塌陷损害责任分为两种类型：

1. 不动产建设缺陷损害责任。具体规则是：（1）该损害责任适用过错推定原则，建筑物、构筑物或者其他设施倒塌、塌陷造成他人损害的，推定该建筑物、构筑物或者其他设施存在建设缺陷，由建设单位与施工单位对被侵权人的损害承担连带责任。（2）建设单位与施工单位能够证明自己的建筑物、构筑物或者其他设施不存在质量缺陷，建设单位与施工单位就不承担赔偿责任。（3）建设单位与施工单位不能证明自己的建筑物、构筑物或者其他设施不存在建设缺陷，但是能够证明建设缺陷是由其他责任人所致，如勘察单位、设计单位、监理单位或者建筑材料供应单位造成的建设缺陷，则建设单位、施工单位在赔偿后，有权向其他责任人追偿。

2. 不动产管理缺陷损害责任。建筑物、构筑物或者其他设施的倒塌、塌陷，不是因建设缺陷所致，而是因所有人、管理人、使用人或者第三人存在管理缺陷所致，建筑物、构筑物或者其他设施倒塌、塌陷造成他人人身损害或者财产损害的，不是由建设单位与施工单位承担赔偿责任，而是由建筑物、构筑物或者其他设施的所有人、管理人、使用人或者第三人承担侵权责任。确定赔偿责任主体的方法是，证明是谁造成的管理缺陷致使建筑物等倒塌、塌陷，就向谁请求承担赔偿责任，而不适用不真正连带责任规则承担损失赔偿责任。

关联参见

《建筑法》第55条、第56条、第58条、第60—62条、第66条、第67条、第69条、第70条、第73—75条、第79条、第80条；《刑法》第137条、第138条；《物业管理条例》第56条；《最高人民法院

关于审理建设工程施工合同纠纷案件适用法律问题的解释（一）》第13条、第18条

第一千二百五十三条　【建筑物、构筑物或者其他设施及其搁置物、悬挂物脱落、坠落致害责任】建筑物、构筑物或者其他设施及其搁置物、悬挂物发生脱落、坠落造成他人损害，所有人、管理人或者使用人不能证明自己没有过错的，应当承担侵权责任。所有人、管理人或者使用人赔偿后，有其他责任人的，有权向其他责任人追偿。

条文解读

建筑物、构筑物或者其他设施及其搁置物、悬挂物脱落、坠落造成他人损害，本条规定了三个侵权责任主体：一是所有人。所有人是指对建筑物等设施拥有所有权的人。二是管理人。管理人是指对建筑物等设施及其搁置物、悬挂物负有管理、维护义务的人。三是使用人。使用人是指因租赁、借用或者其他情形使用建筑物等设施的人。一般来讲，使用人承担责任有两种情形：一是使用人依法对其使用的建筑物、构筑物或者其他设施负有管理、维护的义务时，因其管理、维护不当造成他人损害。例如，《民法典》第712条规定："出租人应当履行租赁物的维修义务，但是当事人另有约定的除外。"当根据合同约定，房屋承租人对房屋有管理、维护义务时，房屋及其搁置物、悬挂物脱落、坠落造成他人损害，承租人不能证明自己没有过错的，要承担侵权责任。二是使用人对建筑物、构筑物或者其他设施的搁置物、悬挂物管理、维护不当，造成他人损害。例如，承租人在阳台上放置的花盆或者晾晒的物品坠落造成他人损害，承租人不能证明自己没有过错的，要承担侵权责任。

第一千二百五十四条　【高空抛掷物、坠落物致害责任】禁止从建筑物中抛掷物品。从建筑物中抛掷物品或者从建筑物上坠落

的物品造成他人损害的，由侵权人依法承担侵权责任；经调查难以确定具体侵权人的，除能够证明自己不是侵权人的外，由可能加害的建筑物使用人给予补偿。可能加害的建筑物使用人补偿后，有权向侵权人追偿。

物业服务企业等建筑物管理人应当采取必要的安全保障措施防止前款规定情形的发生；未采取必要的安全保障措施的，应当依法承担未履行安全保障义务的侵权责任。

发生本条第一款规定的情形的，公安等机关应当依法及时调查，查清责任人。

案例指引

28. 高空抛物致他人伤残，侵权人应承担哪些责任？①

2019 年 5 月 26 日下午，年近七旬的庾某娴在自家小区花园内散步，经过黄某辉楼下时，黄某辉家小孩从自家 35 楼房屋阳台抛下一瓶矿泉水，水瓶掉落到庾某娴身旁，导致其惊吓、摔倒。报警后，庾某娴被送往医院治疗。

次日，庾某娴亲属与黄某辉一起查看监控，确认了上述事实，双方签订了确认书，黄某辉向庾某娴支付了 1 万元赔偿。

庾某娴住院治疗 22 天后才出院，其后又因此事反复入院治疗，累计超过 60 天，住院费用花费数万元。经中山大学法医鉴定中心鉴定，庾某娴伤情构成十级伤残。

黄某辉除已支付 1 万元外，拒绝支付剩余治疗费，庾某娴遂向广州市越秀区人民法院起诉，要求黄某辉赔偿医疗费、护理费、残疾赔偿金、交通费、鉴定费、住院伙食补助费、精神损害抚慰金等合计 10 万余元。

---

① 参见《惩治高空抛物行为：以裁判树规则，守护头顶上的安全感》，载中国法院网 https://www.chinacourt.org/article/detail/2022/03/id/6563739.shtml，最后访问日期：2023 年 3 月 15 日。

法院经审理认为，庾某娴散步时被从高空抛下的水瓶惊吓摔倒受伤，经监控录像显示水瓶由黄某辉租住房屋阳台抛下，有视频及庾某娴、黄某辉签订的确认书证明。双方确认抛物者为无民事行为能力人，黄某辉是其监护人，庾某娴要求黄某辉承担赔偿责任，黄某辉亦同意赔偿。涉案高空抛物行为发生在《民法典》实施前，但为了更好地保护公民、法人和其他组织的权利和利益，根据《最高人民法院关于适用〈中华人民共和国民法典〉时间效力的若干规定》第 19 条规定，《民法典》施行前，从建筑物中抛掷物品或者从建筑物上坠落的物品造成他人损害引起的民事纠纷案件，适用《民法典》第 1254 条的规定。2021 年 1 月 4 日，判决黄某辉向庾某娴赔偿医疗费、护理费、交通费、住院伙食补助费、残疾赔偿金、鉴定费合计 8.3 万元；精神损害抚慰金 1 万元。

本案是一起典型的高空抛物致人损害的侵权案件。高空抛下的矿泉水瓶虽未直接砸中原告，但由于具有极强的危险性，导致原告受惊吓倒地受伤致残，该后果与高空抛物具有直接因果关系，应由侵权人承担赔偿责任。近年来，全国各地陆续发生高空抛物、坠物伤人事件，成为“城市上空之痛”。

从 2021 年 1 月 1 日开始施行的《民法典》吸收原《侵权责任法》和最高人民法院 2019 年发布的《关于依法妥善审理高空抛物、坠物案件的意见》精神，将对高空安全的保护推向了全新的高度，明确禁止从建筑物中抛掷物品，对高空抛物、高空坠物致人损害的民事责任进行了厘定。《民法典》的施行对遏制高空抛物行为发生、保护人民群众生命财产安全具有重要作用。除了民事责任，如果故意从高空抛掷物品，情节严重的，还有可能构成犯罪。《刑法修正案（十一）》也进一步规定高空抛物情节严重的构成犯罪，承担刑事责任，责任人需要付出更高的法律代价。

本案依法适用《民法典》判决被告承担赔偿责任，旨在通过公正裁判树立行为规则，旗帜鲜明地向高空抛物等不文明行为说“不”，通过以案释法明理，倡导公众讲文明、讲公德，牢固树立文明、和谐的社会主义核心价值观。

第一千二百五十五条　【堆放物致害责任】 堆放物倒塌、滚落或者滑落造成他人损害，堆放人不能证明自己没有过错的，应当承担侵权责任。

条文解读

堆放物是指堆放在土地上或者其他地方的物品。堆放物须是非固定在其他物体上，例如，建筑工地上堆放的砖块，木料场堆放的圆木等。

本条所说的倒塌，包括堆放物整体的倒塌和部分的脱落、坠落、滑落、滚落等。例如，码头堆放的集装箱倒塌、建筑工地上堆放的建筑材料倒塌、伐木场堆放的圆木滚落等。

堆放人是指将物体堆放在某处的人。堆放人可能是所有人，也可能是管理人。堆放人应当合理选择堆放地点、堆放高度，要堆放稳固并看管好堆放的物品，防止被他人随意挪动，防止他人特别是限制行为能力人和无行为能力人攀爬等。

第一千二百五十六条　【在公共道路上妨碍通行物品的致害责任】 在公共道路上堆放、倾倒、遗撒妨碍通行的物品造成他人损害的，由行为人承担侵权责任。公共道路管理人不能证明已经尽到清理、防护、警示等义务的，应当承担相应的责任。

条文解读

在公共道路上堆放、倾倒、遗撒妨碍通行的物品的主体大致可分为两类：一类是具体实施该行为的侵权人。任何人都应当遵守道路管理规则，避免在道路上堆放、倾倒、遗撒妨碍通行物，在公共道路上堆放、倾倒、遗撒妨碍通行物造成他人损害的，应当由行为人承担责任。另一类是对公共道路具有养护、管理职责的主体。公共道路涉及公共安全，公共道路管理人对道路的管理职责中当然就包括法定的防止因第三人的堆放、倾倒、遗撒等行为造成他人损害的义务。为了保障公共道路具有良好的使用状态，公共道路的管理、维护者要及时发现道路上出现的妨碍通行的情况并采取清理、防护、警示等合理的措施。如果没有尽到这种义务，应在未尽到职责的范围内承担相应的侵权责任。

公共道路 公共道路是指公共通行的道路。根据《公路法》和《公路管理条例》的规定，公路是指经公路主管部门验收认定的城间、城乡间、乡间能行驶汽车的公共道路，公路包括公路渡口、公路路基、路面、桥梁、涵洞、隧道。根据《道路交通安全法》的规定，道路是指公路、城市道路和虽在单位管辖范围但允许社会机动车通行的地方，包括广场、公共停车场等用于公众通行的场所。本条所说的公共道路包括但不局限于《公路法》《公路管理条例》中的公路以及《道路交通安全法》中的道路。公共道路既包括通行机动车的道路，也包括人行道路。另外，广场、停车场等可供公共通行的场地、建筑区划内属于业主共有但允许不特定的公众通行的道路都属于公共道路。

堆放、倾倒、遗撒妨碍通行的物品 本条规定的堆放、倾倒、遗撒妨碍通行的物品，是指在公共道路上堆放、倾倒、遗撒物品，影响他人对该公共道路正常、合理的使用。公共道路的使用关系到公众的利益，在道路上堆放、倾倒、遗撒妨碍通行物，会对他人的安全造成不合理的危险。《公路法》第 46 条规定，任何单位和个人不得在公路上及公路用地范围内摆摊设点、堆放物品、倾倒垃圾、设置障碍、挖沟引水、利用公路边沟排放污物或者进行其他损坏、污染公路和影响公路畅通的活动。《道路交通安全法》第 48 条第 1 款规定，机动车载物的长、宽、高不得违反装载要求，不得遗洒、飘散载运物。在公共道路上堆放、倾倒、遗撒妨碍通行的物品，既可以是堆放、倾倒、遗撒固体物，如在公共道路上非法设置路障、晾晒粮食、倾倒垃圾等，也可以是倾倒液体、排放气体，如运油车将石油泄漏到公路上、非法向道路排水、热力井向道路散发出大量蒸汽。

被侵权人被堆放、倾倒、遗撒的妨碍通行物损害有多种情形。例如，行人在公共道路上被妨碍通行物绊倒、滑倒；司机被公共道路上非法堆放的物体遮挡视线，驾驶机动车撞到路旁的建筑物上、发生交通事故；等等。

第一千二百五十七条　【林木致害的责任】 因林木折断、倾倒或者果实坠落等造成他人损害，林木的所有人或者管理人不能证明自己没有过错的，应当承担侵权责任。

条文解读

林木 ➲ 本条所说的林木，包括自然生长和人工种植的林木。本条规定并未限定林木生长的地域范围，林地中的林木、公共道路旁的林木以及院落周围零星生长的树木等折断造成他人损害，林木的所有人或者管理人不能证明自己没有过错的，均要承担侵权责任。当然，根据林木生长的具体情况，认定林木所有人或者管理人的过错应有所区别。

林木的所有人或者管理人应当对林木进行合理的维护，防止林木出现危害他人安全的情形。例如，所有人或者管理人应当固定好新栽的树木，在林木可能危害他人的安全时，要设置明显标志并采取相应的安全措施，及时消除危险状态。例如，要及时修剪干枯的树枝、采伐干枯的树木，及时清理树上的积雪，及时采摘成熟的果实等。

本条采用过错推定原则，林木折断造成他人损害，林木的所有人或者管理人不能证明自己没有过错的，应当承担侵权责任。所有人或者管理人要证明自己没有过错，通常要证明其对林木已经尽到了管理、维护的义务。需要说明的是，很多时候，林木的折断表面上是由于自然原因或者第三人等的原因造成的，但实质上与所有人或者管理人的过错有关。例如，大风将因虫害而枯死的大树刮倒，砸伤了过路的行人。大风和虫害是导致树木折断的因素，但由于虫害可能是因所有人或者管理人没有尽到管理、维护的义务造成的，因此，所有人或者管理人不能证明自己没有过错的，仍然要承担侵权责任。再如，他人驾驶机动车撞到树木上，造成树木倾斜，后来树木倾倒或者折断造成他人损害，所有人或者管理人不能证明在该树木被撞倾斜后，自己为了防止该树木倾倒或者折断而及时采取了合理措施的，仍然要承担责任。

关联参见

《森林法》第 20 条

第一千二百五十八条　【公共场所或道路施工致害责任和窨井等地下设施致害责任】在公共场所或者道路上挖掘、修缮安装地下设施等造成他人损害，施工人不能证明已经设置明显标志和采取安全措施的，应当承担侵权责任。

窨井等地下设施造成他人损害，管理人不能证明尽到管理职责的，应当承担侵权责任。

条文解读

地下工作物损害责任，是指在公共场所或者道路上挖掘、修缮安装地下设施等形成的地下物，或者窨井等地下工作物，施工人或者管理人没有设置明显标志和采取安全措施，或者没有尽到管理职责，造成他人人身或者财产损害，施工人或者管理人应当承担赔偿损失责任的物件损害责任。

地下工作物损害责任适用过错推定原则。其构成要件是：(1) 致害物件为地下工作物，即在公共场所或者道路上挖掘、修缮安装地下设施等形成的工作物，以空间的形式与土地的地表相连；(2) 地下工作物造成了他人的人身损害或者财产损害；(3) 地下工作物对受害人的损害事实有因果关系；(4) 地下工作物的施工人或者管理人存在未设置明显标志和采取安全措施或者未尽管理职责的过失。

地下工作物损害责任分为两种类型：(1) 施工中的地下工作物损害

责任，是地下工作物致人损害的过失在于施工人，施工人未设置明显标志和采取安全措施，存在过失，是赔偿责任主体，应当对被侵权人承担侵权赔偿责任。（2）使用中的地下工作物损害责任，是窨井等地下设施造成他人损害，过失在于管理人未尽管理职责，因而对被侵权人造成的损害，应当承担侵权赔偿责任。

法律法规新解读系列

关联法规

民法典侵权责任编解读与应用

中华人民共和国民法典（节录）

· 2020 年 5 月 28 日第十三届全国人民代表大会第三次会议通过

· 2020 年 5 月 28 日中华人民共和国主席令第 45 号公布

· 自 2021 年 1 月 1 日起施行

……

第十七条　【成年时间】十八周岁以上的自然人为成年人。不满十八周岁的自然人为未成年人。

第十八条　【完全民事行为能力人】成年人为完全民事行为能力人，可以独立实施民事法律行为。

十六周岁以上的未成年人，以自己的劳动收入为主要生活来源的，视为完全民事行为能力人。

第十九条　【限制民事行为能力的未成年人】八周岁以上的未成年人为限制民事行为能力人，实施民事法律行为由其法定代理人代理或者经其法定代理人同意、追认；但是，可以独立实施纯获利益的民事法律行为或者与其年龄、智力相适应的民事法律行为。

第二十条　【无民事行为能力的未成年人】不满八周岁的未成年人为无民事行为能力人，由其法定代理人代理实施民事法律行为。

第二十一条　【无民事行为能力的成年人】不能辨认自己行为的成年人为无民事行为能力人，由其法定代理人代理实施民事法律行为。

八周岁以上的未成年人不能辨认自己行为的，适用前款规定。

第二十二条　【限制民事行为能力的成年人】不能完全辨认自己行为的成年人为限制民事行为能力人，实施民事法律行为由其法定代理人代理或者经其法定代理人同意、追认；但是，可以独立实施纯获利益的民事法律行为或者与其智力、精神健康状况相适应的民事法律行为。

第二十三条　【非完全民事行为能力人的法定代理人】无民事行为能力人、限制民事行为能力人的监护人是其法定代理人。

第二十四条　【民事行为能力的认定及恢复】不能辨认或者不能完全辨认自己行为的成年人，其利害关系人或者有关组织，可以向人民法院申请认定该成年人为无民事行为能力人或者限制民事行为能力人。

被人民法院认定为无民事行为能力人或者限制民事行为能力人的，经本人、利害关系人或者有关组织申请，人民法院可以根据其智力、精神健康恢复的状况，认定该成年人恢复为限制民事行为能力人或者完全民事行为能力人。

本条规定的有关组织包括：居民委员会、村民委员会、学校、医疗机构、妇女联合会、残疾人联合会、依法设立的老年人组织、民政部门等。

第二十五条　【自然人的住所】自然人以户籍登记或者其他有效身份登记记载的居所为住所；经常居所与住所不一致的，经常居所视为住所。

……

第一百零九条　【一般人格权】自然人的人身自由、人格尊严受法律保护。

第一百一十条　【民事主体的人格权】自然人享有生命权、身体权、健康权、姓名权、肖像权、名誉权、荣誉权、隐私权、婚姻自主权等权利。

法人、非法人组织享有名称权、名誉权和荣誉权。

第一百一十一条　【个人信息受法律保护】自然人的个人信息受法律保护。任何组织或者个人需要获取他人个人信息的，应当依法取得并确保信息安全，不得非法收集、使用、加工、传输他人个人信息，不得非法买卖、提供或者公开他人个人信息。

第一百一十二条　【婚姻家庭关系等产生的人身权利】自然人因婚姻家庭关系等产生的人身权利受法律保护。

第一百一十三条 【财产权受法律平等保护】民事主体的财产权利受法律平等保护。

第一百一十四条 【物权的定义及类型】民事主体依法享有物权。

物权是权利人依法对特定的物享有直接支配和排他的权利，包括所有权、用益物权和担保物权。

第一百一十五条 【物权的客体】物包括不动产和动产。法律规定权利作为物权客体的，依照其规定。

第一百一十六条 【物权法定原则】物权的种类和内容，由法律规定。

第一百一十七条 【征收与征用】为了公共利益的需要，依照法律规定的权限和程序征收、征用不动产或者动产的，应当给予公平、合理的补偿。

第一百一十八条 【债权的定义】民事主体依法享有债权。

债权是因合同、侵权行为、无因管理、不当得利以及法律的其他规定，权利人请求特定义务人为或者不为一定行为的权利。

第一百一十九条 【合同之债】依法成立的合同，对当事人具有法律约束力。

第一百二十条 【侵权之债】民事权益受到侵害的，被侵权人有权请求侵权人承担侵权责任。

第一百二十一条 【无因管理之债】没有法定的或者约定的义务，为避免他人利益受损失而进行管理的人，有权请求受益人偿还由此支出的必要费用。

第一百二十二条 【不当得利之债】因他人没有法律根据，取得不当利益，受损失的人有权请求其返还不当利益。

第一百二十三条 【知识产权及其客体】民事主体依法享有知识产权。

知识产权是权利人依法就下列客体享有的专有的权利：

（一）作品；

（二）发明、实用新型、外观设计；

（三）商标；

（四）地理标志；

（五）商业秘密；

（六）集成电路布图设计；

（七）植物新品种；

（八）法律规定的其他客体。

第一百二十四条　【继承权及其客体】自然人依法享有继承权。

自然人合法的私有财产，可以依法继承。

第一百二十五条　【投资性权利】民事主体依法享有股权和其他投资性权利。

第一百二十六条　【其他民事权益】民事主体享有法律规定的其他民事权利和利益。

第一百二十七条　【对数据和网络虚拟财产的保护】法律对数据、网络虚拟财产的保护有规定的，依照其规定。

第一百二十八条　【对弱势群体的特别保护】法律对未成年人、老年人、残疾人、妇女、消费者等的民事权利保护有特别规定的，依照其规定。

第一百二十九条　【民事权利的取得方式】民事权利可以依据民事法律行为、事实行为、法律规定的事件或者法律规定的其他方式取得。

第一百三十条　【权利行使的自愿原则】民事主体按照自己的意愿依法行使民事权利，不受干涉。

第一百三十一条　【权利人的义务履行】民事主体行使权利时，应当履行法律规定的和当事人约定的义务。

第一百三十二条　【禁止权利滥用】民事主体不得滥用民事权利损害国家利益、社会公共利益或者他人合法权益。

……

第一百七十六条　【民事责任】民事主体依照法律规定或者按照当事人约定，履行民事义务，承担民事责任。

第一百七十七条　【按份责任】二人以上依法承担按份责任，能够确定责任大小的，各自承担相应的责任；难以确定责任大小的，平均承担责任。

第一百七十八条　【连带责任】二人以上依法承担连带责任的，权利人有权请求部分或者全部连带责任人承担责任。

连带责任人的责任份额根据各自责任大小确定；难以确定责任大小的，平均承担责任。实际承担责任超过自己责任份额的连带责任人，有权向其他连带责任人追偿。

连带责任，由法律规定或者当事人约定。

第一百七十九条　【民事责任的承担方式】承担民事责任的方式主要有：

（一）停止侵害；

（二）排除妨碍；

（三）消除危险；

（四）返还财产；

（五）恢复原状；

（六）修理、重作、更换；

（七）继续履行；

（八）赔偿损失；

（九）支付违约金；

（十）消除影响、恢复名誉；

（十一）赔礼道歉。

法律规定惩罚性赔偿的，依照其规定。

本条规定的承担民事责任的方式，可以单独适用，也可以合并适用。

第一百八十条　【不可抗力】因不可抗力不能履行民事义务的，

不承担民事责任。法律另有规定的，依照其规定。

不可抗力是不能预见、不能避免且不能克服的客观情况。

第一百八十一条　【正当防卫】因正当防卫造成损害的，不承担民事责任。

正当防卫超过必要的限度，造成不应有的损害的，正当防卫人应当承担适当的民事责任。

第一百八十二条　【紧急避险】因紧急避险造成损害的，由引起险情发生的人承担民事责任。

危险由自然原因引起的，紧急避险人不承担民事责任，可以给予适当补偿。

紧急避险采取措施不当或者超过必要的限度，造成不应有的损害的，紧急避险人应当承担适当的民事责任。

第一百八十三条　【因保护他人民事权益而受损的责任承担】因保护他人民事权益使自己受到损害的，由侵权人承担民事责任，受益人可以给予适当补偿。没有侵权人、侵权人逃逸或者无力承担民事责任，受害人请求补偿的，受益人应当给予适当补偿。

第一百八十四条　【紧急救助的责任豁免】因自愿实施紧急救助行为造成受助人损害的，救助人不承担民事责任。

第一百八十五条　【英雄烈士人格利益的保护】侵害英雄烈士等的姓名、肖像、名誉、荣誉，损害社会公共利益的，应当承担民事责任。

第一百八十六条　【违约责任与侵权责任的竞合】因当事人一方的违约行为，损害对方人身权益、财产权益的，受损害方有权选择请求其承担违约责任或者侵权责任。

第一百八十七条　【民事责任优先】民事主体因同一行为应当承担民事责任、行政责任和刑事责任的，承担行政责任或者刑事责任不影响承担民事责任；民事主体的财产不足以支付的，优先用于承担民事责任。

第九章　诉讼时效

第一百八十八条　【普通诉讼时效】向人民法院请求保护民事权利的诉讼时效期间为三年。法律另有规定的，依照其规定。

诉讼时效期间自权利人知道或者应当知道权利受到损害以及义务人之日起计算。法律另有规定的，依照其规定。但是，自权利受到损害之日起超过二十年的，人民法院不予保护，有特殊情况的，人民法院可以根据权利人的申请决定延长。

第一百八十九条　【分期履行债务诉讼时效的起算】当事人约定同一债务分期履行的，诉讼时效期间自最后一期履行期限届满之日起计算。

第一百九十条　【对法定代理人请求权诉讼时效的起算】无民事行为能力人或者限制民事行为能力人对其法定代理人的请求权的诉讼时效期间，自该法定代理终止之日起计算。

第一百九十一条　【未成年人遭受性侵害的损害赔偿诉讼时效的起算】未成年人遭受性侵害的损害赔偿请求权的诉讼时效期间，自受害人年满十八周岁之日起计算。

第一百九十二条　【诉讼时效届满的法律效果】诉讼时效期间届满的，义务人可以提出不履行义务的抗辩。

诉讼时效期间届满后，义务人同意履行的，不得以诉讼时效期间届满为由抗辩；义务人已经自愿履行的，不得请求返还。

第一百九十三条　【诉讼时效援用】人民法院不得主动适用诉讼时效的规定。

第一百九十四条　【诉讼时效的中止】在诉讼时效期间的最后六个月内，因下列障碍，不能行使请求权的，诉讼时效中止：

（一）不可抗力；

（二）无民事行为能力人或者限制民事行为能力人没有法定代理人，或者法定代理人死亡、丧失民事行为能力、丧失代理权；

（三）继承开始后未确定继承人或者遗产管理人；

（四）权利人被义务人或者其他人控制；

（五）其他导致权利人不能行使请求权的障碍。

自中止时效的原因消除之日起满六个月，诉讼时效期间届满。

第一百九十五条　【诉讼时效的中断】有下列情形之一的，诉讼时效中断，从中断、有关程序终结时起，诉讼时效期间重新计算：

（一）权利人向义务人提出履行请求；

（二）义务人同意履行义务；

（三）权利人提起诉讼或者申请仲裁；

（四）与提起诉讼或者申请仲裁具有同等效力的其他情形。

第一百九十六条　【不适用诉讼时效的情形】下列请求权不适用诉讼时效的规定：

（一）请求停止侵害、排除妨碍、消除危险；

（二）不动产物权和登记的动产物权的权利人请求返还财产；

（三）请求支付抚养费、赡养费或者扶养费；

（四）依法不适用诉讼时效的其他请求权。

第一百九十七条　【诉讼时效法定】诉讼时效的期间、计算方法以及中止、中断的事由由法律规定，当事人约定无效。

当事人对诉讼时效利益的预先放弃无效。

第一百九十八条　【仲裁时效】法律对仲裁时效有规定的，依照其规定；没有规定的，适用诉讼时效的规定。

第一百九十九条　【除斥期间】法律规定或者当事人约定的撤销权、解除权等权利的存续期间，除法律另有规定外，自权利人知道或者应当知道权利产生之日起计算，不适用有关诉讼时效中止、中断和延长的规定。存续期间届满，撤销权、解除权等权利消灭。

……

第四编　人格权

第一章　一般规定

第九百八十九条　【人格权编的调整范围】 本编调整因人格权的享有和保护产生的民事关系。

第九百九十条　【人格权类型】 人格权是民事主体享有的生命权、身体权、健康权、姓名权、名称权、肖像权、名誉权、荣誉权、隐私权等权利。

除前款规定的人格权外，自然人享有基于人身自由、人格尊严产生的其他人格权益。

第九百九十一条　【人格权受法律保护】 民事主体的人格权受法律保护，任何组织或者个人不得侵害。

第九百九十二条　【人格权不得放弃、转让、继承】 人格权不得放弃、转让或者继承。

第九百九十三条　【人格利益的许可使用】 民事主体可以将自己的姓名、名称、肖像等许可他人使用，但是依照法律规定或者根据其性质不得许可的除外。

第九百九十四条　【死者人格利益保护】 死者的姓名、肖像、名誉、荣誉、隐私、遗体等受到侵害的，其配偶、子女、父母有权依法请求行为人承担民事责任；死者没有配偶、子女且父母已经死亡的，其他近亲属有权依法请求行为人承担民事责任。

第九百九十五条　【人格权保护的请求权】 人格权受到侵害的，受害人有权依照本法和其他法律的规定请求行为人承担民事责任。受害人的停止侵害、排除妨碍、消除危险、消除影响、恢复名誉、赔礼道歉请求权，不适用诉讼时效的规定。

第九百九十六条　【人格权责任竞合下的精神损害赔偿】 因当事人一方的违约行为，损害对方人格权并造成严重精神损害，受损害方选择请求其承担违约责任的，不影响受损害方请求精神损害赔偿。

第九百九十七条 【申请法院责令停止侵害】民事主体有证据证明行为人正在实施或者即将实施侵害其人格权的违法行为，不及时制止将使其合法权益受到难以弥补的损害的，有权依法向人民法院申请采取责令行为人停止有关行为的措施。

第九百九十八条 【认定行为人承担责任时的考量因素】认定行为人承担侵害除生命权、身体权和健康权外的人格权的民事责任，应当考虑行为人和受害人的职业、影响范围、过错程度，以及行为的目的、方式、后果等因素。

第九百九十九条 【人格利益的合理使用】为公共利益实施新闻报道、舆论监督等行为的，可以合理使用民事主体的姓名、名称、肖像、个人信息等；使用不合理侵害民事主体人格权的，应当依法承担民事责任。

第一千条 【消除影响、恢复名誉、赔礼道歉责任方式】行为人因侵害人格权承担消除影响、恢复名誉、赔礼道歉等民事责任的，应当与行为的具体方式和造成的影响范围相当。

行为人拒不承担前款规定的民事责任的，人民法院可以采取在报刊、网络等媒体上发布公告或者公布生效裁判文书等方式执行，产生的费用由行为人负担。

第一千零一条 【自然人身份权利保护参照】对自然人因婚姻家庭关系等产生的身份权利的保护，适用本法第一编、第五编和其他法律的相关规定；没有规定的，可以根据其性质参照适用本编人格权保护的有关规定。

第二章 生命权、身体权和健康权

第一千零二条 【生命权】自然人享有生命权。自然人的生命安全和生命尊严受法律保护。任何组织或者个人不得侵害他人的生命权。

第一千零三条 【身体权】自然人享有身体权。自然人的身体完整和行动自由受法律保护。任何组织或者个人不得侵害他人的身体权。

第一千零四条　【健康权】自然人享有健康权。自然人的身心健康受法律保护。任何组织或者个人不得侵害他人的健康权。

第一千零五条　【法定救助义务】自然人的生命权、身体权、健康权受到侵害或者处于其他危难情形的，负有法定救助义务的组织或者个人应当及时施救。

第一千零六条　【人体捐献】完全民事行为能力人有权依法自主决定无偿捐献其人体细胞、人体组织、人体器官、遗体。任何组织或者个人不得强迫、欺骗、利诱其捐献。

完全民事行为能力人依据前款规定同意捐献的，应当采用书面形式，也可以订立遗嘱。

自然人生前未表示不同意捐献的，该自然人死亡后，其配偶、成年子女、父母可以共同决定捐献，决定捐献应当采用书面形式。

第一千零七条　【禁止买卖人体细胞、组织、器官和遗体】禁止以任何形式买卖人体细胞、人体组织、人体器官、遗体。

违反前款规定的买卖行为无效。

第一千零八条　【人体临床试验】为研制新药、医疗器械或者发展新的预防和治疗方法，需要进行临床试验的，应当依法经相关主管部门批准并经伦理委员会审查同意，向受试者或者受试者的监护人告知试验目的、用途和可能产生的风险等详细情况，并经其书面同意。

进行临床试验的，不得向受试者收取试验费用。

第一千零九条　【从事人体基因、胚胎等医学和科研活动的法定限制】从事与人体基因、人体胚胎等有关的医学和科研活动，应当遵守法律、行政法规和国家有关规定，不得危害人体健康，不得违背伦理道德，不得损害公共利益。

第一千零一十条　【性骚扰】违背他人意愿，以言语、文字、图像、肢体行为等方式对他人实施性骚扰的，受害人有权依法请求行为人承担民事责任。

机关、企业、学校等单位应当采取合理的预防、受理投诉、调查处置等措施，防止和制止利用职权、从属关系等实施性骚扰。

第一千零一十一条 【非法剥夺、限制他人行动自由和非法搜查他人身体】以非法拘禁等方式剥夺、限制他人的行动自由，或者非法搜查他人身体的，受害人有权依法请求行为人承担民事责任。

第三章 姓名权和名称权

第一千零一十二条 【姓名权】自然人享有姓名权，有权依法决定、使用、变更或者许可他人使用自己的姓名，但是不得违背公序良俗。

第一千零一十三条 【名称权】法人、非法人组织享有名称权，有权依法决定、使用、变更、转让或者许可他人使用自己的名称。

第一千零一十四条 【禁止侵害他人的姓名或名称】任何组织或者个人不得以干涉、盗用、假冒等方式侵害他人的姓名权或者名称权。

第一千零一十五条 【自然人姓氏的选取】自然人应当随父姓或者母姓，但是有下列情形之一的，可以在父姓和母姓之外选取姓氏：

（一）选取其他直系长辈血亲的姓氏；

（二）因由法定扶养人以外的人扶养而选取扶养人姓氏；

（三）有不违背公序良俗的其他正当理由。

少数民族自然人的姓氏可以遵从本民族的文化传统和风俗习惯。

第一千零一十六条 【决定、变更姓名、名称及转让名称的规定】自然人决定、变更姓名，或者法人、非法人组织决定、变更、转让名称的，应当依法向有关机关办理登记手续，但是法律另有规定的除外。

民事主体变更姓名、名称的，变更前实施的民事法律行为对其具有法律约束力。

第一千零一十七条 【姓名与名称的扩展保护】具有一定社会知名度，被他人使用足以造成公众混淆的笔名、艺名、网名、译名、字号、姓名和名称的简称等，参照适用姓名权和名称权保护的有关规定。

第四章　肖像权

第一千零一十八条　【肖像权及肖像】自然人享有肖像权，有权依法制作、使用、公开或者许可他人使用自己的肖像。

肖像是通过影像、雕塑、绘画等方式在一定载体上所反映的特定自然人可以被识别的外部形象。

第一千零一十九条　【肖像权的保护】任何组织或者个人不得以丑化、污损，或者利用信息技术手段伪造等方式侵害他人的肖像权。未经肖像权人同意，不得制作、使用、公开肖像权人的肖像，但是法律另有规定的除外。

未经肖像权人同意，肖像作品权利人不得以发表、复制、发行、出租、展览等方式使用或者公开肖像权人的肖像。

第一千零二十条　【肖像权的合理使用】合理实施下列行为的，可以不经肖像权人同意：

（一）为个人学习、艺术欣赏、课堂教学或者科学研究，在必要范围内使用肖像权人已经公开的肖像；

（二）为实施新闻报道，不可避免地制作、使用、公开肖像权人的肖像；

（三）为依法履行职责，国家机关在必要范围内制作、使用、公开肖像权人的肖像；

（四）为展示特定公共环境，不可避免地制作、使用、公开肖像权人的肖像；

（五）为维护公共利益或者肖像权人合法权益，制作、使用、公开肖像权人的肖像的其他行为。

第一千零二十一条　【肖像许可使用合同的解释】当事人对肖像许可使用合同中关于肖像使用条款的理解有争议的，应当作出有利于肖像权人的解释。

第一千零二十二条　【肖像许可使用合同期限】当事人对肖像许

可使用期限没有约定或者约定不明确的，任何一方当事人可以随时解除肖像许可使用合同，但是应当在合理期限之前通知对方。

当事人对肖像许可使用期限有明确约定，肖像权人有正当理由的，可以解除肖像许可使用合同，但是应当在合理期限之前通知对方。因解除合同造成对方损失的，除不可归责于肖像权人的事由外，应当赔偿损失。

第一千零二十三条　【姓名、声音等的许可使用参照肖像许可使用】 对姓名等的许可使用，参照适用肖像许可使用的有关规定。

对自然人声音的保护，参照适用肖像权保护的有关规定。

第五章　名誉权和荣誉权

第一千零二十四条　【名誉权及名誉】 民事主体享有名誉权。任何组织或者个人不得以侮辱、诽谤等方式侵害他人的名誉权。

名誉是对民事主体的品德、声望、才能、信用等的社会评价。

第一千零二十五条　【新闻报道、舆论监督与保护名誉权关系问题】 行为人为公共利益实施新闻报道、舆论监督等行为，影响他人名誉的，不承担民事责任，但是有下列情形之一的除外：

（一）捏造、歪曲事实；

（二）对他人提供的严重失实内容未尽到合理核实义务；

（三）使用侮辱性言辞等贬损他人名誉。

第一千零二十六条　【认定是否尽到合理核实义务的考虑因素】 认定行为人是否尽到前条第二项规定的合理核实义务，应当考虑下列因素：

（一）内容来源的可信度；

（二）对明显可能引发争议的内容是否进行了必要的调查；

（三）内容的时限性；

（四）内容与公序良俗的关联性；

（五）受害人名誉受贬损的可能性；

（六）核实能力和核实成本。

第一千零二十七条　【文学、艺术作品侵害名誉权的认定与例外】行为人发表的文学、艺术作品以真人真事或者特定人为描述对象，含有侮辱、诽谤内容，侵害他人名誉权的，受害人有权依法请求该行为人承担民事责任。

行为人发表的文学、艺术作品不以特定人为描述对象，仅其中的情节与该特定人的情况相似的，不承担民事责任。

第一千零二十八条　【名誉权人更正权】民事主体有证据证明报刊、网络等媒体报道的内容失实，侵害其名誉权的，有权请求该媒体及时采取更正或者删除等必要措施。

第一千零二十九条　【信用评价】民事主体可以依法查询自己的信用评价；发现信用评价不当的，有权提出异议并请求采取更正、删除等必要措施。信用评价人应当及时核查，经核查属实的，应当及时采取必要措施。

第一千零三十条　【处理信用信息的法律适用】民事主体与征信机构等信用信息处理者之间的关系，适用本编有关个人信息保护的规定和其他法律、行政法规的有关规定。

第一千零三十一条　【荣誉权】民事主体享有荣誉权。任何组织或者个人不得非法剥夺他人的荣誉称号，不得诋毁、贬损他人的荣誉。

获得的荣誉称号应当记载而没有记载的，民事主体可以请求记载；获得的荣誉称号记载错误的，民事主体可以请求更正。

第六章　隐私权和个人信息保护

第一千零三十二条　【隐私权及隐私】自然人享有隐私权。任何组织或者个人不得以刺探、侵扰、泄露、公开等方式侵害他人的隐私权。

隐私是自然人的私人生活安宁和不愿为他人知晓的私密空间、私密活动、私密信息。

第一千零三十三条　【侵害隐私权的行为】除法律另有规定或者权利人明确同意外，任何组织或者个人不得实施下列行为：

（一）以电话、短信、即时通讯工具、电子邮件、传单等方式侵扰他人的私人生活安宁；

（二）进入、拍摄、窥视他人的住宅、宾馆房间等私密空间；

（三）拍摄、窥视、窃听、公开他人的私密活动；

（四）拍摄、窥视他人身体的私密部位；

（五）处理他人的私密信息；

（六）以其他方式侵害他人的隐私权。

第一千零三十四条　【个人信息保护】自然人的个人信息受法律保护。

个人信息是以电子或者其他方式记录的能够单独或者与其他信息结合识别特定自然人的各种信息，包括自然人的姓名、出生日期、身份证件号码、生物识别信息、住址、电话号码、电子邮箱、健康信息、行踪信息等。

个人信息中的私密信息，适用有关隐私权的规定；没有规定的，适用有关个人信息保护的规定。

第一千零三十五条　【个人信息处理的原则】处理个人信息的，应当遵循合法、正当、必要原则，不得过度处理，并符合下列条件：

（一）征得该自然人或者其监护人同意，但是法律、行政法规另有规定的除外；

（二）公开处理信息的规则；

（三）明示处理信息的目的、方式和范围；

（四）不违反法律、行政法规的规定和双方的约定。

个人信息的处理包括个人信息的收集、存储、使用、加工、传输、提供、公开等。

第一千零三十六条　【处理个人信息的免责事由】处理个人信息，有下列情形之一的，行为人不承担民事责任：

（一）在该自然人或者其监护人同意的范围内合理实施的行为；

（二）合理处理该自然人自行公开的或者其他已经合法公开的信息，但是该自然人明确拒绝或者处理该信息侵害其重大利益的除外；

（三）为维护公共利益或者该自然人合法权益，合理实施的其他行为。

第一千零三十七条　【个人信息主体的权利】自然人可以依法向信息处理者查阅或者复制其个人信息；发现信息有错误的，有权提出异议并请求及时采取更正等必要措施。

自然人发现信息处理者违反法律、行政法规的规定或者双方的约定处理其个人信息的，有权请求信息处理者及时删除。

第一千零三十八条　【个人信息安全】信息处理者不得泄露或者篡改其收集、存储的个人信息；未经自然人同意，不得向他人非法提供其个人信息，但是经过加工无法识别特定个人且不能复原的除外。

信息处理者应当采取技术措施和其他必要措施，确保其收集、存储的个人信息安全，防止信息泄露、篡改、丢失；发生或者可能发生个人信息泄露、篡改、丢失的，应当及时采取补救措施，按照规定告知自然人并向有关主管部门报告。

第一千零三十九条　【国家机关及其工作人员对个人信息的保密义务】国家机关、承担行政职能的法定机构及其工作人员对于履行职责过程中知悉的自然人的隐私和个人信息，应当予以保密，不得泄露或者向他人非法提供。

……

最高人民法院关于审理人身损害赔偿案件适用法律若干问题的解释

·2003 年 12 月 4 日最高人民法院审判委员会第 1299 次会议通过

·根据 2020 年 12 月 23 日最高人民法院审判委员会第 1823 次会议通过的《最高人民法院关于修改〈最高人民法院关于在民事审判工作中适用《中华人民共和国工会法》若干问题的解释〉等二十七件民事类司法解释的决定》第一次修正

·根据 2022 年 2 月 15 日最高人民法院审判委员会第 1864 次会议通过的《最高人民法院关于修改〈最高人民法院关于审理人身损害赔偿案件适用法律若干问题的解释〉的决定》第二次修正

·2022 年 4 月 24 日最高人民法院公告公布

·自 2022 年 5 月 1 日起施行

为正确审理人身损害赔偿案件，依法保护当事人的合法权益，根据《中华人民共和国民法典》《中华人民共和国民事诉讼法》等有关法律规定，结合审判实践，制定本解释。

第一条 因生命、身体、健康遭受侵害，赔偿权利人起诉请求赔偿义务人赔偿物质损害和精神损害的，人民法院应予受理。

本条所称“赔偿权利人”，是指因侵权行为或者其他致害原因直接遭受人身损害的受害人以及死亡受害人的近亲属。

本条所称“赔偿义务人”，是指因自己或者他人的侵权行为以及其他致害原因依法应当承担民事责任的自然人、法人或者非法人组织。

第二条 赔偿权利人起诉部分共同侵权人的，人民法院应当追加其他共同侵权人作为共同被告。赔偿权利人在诉讼中放弃对部分共同侵权人的诉讼请求的，其他共同侵权人对被放弃诉讼请求的被告应当承担的赔偿份额不承担连带责任。责任范围难以确定的，推定各共同侵权人承担同等责任。

人民法院应当将放弃诉讼请求的法律后果告知赔偿权利人，并将放弃诉讼请求的情况在法律文书中叙明。

第三条 依法应当参加工伤保险统筹的用人单位的劳动者，因工伤事故遭受人身损害，劳动者或者其近亲属向人民法院起诉请求用人单位承担民事赔偿责任的，告知其按《工伤保险条例》的规定处理。

因用人单位以外的第三人侵权造成劳动者人身损害，赔偿权利人请求第三人承担民事赔偿责任的，人民法院应予支持。

第四条 无偿提供劳务的帮工人，在从事帮工活动中致人损害的，被帮工人应当承担赔偿责任。被帮工人承担赔偿责任后向有故意或者重大过失的帮工人追偿的，人民法院应予支持。被帮工人明确拒绝帮工的，不承担赔偿责任。

第五条 无偿提供劳务的帮工人因帮工活动遭受人身损害的，根据帮工人和被帮工人各自的过错承担相应的责任；被帮工人明确拒绝帮工的，被帮工人不承担赔偿责任，但可以在受益范围内予以适当补偿。

帮工人在帮工活动中因第三人的行为遭受人身损害的，有权请求第三人承担赔偿责任，也有权请求被帮工人予以适当补偿。被帮工人补偿后，可以向第三人追偿。

第六条 医疗费根据医疗机构出具的医药费、住院费等收款凭证，结合病历和诊断证明等相关证据确定。赔偿义务人对治疗的必要性和合理性有异议的，应当承担相应的举证责任。

医疗费的赔偿数额，按照一审法庭辩论终结前实际发生的数额确定。器官功能恢复训练所必要的康复费、适当的整容费以及其他后续治疗费，赔偿权利人可以待实际发生后另行起诉。但根据医疗证明或者鉴定结论确定必然发生的费用，可以与已经发生的医疗费一并予以赔偿。

第七条 误工费根据受害人的误工时间和收入状况确定。

误工时间根据受害人接受治疗的医疗机构出具的证明确定。受害人因伤致残持续误工的，误工时间可以计算至定残日前一天。

受害人有固定收入的，误工费按照实际减少的收入计算。受害人无固定收入的，按照其最近三年的平均收入计算；受害人不能举证证明其最近三年的平均收入状况的，可以参照受诉法院所在地相同或者相近行业上一年度职工的平均工资计算。

第八条 护理费根据护理人员的收入状况和护理人数、护理期限确定。

护理人员有收入的，参照误工费的规定计算；护理人员没有收入或者雇佣护工的，参照当地护工从事同等级别护理的劳务报酬标准计算。护理人员原则上为一人，但医疗机构或者鉴定机构有明确意见的，可以参照确定护理人员人数。

护理期限应计算至受害人恢复生活自理能力时止。受害人因残疾不能恢复生活自理能力的，可以根据其年龄、健康状况等因素确定合理的护理期限，但最长不超过二十年。

受害人定残后的护理，应当根据其护理依赖程度并结合配制残疾辅助器具的情况确定护理级别。

第九条 交通费根据受害人及其必要的陪护人员因就医或者转院治疗实际发生的费用计算。交通费应当以正式票据为凭；有关凭据应当与就医地点、时间、人数、次数相符合。

第十条 住院伙食补助费可以参照当地国家机关一般工作人员的出差伙食补助标准予以确定。

受害人确有必要到外地治疗，因客观原因不能住院，受害人本人及其陪护人员实际发生的住宿费和伙食费，其合理部分应予赔偿。

第十一条 营养费根据受害人伤残情况参照医疗机构的意见确定。

第十二条 残疾赔偿金根据受害人丧失劳动能力程度或者伤残等级，按照受诉法院所在地上一年度城镇居民人均可支配收入标准，自定残之日起按二十年计算。但六十周岁以上的，年龄每增加一岁减少一年；七十五周岁以上的，按五年计算。

受害人因伤致残但实际收入没有减少，或者伤残等级较轻但造成职业妨害严重影响其劳动就业的，可以对残疾赔偿金作相应调整。

第十三条 残疾辅助器具费按照普通适用器具的合理费用标准计算。伤情有特殊需要的，可以参照辅助器具配制机构的意见确定相应的合理费用标准。

辅助器具的更换周期和赔偿期限参照配制机构的意见确定。

第十四条 丧葬费按照受诉法院所在地上一年度职工月平均工资标准，以六个月总额计算。

第十五条 死亡赔偿金按照受诉法院所在地上一年度城镇居民人均可支配收入标准，按二十年计算。但六十周岁以上的，年龄每增加一岁减少一年；七十五周岁以上的，按五年计算。

第十六条 被扶养人生活费计入残疾赔偿金或者死亡赔偿金。

第十七条 被扶养人生活费根据扶养人丧失劳动能力程度，按照受诉法院所在地上一年度城镇居民人均消费支出标准计算。被扶养人为未成年人的，计算至十八周岁；被扶养人无劳动能力又无其他生活来源的，计算二十年。但六十周岁以上的，年龄每增加一岁减少一年；七十五周岁以上的，按五年计算。

被扶养人是指受害人依法应当承担扶养义务的未成年人或者丧失劳动能力又无其他生活来源的成年近亲属。被扶养人还有其他扶养人的，赔偿义务人只赔偿受害人依法应当负担的部分。被扶养人有数人的，年赔偿总额累计不超过上一年度城镇居民人均消费支出额。

第十八条 赔偿权利人举证证明其住所地或者经常居住地城镇居民人均可支配收入高于受诉法院所在地标准的，残疾赔偿金或者死亡赔偿金可以按照其住所地或者经常居住地的相关标准计算。

被扶养人生活费的相关计算标准，依照前款原则确定。

第十九条 超过确定的护理期限、辅助器具费给付年限或者残疾赔偿金给付年限，赔偿权利人向人民法院起诉请求继续给付护理费、辅助器具费或者残疾赔偿金的，人民法院应予受理。赔偿权利人确需继续护理、配制辅助器具，或者没有劳动能力和生活来源的，人民法院应当判令赔偿义务人继续给付相关费用五至十年。

第二十条 赔偿义务人请求以定期金方式给付残疾赔偿金、辅助器具费的，应当提供相应的担保。人民法院可以根据赔偿义务人的给付能力和提供担保的情况，确定以定期金方式给付相关费用。但是，一审法庭辩论终结前已经发生的费用、死亡赔偿金以及精神损害抚慰金，应当一次性给付。

第二十一条 人民法院应当在法律文书中明确定期金的给付时间、方式以及每期给付标准。执行期间有关统计数据发生变化的，给付金额应当适时进行相应调整。

定期金按照赔偿权利人的实际生存年限给付，不受本解释有关赔偿期限的限制。

第二十二条 本解释所称“城镇居民人均可支配收入”“城镇居民人均消费支出”“职工平均工资”，按照政府统计部门公布的各省、自治区、直辖市以及经济特区和计划单列市上一年度相关统计数据确定。

“上一年度”，是指一审法庭辩论终结时的上一统计年度。

第二十三条 精神损害抚慰金适用《最高人民法院关于确定民事侵权精神损害赔偿责任若干问题的解释》予以确定。

第二十四条 本解释自 2022 年 5 月 1 日起施行。施行后发生的侵权行为引起的人身损害赔偿案件适用本解释。

本院以前发布的司法解释与本解释不一致的，以本解释为准。

最高人民法院关于确定民事侵权精神损害赔偿责任若干问题的解释

·2001年2月26日最高人民法院审判委员会第1161次会议通过

·根据2020年12月23日最高人民法院审判委员会第1823次会议通过的《最高人民法院关于修改〈最高人民法院关于在民事审判工作中适用《中华人民共和国工会法》若干问题的解释〉等二十七件民事类司法解释的决定》修正

·2020年12月29日最高人民法院公布

·自2021年1月1日起施行

·法释〔2020〕17号

为在审理民事侵权案件中正确确定精神损害赔偿责任，根据《中华人民共和国民法典》等有关法律规定，结合审判实践，制定本解释。

第一条 因人身权益或者具有人身意义的特定物受到侵害，自然人或者其近亲属向人民法院提起诉讼请求精神损害赔偿的，人民法院应当依法予以受理。

第二条 非法使被监护人脱离监护，导致亲子关系或者近亲属间的亲属关系遭受严重损害，监护人向人民法院起诉请求赔偿精神损害的，人民法院应当依法予以受理。

第三条 死者的姓名、肖像、名誉、荣誉、隐私、遗体、遗骨等受到侵害，其近亲属向人民法院提起诉讼请求精神损害赔偿的，人民法院应当依法予以支持。

第四条 法人或者非法人组织以名誉权、荣誉权、名称权遭受侵害为由，向人民法院起诉请求精神损害赔偿的，人民法院不予支持。

第五条 精神损害的赔偿数额根据以下因素确定：

（一）侵权人的过错程度，但是法律另有规定的除外；

（二）侵权行为的目的、方式、场合等具体情节；

（三）侵权行为所造成的后果；

（四）侵权人的获利情况；

（五）侵权人承担责任的经济能力；

（六）受理诉讼法院所在地的平均生活水平。

第六条 在本解释公布施行之前已经生效施行的司法解释，其内容有与本解释不一致的，以本解释为准。

最高人民法院关于审理利用信息网络侵害人身权益民事纠纷案件适用法律若干问题的规定

- 2014 年 6 月 23 日最高人民法院审判委员会第 1621 次会议通过
- 根据 2020 年 12 月 23 日最高人民法院审判委员会第 1823 次会议通过的《最高人民法院关于修改〈最高人民法院关于在民事审判工作中适用《中华人民共和国工会法》若干问题的解释〉等二十七件民事类司法解释的决定》修正
- 2020 年 12 月 29 日最高人民法院公布
- 自 2021 年 1 月 1 日起施行
- 法释〔2020〕17 号

为正确审理利用信息网络侵害人身权益民事纠纷案件，根据《中华人民共和国民法典》《全国人民代表大会常务委员会关于加强网络信息保护的决定》《中华人民共和国民事诉讼法》等法律的规定，结合审判实践，制定本规定。

第一条 本规定所称的利用信息网络侵害人身权益民事纠纷案件，是指利用信息网络侵害他人姓名权、名称权、名誉权、荣誉权、肖像权、隐私权等人身权益引起的纠纷案件。

第二条 原告依据民法典第一千一百九十五条、第一千一百九十七条的规定起诉网络用户或者网络服务提供者的，人民法院应予受理。

原告仅起诉网络用户，网络用户请求追加涉嫌侵权的网络服务提供者为共同被告或者第三人的，人民法院应予准许。

原告仅起诉网络服务提供者，网络服务提供者请求追加可以确定的网络用户为共同被告或者第三人的，人民法院应予准许。

第三条 原告起诉网络服务提供者，网络服务提供者以涉嫌侵权的信息系网络用户发布为由抗辩的，人民法院可以根据原告的请求及案件的具体情况，责令网络服务提供者向人民法院提供能够确定涉嫌侵权的网络用户的姓名（名称）、联系方式、网络地址等信息。

网络服务提供者无正当理由拒不提供的，人民法院可以依据民事诉讼法第一百一十四条的规定对网络服务提供者采取处罚等措施。

原告根据网络服务提供者提供的信息请求追加网络用户为被告的，人民法院应予准许。

第四条 人民法院适用民法典第一千一百九十五条第二款的规定，认定网络服务提供者采取的删除、屏蔽、断开链接等必要措施是否及时，应当根据网络服务的类型和性质、有效通知的形式和准确程度、网络信息侵害权益的类型和程度等因素综合判断。

第五条 其发布的信息被采取删除、屏蔽、断开链接等措施的网络用户，主张网络服务提供者承担违约责任或者侵权责任，网络服务提供者以收到民法典第一千一百九十五条第一款规定的有效通知为由抗辩的，人民法院应予支持。

第六条 人民法院依据民法典第一千一百九十七条认定网络服务提供者是否“知道或者应当知道”，应当综合考虑下列因素：

（一）网络服务提供者是否以人工或者自动方式对侵权网络信息以推荐、排名、选择、编辑、整理、修改等方式作出处理；

（二）网络服务提供者应当具备的管理信息的能力，以及所提供服务的性质、方式及其引发侵权的可能性大小；

（三）该网络信息侵害人身权益的类型及明显程度；

（四）该网络信息的社会影响程度或者一定时间内的浏览量；

（五）网络服务提供者采取预防侵权措施的技术可能性及其是否采取了相应的合理措施；

（六）网络服务提供者是否针对同一网络用户的重复侵权行为或者同一侵权信息采取了相应的合理措施；

（七）与本案相关的其他因素。

第七条 人民法院认定网络用户或者网络服务提供者转载网络信息行为的过错及其程度，应当综合以下因素：

（一）转载主体所承担的与其性质、影响范围相适应的注意义务；

（二）所转载信息侵害他人人身权益的明显程度；

（三）对所转载信息是否作出实质性修改，是否添加或者修改文章标题，导致其与内容严重不符以及误导公众的可能性。

第八条 网络用户或者网络服务提供者采取诽谤、诋毁等手段，损害公众对经营主体的信赖，降低其产品或者服务的社会评价，经营主体请求网络用户或者网络服务提供者承担侵权责任的，人民法院应依法予以支持。

第九条 网络用户或者网络服务提供者，根据国家机关依职权制作的文书和公开实施的职权行为等信息来源所发布的信息，有下列情形之一，侵害他人人身权益，被侵权人请求侵权人承担侵权责任的，人民法院应予支持：

（一）网络用户或者网络服务提供者发布的信息与前述信息来源内容不符；

（二）网络用户或者网络服务提供者以添加侮辱性内容、诽谤性信息、不当标题或者通过增删信息、调整结构、改变顺序等方式致人误解；

（三）前述信息来源已被公开更正，但网络用户拒绝更正或者网络服务提供者不予更正；

（四）前述信息来源已被公开更正，网络用户或者网络服务提供者仍然发布更正之前的信息。

第十条 被侵权人与构成侵权的网络用户或者网络服务提供者达成一方支付报酬，另一方提供删除、屏蔽、断开链接等服务的协议，人民法院应认定为无效。

擅自篡改、删除、屏蔽特定网络信息或者以断开链接的方式阻止他人获取网络信息，发布该信息的网络用户或者网络服务提供者请求侵权人承担侵权责任的，人民法院应予支持。接受他人委托实施该行为的，委托人与受托人承担连带责任。

第十一条 网络用户或者网络服务提供者侵害他人人身权益，造成财产损失或者严重精神损害，被侵权人依据民法典第一千一百八十二条和第一千一百八十三条的规定，请求其承担赔偿责任的，人民法院应予支持。

第十二条 被侵权人为制止侵权行为所支付的合理开支，可以认定为民法典第一千一百八十二条规定的财产损失。合理开支包括被侵权人或者委托代理人对侵权行为进行调查、取证的合理费用。人民法院根据当事人的请求和具体案情，可以将符合国家有关部门规定的律师费用计算在赔偿范围内。

被侵权人因人身权益受侵害造成的财产损失以及侵权人因此获得的利益难以确定的，人民法院可以根据具体案情在50万元以下的范围内确定赔偿数额。

第十三条 本规定施行后人民法院正在审理的一审、二审案件适用本规定。

本规定施行前已经终审，本规定施行后当事人申请再审或者按照审判监督程序决定再审的案件，不适用本规定。

最高人民法院关于审理医疗损害责任纠纷案件适用法律若干问题的解释

- 2017年3月27日最高人民法院审判委员会第1713次会议通过
- 根据2020年12月23日最高人民法院审判委员会第1823次会议通过的《最高人民法院关于修改〈最高人民法院关于在民事审判工作中适用《中华人民共和国工会法》若干问题的解释〉等二十七件民事类司法解释的决定》修正
- 2020年12月29日最高人民法院公布
- 自2021年1月1日起施行
- 法释〔2020〕17号

为正确审理医疗损害责任纠纷案件，依法维护当事人的合法权益，推动构建和谐医患关系，促进卫生健康事业发展，根据《中华人民共和国民法典》《中华人民共和国民事诉讼法》等法律规定，结合审判实践，制定本解释。

第一条 患者以在诊疗活动中受到人身或者财产损害为由请求医疗机构，医疗产品的生产者、销售者、药品上市许可持有人或者血液提供机构承担侵权责任的案件，适用本解释。

患者以在美容医疗机构或者开设医疗美容科室的医疗机构实施的医疗美容活动中受到人身或者财产损害为由提起的侵权纠纷案件，适用本解释。

当事人提起的医疗服务合同纠纷案件，不适用本解释。

第二条 患者因同一伤病在多个医疗机构接受诊疗受到损害，起诉部分或者全部就诊的医疗机构的，应予受理。

患者起诉部分就诊的医疗机构后，当事人依法申请追加其他就诊的医疗机构为共同被告或者第三人的，应予准许。必要时，人民法院可以依法追加相关当事人参加诉讼。

第三条 患者因缺陷医疗产品受到损害，起诉部分或者全部医疗产品的生产者、销售者、药品上市许可持有人和医疗机构的，应予受理。

患者仅起诉医疗产品的生产者、销售者、药品上市许可持有人、医疗机构中部分主体，当事人依法申请追加其他主体为共同被告或者第三人的，应予准许。必要时，人民法院可以依法追加相关当事人参加诉讼。

患者因输入不合格的血液受到损害提起侵权诉讼的，参照适用前两款规定。

第四条 患者依据民法典第一千二百一十八条规定主张医疗机构承担赔偿责任的，应当提交到该医疗机构就诊、受到损害的证据。

患者无法提交医疗机构或者其医务人员有过错、诊疗行为与损害之间具有因果关系的证据，依法提出医疗损害鉴定申请的，人民法院应予准许。

医疗机构主张不承担责任的，应当就民法典第一千二百二十四条第一款规定情形等抗辩事由承担举证证明责任。

第五条 患者依据民法典第一千二百一十九条规定主张医疗机构承担赔偿责任的，应当按照前条第一款规定提交证据。

实施手术、特殊检查、特殊治疗的，医疗机构应当承担说明义务并取得患者或者患者近亲属明确同意，但属于民法典第一千二百二十条规定情形的除外。医疗机构提交患者或者患者近亲属明确同意证据的，人民法院可以认定医疗机构尽到说明义务，但患者有相反证据足以反驳的除外。

第六条 民法典第一千二百二十二条规定的病历资料包括医疗机构保管的门诊病历、住院志、体温单、医嘱单、检验报告、医学影像检查资料、特殊检查（治疗）同意书、手术同意书、手术及麻醉记录、病理资料、护理记录、出院记录以及国务院卫生行政主管部门规定的其他病历资料。

患者依法向人民法院申请医疗机构提交由其保管的与纠纷有关的病历资料等，医疗机构未在人民法院指定期限内提交的，人民法院可以依照民法典第一千二百二十二条第二项规定推定医疗机构有过错，但是因不可抗力等客观原因无法提交的除外。

第七条 患者依据民法典第一千二百二十三条规定请求赔偿的，应当提交使用医疗产品或者输入血液、受到损害的证据。

患者无法提交使用医疗产品或者输入血液与损害之间具有因果关系的证据，依法申请鉴定的，人民法院应予准许。

医疗机构，医疗产品的生产者、销售者、药品上市许可持有人或者血液提供机构主张不承担责任的，应当对医疗产品不存在缺陷或者血液合格等抗辩事由承担举证证明责任。

第八条 当事人依法申请对医疗损害责任纠纷中的专门性问题进行鉴定的，人民法院应予准许。

当事人未申请鉴定，人民法院对前款规定的专门性问题认为需要鉴定的，应当依职权委托鉴定。

第九条 当事人申请医疗损害鉴定的，由双方当事人协商确定鉴定人。

当事人就鉴定人无法达成一致意见，人民法院提出确定鉴定人的方法，当事人同意的，按照该方法确定；当事人不同意的，由人民法院指定。

鉴定人应当从具备相应鉴定能力、符合鉴定要求的专家中确定。

第十条 委托医疗损害鉴定的，当事人应当按照要求提交真实、完整、充分的鉴定材料。提交的鉴定材料不符合要求的，人民法院应当通知当事人更换或者补充相应材料。

在委托鉴定前，人民法院应当组织当事人对鉴定材料进行质证。

第十一条 委托鉴定书，应当有明确的鉴定事项和鉴定要求。鉴定人应当按照委托鉴定的事项和要求进行鉴定。

下列专门性问题可以作为申请医疗损害鉴定的事项：

（一）实施诊疗行为有无过错；

（二）诊疗行为与损害后果之间是否存在因果关系以及原因力大小；

（三）医疗机构是否尽到了说明义务、取得患者或者患者近亲属明确同意的义务；

（四）医疗产品是否有缺陷、该缺陷与损害后果之间是否存在因果关系以及原因力的大小；

（五）患者损伤残疾程度；

（六）患者的护理期、休息期、营养期；

（七）其他专门性问题。

鉴定要求包括鉴定人的资质、鉴定人的组成、鉴定程序、鉴定意见、鉴定期限等。

第十二条　鉴定意见可以按照导致患者损害的全部原因、主要原因、同等原因、次要原因、轻微原因或者与患者损害无因果关系，表述诊疗行为或者医疗产品等造成患者损害的原因力大小。

第十三条　鉴定意见应当经当事人质证。

当事人申请鉴定人出庭作证，经人民法院审查同意，或者人民法院认为鉴定人有必要出庭的，应当通知鉴定人出庭作证。双方当事人同意鉴定人通过书面说明、视听传输技术或者视听资料等方式作证的，可以准许。

鉴定人因健康原因、自然灾害等不可抗力或者其他正当理由不能按期出庭的，可以延期开庭；经人民法院许可，也可以通过书面说明、视听传输技术或者视听资料等方式作证。

无前款规定理由，鉴定人拒绝出庭作证，当事人对鉴定意见又不认可的，对该鉴定意见不予采信。

第十四条　当事人申请通知一至二名具有医学专门知识的人出庭，对鉴定意见或者案件的其他专门性事实问题提出意见，人民法院准许的，应当通知具有医学专门知识的人出庭。

前款规定的具有医学专门知识的人提出的意见，视为当事人的陈述，经质证可以作为认定案件事实的根据。

第十五条 当事人自行委托鉴定人作出的医疗损害鉴定意见，其他当事人认可的，可予采信。

当事人共同委托鉴定人作出的医疗损害鉴定意见，一方当事人不认可的，应当提出明确的异议内容和理由。经审查，有证据足以证明异议成立的，对鉴定意见不予采信；异议不成立的，应予采信。

第十六条 对医疗机构或者其医务人员的过错，应当依据法律、行政法规、规章以及其他有关诊疗规范进行认定，可以综合考虑患者病情的紧急程度、患者个体差异、当地的医疗水平、医疗机构与医务人员资质等因素。

第十七条 医务人员违反民法典第一千二百一十九条第一款规定义务，但未造成患者人身损害，患者请求医疗机构承担损害赔偿责任的，不予支持。

第十八条 因抢救生命垂危的患者等紧急情况且不能取得患者意见时，下列情形可以认定为民法典第一千二百二十条规定的不能取得患者近亲属意见：

（一）近亲属不明的；

（二）不能及时联系到近亲属的；

（三）近亲属拒绝发表意见的；

（四）近亲属达不成一致意见的；

（五）法律、法规规定的其他情形。

前款情形，医务人员经医疗机构负责人或者授权的负责人批准立即实施相应医疗措施，患者因此请求医疗机构承担赔偿责任的，不予支持；医疗机构及其医务人员怠于实施相应医疗措施造成损害，患者请求医疗机构承担赔偿责任的，应予支持。

第十九条 两个以上医疗机构的诊疗行为造成患者同一损害，患者请求医疗机构承担赔偿责任的，应当区分不同情况，依照民法典第一千一百六十八条、第一千一百七十一条或者第一千一百七十二条的规定，确定各医疗机构承担的赔偿责任。

第二十条 医疗机构邀请本单位以外的医务人员对患者进行诊疗，

因受邀医务人员的过错造成患者损害的，由邀请医疗机构承担赔偿责任。

第二十一条 因医疗产品的缺陷或者输入不合格血液受到损害，患者请求医疗机构，缺陷医疗产品的生产者、销售者、药品上市许可持有人或者血液提供机构承担赔偿责任的，应予支持。

医疗机构承担赔偿责任后，向缺陷医疗产品的生产者、销售者、药品上市许可持有人或者血液提供机构追偿的，应予支持。

因医疗机构的过错使医疗产品存在缺陷或者血液不合格，医疗产品的生产者、销售者、药品上市许可持有人或者血液提供机构承担赔偿责任后，向医疗机构追偿的，应予支持。

第二十二条 缺陷医疗产品与医疗机构的过错诊疗行为共同造成患者同一损害，患者请求医疗机构与医疗产品的生产者、销售者、药品上市许可持有人承担连带责任的，应予支持。

医疗机构或者医疗产品的生产者、销售者、药品上市许可持有人承担赔偿责任后，向其他责任主体追偿的，应当根据诊疗行为与缺陷医疗产品造成患者损害的原因力大小确定相应的数额。

输入不合格血液与医疗机构的过错诊疗行为共同造成患者同一损害的，参照适用前两款规定。

第二十三条 医疗产品的生产者、销售者、药品上市许可持有人明知医疗产品存在缺陷仍然生产、销售，造成患者死亡或者健康严重损害，被侵权人请求生产者、销售者、药品上市许可持有人赔偿损失及二倍以下惩罚性赔偿的，人民法院应予支持。

第二十四条 被侵权人同时起诉两个以上医疗机构承担赔偿责任，人民法院经审理，受诉法院所在地的医疗机构依法不承担赔偿责任，其他医疗机构承担赔偿责任的，残疾赔偿金、死亡赔偿金的计算，按下列情形分别处理：

（一）一个医疗机构承担责任的，按照该医疗机构所在地的赔偿标准执行；

（二）两个以上医疗机构均承担责任的，可以按照其中赔偿标准较高的医疗机构所在地标准执行。

第二十五条 患者死亡后，其近亲属请求医疗损害赔偿的，适用本解释；支付患者医疗费、丧葬费等合理费用的人请求赔偿该费用的，适用本解释。

本解释所称的“医疗产品”包括药品、消毒产品、医疗器械等。

第二十六条 本院以前发布的司法解释与本解释不一致的，以本解释为准。

本解释施行后尚未终审的案件，适用本解释；本解释施行前已经终审，当事人申请再审或者按照审判监督程序决定再审的案件，不适用本解释。

最高人民法院关于审理道路交通事故损害赔偿案件适用法律若干问题的解释

· 2012 年 9 月 17 日最高人民法院审判委员会第 1556 次会议通过

· 根据 2020 年 12 月 23 日最高人民法院审判委员会第 1823 次会议通过的《最高人民法院关于修改〈最高人民法院关于在民事审判工作中适用《中华人民共和国工会法》若干问题的解释〉等二十七件民事类司法解释的决定》修正

· 2020 年 12 月 29 日最高人民法院公布

· 自 2021 年 1 月 1 日起施行

· 法释〔2020〕17 号

为正确审理道路交通事故损害赔偿案件，根据《中华人民共和国民法典》《中华人民共和国道路交通安全法》《中华人民共和国保险法》《中华人民共和国民事诉讼法》等法律的规定，结合审判实践，制定本解释。

一、关于主体责任的认定

第一条 机动车发生交通事故造成损害，机动车所有人或者管理人有下列情形之一，人民法院应当认定其对损害的发生有过错，并适用民法典第一千二百零九条的规定确定其相应的赔偿责任：

（一）知道或者应当知道机动车存在缺陷，且该缺陷是交通事故发生原因之一的；

（二）知道或者应当知道驾驶人无驾驶资格或者未取得相应驾驶资格的；

（三）知道或者应当知道驾驶人因饮酒、服用国家管制的精神药品或者麻醉药品，或者患有妨碍安全驾驶机动车的疾病等依法不能驾驶机动车的；

（四）其它应当认定机动车所有人或者管理人有过错的。

第二条 被多次转让但是未办理登记的机动车发生交通事故造成损害，属于该机动车一方责任，当事人请求由最后一次转让并交付的受让人承担赔偿责任的，人民法院应予支持。

第三条 套牌机动车发生交通事故造成损害，属于该机动车一方责任，当事人请求由套牌机动车的所有人或者管理人承担赔偿责任的，人民法院应予支持；被套牌机动车所有人或者管理人同意套牌的，应当与套牌机动车的所有人或者管理人承担连带责任。

第四条 拼装车、已达到报废标准的机动车或者依法禁止行驶的其他机动车被多次转让，并发生交通事故造成损害，当事人请求由所有的转让人和受让人承担连带责任的，人民法院应予支持。

第五条 接受机动车驾驶培训的人员，在培训活动中驾驶机动车发生交通事故造成损害，属于该机动车一方责任，当事人请求驾驶培训单位承担赔偿责任的，人民法院应予支持。

第六条 机动车试乘过程中发生交通事故造成试乘人损害，当事人请求提供试乘服务者承担赔偿责任的，人民法院应予支持。试乘人有过错的，应当减轻提供试乘服务者的赔偿责任。

第七条 因道路管理维护缺陷导致机动车发生交通事故造成损害，当事人请求道路管理者承担相应赔偿责任的，人民法院应予支持。但道路管理者能够证明已经依照法律、法规、规章的规定，或者按照国家标准、行业标准、地方标准的要求尽到安全防护、警示等管理维护义务的除外。

依法不得进入高速公路的车辆、行人，进入高速公路发生交通事故造成自身损害，当事人请求高速公路管理者承担赔偿责任的，适用民法典第一千二百四十三条的规定。

第八条 未按照法律、法规、规章或者国家标准、行业标准、地方标准的强制性规定设计、施工，致使道路存在缺陷并造成交通事故，当事人请求建设单位与施工单位承担相应赔偿责任的，人民法院应予支持。

第九条 机动车存在产品缺陷导致交通事故造成损害，当事人请求生产者或者销售者依照民法典第七编第四章的规定承担赔偿责任的，人民法院应予支持。

第十条 多辆机动车发生交通事故造成第三人损害，当事人请求多个侵权人承担赔偿责任的，人民法院应当区分不同情况，依照民法典第一千一百七十条、第一千一百七十一条、第一千一百七十二条的规定，确定侵权人承担连带责任或者按份责任。

二、关于赔偿范围的认定

第十一条 道路交通安全法第七十六条规定的“人身伤亡”，是指机动车发生交通事故侵害被侵权人的生命权、身体权、健康权等人身权益所造成的损害，包括民法典第一千一百七十九条和第一千一百八十三条规定的各项损害。

道路交通安全法第七十六条规定的“财产损失”，是指因机动车发生交通事故侵害被侵权人的财产权益所造成的损失。

第十二条 因道路交通事故造成下列财产损失，当事人请求侵权人赔偿的，人民法院应予支持：

（一）维修被损坏车辆所支出的费用、车辆所载物品的损失、车辆施救费用；

（二）因车辆灭失或者无法修复，为购买交通事故发生时与被损坏车辆价值相当的车辆重置费用；

（三）依法从事货物运输、旅客运输等经营性活动的车辆，因无法从事相应经营活动所产生的合理停运损失；

（四）非经营性车辆因无法继续使用，所产生的通常替代性交通工具的合理费用。

三、关于责任承担的认定

第十三条 同时投保机动车第三者责任强制保险（以下简称“交强险”）和第三者责任商业保险（以下简称“商业三者险”）的机动车发生交通事故造成损害，当事人同时起诉侵权人和保险公司的，人民法院应当依照民法典第一千二百一十三条的规定，确定赔偿责任。

被侵权人或者其近亲属请求承保交强险的保险公司优先赔偿精神损害的，人民法院应予支持。

第十四条 投保人允许的驾驶人驾驶机动车致使投保人遭受损害，当事人请求承保交强险的保险公司在责任限额范围内予以赔偿的，人民法院应予支持，但投保人为本车上人员的除外。

第十五条 有下列情形之一导致第三人人身损害，当事人请求保险公司在交强险责任限额范围内予以赔偿，人民法院应予支持：

（一）驾驶人未取得驾驶资格或者未取得相应驾驶资格的；

（二）醉酒、服用国家管制的精神药品或者麻醉药品后驾驶机动车发生交通事故的；

（三）驾驶人故意制造交通事故的。

保险公司在赔偿范围内向侵权人主张追偿权的，人民法院应予支持。追偿权的诉讼时效期间自保险公司实际赔偿之日起计算。

第十六条 未依法投保交强险的机动车发生交通事故造成损害，当事人请求投保义务人在交强险责任限额范围内予以赔偿的，人民法院应予支持。

投保义务人和侵权人不是同一人，当事人请求投保义务人和侵权人在交强险责任限额范围内承担相应责任的，人民法院应予支持。

第十七条　具有从事交强险业务资格的保险公司违法拒绝承保、拖延承保或者违法解除交强险合同，投保义务人在向第三人承担赔偿责任后，请求该保险公司在交强险责任限额范围内承担相应赔偿责任的，人民法院应予支持。

第十八条　多辆机动车发生交通事故造成第三人损害，损失超出各机动车交强险责任限额之和的，由各保险公司在各自责任限额范围内承担赔偿责任；损失未超出各机动车交强险责任限额之和，当事人请求由各保险公司按照其责任限额与责任限额之和的比例承担赔偿责任的，人民法院应予支持。

依法分别投保交强险的牵引车和挂车连接使用时发生交通事故造成第三人损害，当事人请求由各保险公司在各自的责任限额范围内平均赔偿的，人民法院应予支持。

多辆机动车发生交通事故造成第三人损害，其中部分机动车未投保交强险，当事人请求先由已承保交强险的保险公司在责任限额范围内予以赔偿的，人民法院应予支持。保险公司就超出其应承担的部分向未投保交强险的投保义务人或者侵权人行使追偿权的，人民法院应予支持。

第十九条　同一交通事故的多个被侵权人同时起诉的，人民法院应当按照各被侵权人的损失比例确定交强险的赔偿数额。

第二十条　机动车所有权在交强险合同有效期内发生变动，保险公司在交通事故发生后，以该机动车未办理交强险合同变更手续为由主张免除赔偿责任的，人民法院不予支持。

机动车在交强险合同有效期内发生改装、使用性质改变等导致危险程度增加的情形，发生交通事故后，当事人请求保险公司在责任限额范围内予以赔偿的，人民法院应予支持。

前款情形下，保险公司另行起诉请求投保义务人按照重新核定后的保险费标准补足当期保险费的，人民法院应予支持。

第二十一条　当事人主张交强险人身伤亡保险金请求权转让或者设

定担保的行为无效的，人民法院应予支持。

四、关于诉讼程序的规定

第二十二条　人民法院审理道路交通事故损害赔偿案件，应当将承保交强险的保险公司列为共同被告。但该保险公司已经在交强险责任限额范围内予以赔偿且当事人无异议的除外。

人民法院审理道路交通事故损害赔偿案件，当事人请求将承保商业三者险的保险公司列为共同被告的，人民法院应予准许。

第二十三条　被侵权人因道路交通事故死亡，无近亲属或者近亲属不明，未经法律授权的机关或者有关组织向人民法院起诉主张死亡赔偿金的，人民法院不予受理。

侵权人以已向未经法律授权的机关或者有关组织支付死亡赔偿金为理由，请求保险公司在交强险责任限额范围内予以赔偿的，人民法院不予支持。

被侵权人因道路交通事故死亡，无近亲属或者近亲属不明，支付被侵权人医疗费、丧葬费等合理费用的单位或者个人，请求保险公司在交强险责任限额范围内予以赔偿的，人民法院应予支持。

第二十四条　公安机关交通管理部门制作的交通事故认定书，人民法院应依法审查并确认其相应的证明力，但有相反证据推翻的除外。

五、关于适用范围的规定

第二十五条　机动车在道路以外的地方通行时引发的损害赔偿案件，可以参照适用本解释的规定。

第二十六条　本解释施行后尚未终审的案件，适用本解释；本解释施行前已经终审，当事人申请再审或者按照审判监督程序决定再审的案件，不适用本解释。

最高人民法院关于审理铁路运输人身损害赔偿纠纷案件适用法律若干问题的解释

· 2010 年 1 月 4 日最高人民法院审判委员会第 1482 次会议通过
· 根据 2020 年 12 月 23 日最高人民法院审判委员会第 1823 次会议通过的《最高人民法院关于修改〈最高人民法院关于在民事审判工作中适用《中华人民共和国工会法》若干问题的解释〉等二十七件民事类司法解释的决定》第一次修正
· 根据 2021 年 11 月 24 日最高人民法院审判委员会第 1853 次会议通过的《最高人民法院关于修改〈最高人民法院关于审理铁路运输人身损害赔偿纠纷案件适用法律若干问题的解释〉的决定》第二次修正
· 2021 年 12 月 8 日最高人民法院公告公布
· 自 2022 年 1 月 1 日起施行
· 法释〔2021〕19 号

为正确审理铁路运输人身损害赔偿纠纷案件，依法维护各方当事人的合法权益，根据《中华人民共和国民法典》《中华人民共和国铁路法》《中华人民共和国民事诉讼法》等法律的规定，结合审判实践，就有关适用法律问题作如下解释：

第一条 人民法院审理铁路行车事故及其他铁路运营事故造成的铁路运输人身损害赔偿纠纷案件，适用本解释。

铁路运输企业在客运合同履行过程中造成旅客人身损害的赔偿纠纷案件，不适用本解释；与铁路运输企业建立劳动合同关系或者形成劳动关系的铁路职工在执行职务中发生的人身损害，依照有关调整劳动关系的法律规定及其他相关法律规定处理。

第二条 铁路运输人身损害的受害人以及死亡受害人的近亲属为赔

偿权利人，有权请求赔偿。

第三条 赔偿权利人要求对方当事人承担侵权责任的，由事故发生地、列车最先到达地或者被告住所地铁路运输法院管辖。

前款规定的地区没有铁路运输法院的，由高级人民法院指定的其他人民法院管辖。

第四条 铁路运输造成人身损害的，铁路运输企业应当承担赔偿责任；法律另有规定的，依照其规定。

第五条 铁路行车事故及其他铁路运营事故造成人身损害，有下列情形之一的，铁路运输企业不承担赔偿责任：

（一）不可抗力造成的；

（二）受害人故意以卧轨、碰撞等方式造成的；

（三）法律规定铁路运输企业不承担赔偿责任的其他情形造成的。

第六条 因受害人的过错行为造成人身损害，依照法律规定应当由铁路运输企业承担赔偿责任的，根据受害人的过错程度可以适当减轻铁路运输企业的赔偿责任，并按照以下情形分别处理：

（一）铁路运输企业未充分履行安全防护、警示等义务，铁路运输企业承担事故主要责任的，应当在全部损害的百分之九十至百分之六十之间承担赔偿责任；铁路运输企业承担事故同等责任的，应当在全部损害的百分之六十至百分之五十之间承担赔偿责任；铁路运输企业承担事故次要责任的，应当在全部损害的百分之四十至百分之十之间承担赔偿责任；

（二）铁路运输企业已充分履行安全防护、警示等义务，受害人仍施以过错行为的，铁路运输企业应当在全部损害的百分之十以内承担赔偿责任。

铁路运输企业已充分履行安全防护、警示等义务，受害人不听从值守人员劝阻强行通过铁路平交道口、人行过道，或者明知危险后果仍然无视警示规定沿铁路线路纵向行走、坐卧故意造成人身损害的，铁路运输企业不承担赔偿责任，但是有证据证明并非受害人故意造成损害的除外。

第七条 铁路运输造成无民事行为能力人人身损害的，铁路运输企业应当承担赔偿责任；监护人有过错的，按照过错程度减轻铁路运输企业的赔偿责任。

铁路运输造成限制民事行为能力人人身损害的，铁路运输企业应当承担赔偿责任；监护人或者受害人自身有过错的，按照过错程度减轻铁路运输企业的赔偿责任。

第八条 铁路机车车辆与机动车发生碰撞造成机动车驾驶人员以外的人人身损害的，由铁路运输企业与机动车一方对受害人承担连带赔偿责任。铁路运输企业与机动车一方之间的责任份额根据各自责任大小确定；难以确定责任大小的，平均承担责任。对受害人实际承担赔偿责任超出应当承担份额的一方，有权向另一方追偿。

铁路机车车辆与机动车发生碰撞造成机动车驾驶人员人身损害的，按照本解释第四条至第六条的规定处理。

第九条 在非铁路运输企业实行监护的铁路无人看守道口发生事故造成人身损害的，由铁路运输企业按照本解释的有关规定承担赔偿责任。道口管理单位有过错的，铁路运输企业对赔偿权利人承担赔偿责任后，有权向道口管理单位追偿。

第十条 对于铁路桥梁、涵洞等设施负有管理、维护等职责的单位，因未尽职责使该铁路桥梁、涵洞等设施不能正常使用，导致行人、车辆穿越铁路线路造成人身损害的，铁路运输企业按照本解释有关规定承担赔偿责任后，有权向该单位追偿。

第十一条 有权作出事故认定的组织依照《铁路交通事故应急救援和调查处理条例》等有关规定制作的事故认定书，经庭审质证，对于事故认定书所认定的事实，当事人没有相反证据和理由足以推翻的，人民法院应当作为认定事实的根据。

第十二条 在专用铁路及铁路专用线上因运输造成人身损害，依法应当由肇事工具或者设备的所有人、使用人或者管理人承担赔偿责任的，适用本解释。

第十三条 本院以前发布的司法解释与本解释不一致的，以本解释为准。

最高人民法院关于审理环境侵权责任纠纷案件适用法律若干问题的解释

· 2015 年 2 月 9 日最高人民法院审判委员会第 1644 次会议通过
· 根据 2020 年 12 月 23 日最高人民法院审判委员会第 1823 次会议通过的《最高人民法院关于修改〈最高人民法院关于在民事审判工作中适用《中华人民共和国工会法》若干问题的解释〉等二十七件民事类司法解释的决定》修正
· 2020 年 12 月 29 日最高人民法院公布
· 自 2021 年 1 月 1 日起施行
· 法释〔2020〕17 号

为正确审理环境侵权责任纠纷案件，根据《中华人民共和国民法典》《中华人民共和国环境保护法》《中华人民共和国民事诉讼法》等法律的规定，结合审判实践，制定本解释。

第一条 因污染环境、破坏生态造成他人损害，不论侵权人有无过错，侵权人应当承担侵权责任。

侵权人以排污符合国家或者地方污染物排放标准为由主张不承担责任的，人民法院不予支持。

侵权人不承担责任或者减轻责任的情形，适用海洋环境保护法、水污染防治法、大气污染防治法等环境保护单行法的规定；相关环境保护单行法没有规定的，适用民法典的规定。

第二条 两个以上侵权人共同实施污染环境、破坏生态行为造成损害，被侵权人根据民法典第一千一百六十八条规定请求侵权人承担连带责任的，人民法院应予支持。

第三条 两个以上侵权人分别实施污染环境、破坏生态行为造成同一损害，每一个侵权人的污染环境、破坏生态行为都足以造成全部损害，被侵权人根据民法典第一千一百七十一条规定请求侵权人承担连带责任的，人民法院应予支持。

两个以上侵权人分别实施污染环境、破坏生态行为造成同一损害，每一个侵权人的污染环境、破坏生态行为都不足以造成全部损害，被侵权人根据民法典第一千一百七十二条规定请求侵权人承担责任的，人民法院应予支持。

两个以上侵权人分别实施污染环境、破坏生态行为造成同一损害，部分侵权人的污染环境、破坏生态行为足以造成全部损害，部分侵权人的污染环境、破坏生态行为只造成部分损害，被侵权人根据民法典第一千一百七十一条规定请求足以造成全部损害的侵权人与其他侵权人就共同造成的损害部分承担连带责任，并对全部损害承担责任的，人民法院应予支持。

第四条 两个以上侵权人污染环境、破坏生态，对侵权人承担责任的大小，人民法院应当根据污染物的种类、浓度、排放量、危害性，有无排污许可证、是否超过污染物排放标准、是否超过重点污染物排放总量控制指标，破坏生态的方式、范围、程度，以及行为对损害后果所起的作用等因素确定。

第五条 被侵权人根据民法典第一千二百三十三条规定分别或者同时起诉侵权人、第三人的，人民法院应予受理。

被侵权人请求第三人承担赔偿责任的，人民法院应当根据第三人的过错程度确定其相应赔偿责任。

侵权人以第三人的过错污染环境、破坏生态造成损害为由主张不承担责任或者减轻责任的，人民法院不予支持。

第六条 被侵权人根据民法典第七编第七章的规定请求赔偿的，应当提供证明以下事实的证据材料：

（一）侵权人排放了污染物或者破坏了生态；

（二）被侵权人的损害；

（三）侵权人排放的污染物或者其次生污染物、破坏生态行为与损害之间具有关联性。

第七条 侵权人举证证明下列情形之一的，人民法院应当认定其污染环境、破坏生态行为与损害之间不存在因果关系：

（一）排放污染物、破坏生态的行为没有造成该损害可能的；

（二）排放的可造成该损害的污染物未到达该损害发生地的；

（三）该损害于排放污染物、破坏生态行为实施之前已发生的；

（四）其他可以认定污染环境、破坏生态行为与损害之间不存在因果关系的情形。

第八条 对查明环境污染、生态破坏案件事实的专门性问题，可以委托具备相关资格的司法鉴定机构出具鉴定意见或者由负有环境资源保护监督管理职责的部门推荐的机构出具检验报告、检测报告、评估报告或者监测数据。

第九条 当事人申请通知一至两名具有专门知识的人出庭，就鉴定意见或者污染物认定、损害结果、因果关系、修复措施等专业问题提出意见的，人民法院可以准许。当事人未申请，人民法院认为有必要的，可以进行释明。

具有专门知识的人在法庭上提出的意见，经当事人质证，可以作为认定案件事实的根据。

第十条 负有环境资源保护监督管理职责的部门或者其委托的机构出具的环境污染、生态破坏事件调查报告、检验报告、检测报告、评估报告或者监测数据等，经当事人质证，可以作为认定案件事实的根据。

第十一条 对于突发性或者持续时间较短的环境污染、生态破坏行为，在证据可能灭失或者以后难以取得的情况下，当事人或者利害关系人根据民事诉讼法第八十一条规定申请证据保全的，人民法院应当准许。

第十二条 被申请人具有环境保护法第六十三条规定情形之一，当事人或者利害关系人根据民事诉讼法第一百条或者第一百零一条规定申请保全的，人民法院可以裁定责令被申请人立即停止侵害行为或者采取防治措施。

第十三条　人民法院应当根据被侵权人的诉讼请求以及具体案情，合理判定侵权人承担停止侵害、排除妨碍、消除危险、修复生态环境、赔礼道歉、赔偿损失等民事责任。

第十四条　被侵权人请求修复生态环境的，人民法院可以依法裁判侵权人承担环境修复责任，并同时确定其不履行环境修复义务时应当承担的环境修复费用。

侵权人在生效裁判确定的期限内未履行环境修复义务的，人民法院可以委托其他人进行环境修复，所需费用由侵权人承担。

第十五条　被侵权人起诉请求侵权人赔偿因污染环境、破坏生态造成的财产损失、人身损害以及为防止损害发生和扩大、清除污染、修复生态环境而采取必要措施所支出的合理费用的，人民法院应予支持。

第十六条　下列情形之一，应当认定为环境保护法第六十五条规定的弄虚作假：

（一）环境影响评价机构明知委托人提供的材料虚假而出具严重失实的评价文件的；

（二）环境监测机构或者从事环境监测设备维护、运营的机构故意隐瞒委托人超过污染物排放标准或者超过重点污染物排放总量控制指标的事实的；

（三）从事防治污染设施维护、运营的机构故意不运行或者不正常运行环境监测设备或者防治污染设施的；

（四）有关机构在环境服务活动中其他弄虚作假的情形。

第十七条　本解释适用于审理因污染环境、破坏生态造成损害的民事案件，但法律和司法解释对环境民事公益诉讼案件另有规定的除外。

相邻污染侵害纠纷、劳动者在职业活动中因受污染损害发生的纠纷，不适用本解释。

第十八条　本解释施行后，人民法院尚未审结的一审、二审案件适用本解释规定。本解释施行前已经作出生效裁判的案件，本解释施行后依法再审的，不适用本解释。

本解释施行后，最高人民法院以前颁布的司法解释与本解释不一致的，不再适用。

最高人民法院关于审理生态环境侵权纠纷案件适用惩罚性赔偿的解释

· 2021 年 12 月 27 日最高人民法院审判委员会第 1858 次会议通过

· 2022 年 1 月 12 日最高人民法院公告公布

· 自 2022 年 1 月 20 日起施行

· 法释〔2022〕1 号

为妥善审理生态环境侵权纠纷案件，全面加强生态环境保护，正确适用惩罚性赔偿，根据《中华人民共和国民法典》《中华人民共和国环境保护法》《中华人民共和国民事诉讼法》等相关法律规定，结合审判实践，制定本解释。

第一条 人民法院审理生态环境侵权纠纷案件适用惩罚性赔偿，应当严格审慎，注重公平公正，依法保护民事主体合法权益，统筹生态环境保护和经济社会发展。

第二条 因环境污染、生态破坏受到损害的自然人、法人或者非法人组织，依据民法典第一千二百三十二条的规定，请求判令侵权人承担惩罚性赔偿责任的，适用本解释。

第三条 被侵权人在生态环境侵权纠纷案件中请求惩罚性赔偿的，应当在起诉时明确赔偿数额以及所依据的事实和理由。

被侵权人在生态环境侵权纠纷案件中没有提出惩罚性赔偿的诉讼请求，诉讼终结后又基于同一污染环境、破坏生态事实另行起诉请求惩罚性赔偿的，人民法院不予受理。

第四条 被侵权人主张侵权人承担惩罚性赔偿责任的，应当提供证据证明以下事实：

（一）侵权人污染环境、破坏生态的行为违反法律规定；

（二）侵权人具有污染环境、破坏生态的故意；

（三）侵权人污染环境、破坏生态的行为造成严重后果。

第五条 人民法院认定侵权人污染环境、破坏生态的行为是否违反法律规定，应当以法律、法规为依据，可以参照规章的规定。

第六条 人民法院认定侵权人是否具有污染环境、破坏生态的故意，应当根据侵权人的职业经历、专业背景或者经营范围，因同一或者同类行为受到行政处罚或者刑事追究的情况，以及污染物的种类，污染环境、破坏生态行为的方式等因素综合判断。

第七条 具有下列情形之一的，人民法院应当认定侵权人具有污染环境、破坏生态的故意：

（一）因同一污染环境、破坏生态行为，已被人民法院认定构成破坏环境资源保护犯罪的；

（二）建设项目未依法进行环境影响评价，或者提供虚假材料导致环境影响评价文件严重失实，被行政主管部门责令停止建设后拒不执行的；

（三）未取得排污许可证排放污染物，被行政主管部门责令停止排污后拒不执行，或者超过污染物排放标准或者重点污染物排放总量控制指标排放污染物，经行政主管机关责令限制生产、停产整治或者给予其他行政处罚后仍不改正的；

（四）生产、使用国家明令禁止生产、使用的农药，被行政主管部门责令改正后拒不改正的；

（五）无危险废物经营许可证而从事收集、贮存、利用、处置危险废物经营活动，或者知道或者应当知道他人无许可证而将危险废物提供或者委托给其从事收集、贮存、利用、处置等活动的；

（六）将未经处理的废水、废气、废渣直接排放或者倾倒的；

（七）通过暗管、渗井、渗坑、灌注，篡改、伪造监测数据，或者以不正常运行防治污染设施等逃避监管的方式，违法排放污染物的；

（八）在相关自然保护区域、禁猎（渔）区、禁猎（渔）期使用禁止使用的猎捕工具、方法猎捕、杀害国家重点保护野生动物、破坏野生动物栖息地的；

（九）未取得勘查许可证、采矿许可证，或者采取破坏性方法勘查开采矿产资源的；

（十）其他故意情形。

第八条　人民法院认定侵权人污染环境、破坏生态行为是否造成严重后果，应当根据污染环境、破坏生态行为的持续时间、地域范围，造成环境污染、生态破坏的范围和程度，以及造成的社会影响等因素综合判断。

侵权人污染环境、破坏生态行为造成他人死亡、健康严重损害，重大财产损失，生态环境严重损害或者重大不良社会影响的，人民法院应当认定为造成严重后果。

第九条　人民法院确定惩罚性赔偿金数额，应当以环境污染、生态破坏造成的人身损害赔偿金、财产损失数额作为计算基数。

前款所称人身损害赔偿金、财产损失数额，依照民法典第一千一百七十九条、第一千一百八十四条规定予以确定。法律另有规定的，依照其规定。

第十条　人民法院确定惩罚性赔偿金数额，应当综合考虑侵权人的恶意程度、侵权后果的严重程度、侵权人因污染环境、破坏生态行为所获得的利益或者侵权人所采取的修复措施及其效果等因素，但一般不超过人身损害赔偿金、财产损失数额的二倍。

因同一污染环境、破坏生态行为已经被行政机关给予罚款或者被人民法院判处罚金，侵权人主张免除惩罚性赔偿责任的，人民法院不予支持，但在确定惩罚性赔偿金数额时可以综合考虑。

第十一条 侵权人因同一污染环境、破坏生态行为，应当承担包括惩罚性赔偿在内的民事责任、行政责任和刑事责任，其财产不足以支付的，应当优先用于承担民事责任。

侵权人因同一污染环境、破坏生态行为，应当承担包括惩罚性赔偿在内的民事责任，其财产不足以支付的，应当优先用于承担惩罚性赔偿以外的其他责任。

第十二条 国家规定的机关或者法律规定的组织作为被侵权人代表，请求判令侵权人承担惩罚性赔偿责任的，人民法院可以参照前述规定予以处理。但惩罚性赔偿金数额的确定，应当以生态环境受到损害至修复完成期间服务功能丧失导致的损失、生态环境功能永久性损害造成的损失数额作为计算基数。

第十三条 侵权行为实施地、损害结果发生地在中华人民共和国管辖海域内的海洋生态环境侵权纠纷案件惩罚性赔偿问题，另行规定。

第十四条 本规定自 2022 年 1 月 20 日起施行。

法律法规
新解读系列

实用附录

民法典侵权责任编
解读与应用

人身损害赔偿计算公式

医疗费

医疗费=医药费+住院费+治疗费+检查费+挂号费+其他费用

误工费

1. 受害人有固定收入的，计算公式为：

误工费=受害人工资（元/天）×误工时间（天）

2. 受害人无固定收入，但受害人能够举证证明其最近三年的平均收入状况的，计算公式为：

误工费=受害人最近三年平均收入（元/天）×误工时间（天）

3. 受害人无固定收入，且受害人不能够举证证明其最近三年的平均收入状况的，计算公式为：

误工费=受诉法院所在地相同或相近行业上一年度职工平均工资（天/元）×误工时间（天）

护理费

1. 护理人员有收入的：

护理费=误工费

2. 护理人员没有收入或者雇佣护工的：

护理费=当地护工从事同等级别护理的劳务报酬标准（元/天）×护理期限（天）

交通费

交通费=往返费用×往返次数×往返人数

住院伙食补助费

住院伙食补助费=当地国家机关一般工作人员出差伙食补助标准（元/天）×住院天数

营养费

营养费=实际发生的必要营养费

残疾赔偿金

残疾赔偿金=受诉法院所在地上一年度城镇居民人均可支配收入×伤残等级系数×赔偿年限

残疾辅助器具费

残疾辅助器具费=普通适用器具的合理费用

丧葬费

丧葬费=受诉法院所在地上一年度职工月平均工资（元/月）×6个月

被扶养人生活费

1. 被扶养人没有其他扶养人的：

> 被扶养人生活费=受诉法院所在地上一年度城镇居民人均消费支出 × 伤残系数 × 赔偿年限

2. 被扶养人还有其他扶养人的：

> 被扶养人生活费=受害人依法应承担的扶养费用

3. 被扶养人有数人的：

> 年赔偿总额≤上一年度城镇居民人均消费支出额

死亡赔偿金

> 死亡赔偿金=受诉法院所在地上一年度城镇居民人均可支配收入×20 年（60 周岁以上的，年龄每增加一岁减少一年；75 周岁以上的，按 5 年计算）

精神损害赔偿

> 精神损害的赔偿数额根据以下因素确定：（1）侵权人的过错程度，但是法律另有规定的除外；（2）侵权行为的目的、方式、场合等具体情节；（3）侵权行为所造成的后果；（4）侵权人的获利情况；（5）侵权人承担责任的经济能力；（6）受理诉讼法院所在地的平均生活水平。

重要法律术语速查表

续表

续表